高等学校经济管理类主干课程教材·会计与财务系列

《高级财务会计》

（第7版·立体化数字教材版）

学习指导书

傅荣 编著

STUDY GUIDE TO ADVANCED
FINANCIAL ACCOUNTING

中国人民大学出版社
·北京·

总　序

从教材体系的角度看，基础会计、中级财务会计和高级财务会计三者既相对独立又相互衔接，系统完整地呈现了财务会计确认、计量与报告的理论与实务。

基础会计是财务会计知识体系的基础，由浅入深地讲解会计学的基本知识，循序渐进地介绍财务会计确认、计量与报告的基本原理和基本方法。基础会计将引导学习者步入财务会计知识的殿堂。

中级财务会计是财务会计知识体系的核心，系统地介绍有关资产、负债、所有者权益、收入、费用、利润等会计要素的确认、计量与报告的理论与实务的相关内容，完整地阐述企业利用财务报告列报企业的财务状况、经营成果和现金流量信息的原理与方法。中级财务会计承前启后，是连接基础会计和高级财务会计的桥梁。

关于高级财务会计应涵盖的内容，目前并无统一规范。是侧重于已经受到严峻挑战的四个会计前提的交易或事项有关的会计理论与实务，还是聚焦于有别一般交易或事项的"特殊"会计专题，见仁见智。但有一点是毋庸置疑的，即高级财务会计是在中级财务会计的基础上，对财务会计教学内容的补充与延伸，并且随着不断变化的经济环境对财务会计教学理念与体系随时提出新的要求，其补充与延伸的内容也在日益更新与丰富。

如果说读者通过基础会计的学习，主要是了解会计确认、计量与报告的基本原理和基本方法，那么，通过中级财务会计的学习，应该掌握将企业的财务状况、经营成果和现金流量信息以财务报告的形式呈报给会计信息使用者的理论体系与方法体系；通过高级财务会计的学习，应能把握某些较为复杂的交易或事项的会计确认、计量与报告的理论与实务，从而全面掌握财务会计知识体系的深层次内容。

基于以上思考，我们精心设计、编写了这组《基础会计》《中级财务会计》《高级财务会计》教材。本组教材既能够作为高等财经院校会计学专业、高等学历教育及其他经济类专业会计教学的必修课教材，也可以作为广大财会人员、企业管理人员及有志于从事或研究财务会计学的自学者的参考用书。

本组教材的编写以财务会计概念框架为理论基础，以《企业会计准则》及其讲解和应用指南等为主要依据，结合国际财务报告准则的最新动态，参照了我国财政部颁发的《企业会计准则解释第 1 号》至《企业会计准则解释第 16 号》等最新规范；在框架设计和内容板块的取舍上，本着既系统又实用的原则，既考虑企业尤其是上市公司常见会计实务的处理要求，又兼顾三本书的协调与衔接。其中，《基础会计》包括 11 章，系统介绍财务会计的基本理论和基本方法；《中级财务会计》包括 12 章，系统介绍一般企业对资产、负债、所有者权益、收入、费用和利润等会计要素的确认、计量与报告的基本理论、流程与方法；《高级财务会计》则主要按照非货币性资产交换、债务重组、股份支付、外币折算、租赁、所得税、企业合并、合并财务报表、衍生金融工具以及清算等方面，紧密结合相关交易或事项的理论与方法进行专题介绍。

本组教材的编写在体系与板块安排上着力实现衔接与一贯，在内容组织上注意做到由简到繁、由浅入深；在写作方法上，既有对同类优秀教材的经验借鉴，又有作者本人多年从事财务会计教学的经验总结。《基础会计》《中级财务会计》《高级财务会计》分别由东北财经大学的张捷教授和刘英明副教授、陈立军教授、傅荣教授编著。

本组教材从编写立项、结构安排到具体写作的每一个环节，都得到了中国人民大学出版社陈永凤女士、李文重先生的热情鼓励与支持。在此，我们表示衷心的感谢。

对于本组教材中可能存在的不足甚至错误，恳请老师、学生及各界读者不吝指正。

编著者

前 言

本书是《高级财务会计（第7版·立体化数字教材版）》的配套参考书。

在学习《高级财务会计（第7版·立体化数字教材版）》的过程中，如何系统把握各章的内容框架？如何正确理解各章的基本内容和各章的重点与难点？如何检验是否掌握了相关专题的会计确认、计量与报告的基本理论、基本原理和具体方法？本学习指导书将助你一臂之力。

本书主要是结合《高级财务会计（第7版·立体化数字教材版）》，在《〈高级财务会计（第6版）〉学习指导书》的基础上修订而成的。

本书按照主教材专题分设12章，每章分别设置学习指导、练习题、练习题参考答案、教材练习题参考答案四个板块。其中，在学习指导板块，设置"本章内容框架"和"本章重点与难点"两个栏目，前者对各章主要内容按标题进行梳理，后者对各章重点与难点内容进行归纳与解析；在练习题板块，设置单项选择题、多项选择题、判断题和业务题四部分内容；在练习题参考答案板块，提供了参考答案，并给出简要说明。为了帮助读者了解上市公司对相关会计专题会计处理的实务，每章后面都设置了实务分析板块。作者主要根据上市公司披露的信息收集整理案例素材，并提出分析思路以供参考。

为便于学生答题和教师组卷，本书不仅在纸质书上提供客观题（包括单项选择题、多项选择题、判断题）及参考答案，还将客观题做成线上题库，便于学生随时随地扫码做题，提交后可立即查看分数、答案及解析。学习指导书客观题与主教材客观题互为补充，教师可以利用这些习题资源安排课堂测验、组卷。

凡购买正版图书的读者，微信扫描封面背面贴的二维码卡片，注册后即可自动激活权限，点击"学习中心"模块，免费获取上述资源。资源使用过程中如有问题，请电话咨询：010-62519146（工作日9：00—17：00）；QQ：275374474。

本书力求突出由浅入深、方便实用的特色。为了帮助读者系统把握主教材内容，本书采用表格形式对每章的主要内容进行梳理。为了帮助读者深入理解主教材内容，本书采用提问的方式对每章的重点进行提炼，采用归纳的方法对每章的难点进行梳理，采用比较的手段对主要知识点进行解析。为了帮助读者检验对主教材内容的学习效果，本书在练习题的设计上，既兼顾基础知识又强调重点难点，尽量覆盖所有知识点。

  在本书的编写过程中，作者根据多年的学习心得和教学体会，精心构想编写思路，仔细解析重点难点，全面设计练习题，有针对性地收集案例分析资料。今后，作者将根据读者的反馈意见和使用建议，结合不断的学习积累和教学实践，对本书进行必要的修订与完善。

傅 荣

目 录

第1章　**非货币性资产交换会计** ………………………………………… 1
　　1.1　学习指导 ………………………………………………………… 1
　　1.2　练习题 …………………………………………………………… 6
　　1.3　练习题参考答案 ………………………………………………… 11
　　1.4　教材习题参考答案 ……………………………………………… 13

第2章　**债务重组会计** …………………………………………………… 16
　　2.1　学习指导 ………………………………………………………… 16
　　2.2　练习题 …………………………………………………………… 18
　　2.3　练习题参考答案 ………………………………………………… 23
　　2.4　教材习题参考答案 ……………………………………………… 24

第3章　**股份支付会计** …………………………………………………… 26
　　3.1　学习指导 ………………………………………………………… 26
　　3.2　练习题 …………………………………………………………… 30
　　3.3　练习题参考答案 ………………………………………………… 35
　　3.4　教材习题参考答案 ……………………………………………… 36

第4章　**外币折算会计** …………………………………………………… 38
　　4.1　学习指导 ………………………………………………………… 38
　　4.2　练习题 …………………………………………………………… 42
　　4.3　练习题参考答案 ………………………………………………… 51
　　4.4　教材习题参考答案 ……………………………………………… 53

第5章　**租赁会计** ………………………………………………………… 57
　　5.1　学习指导 ………………………………………………………… 57

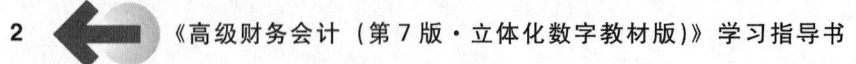

5.2　练习题 …………………………………………………………………… 63
　　5.3　练习题参考答案 ………………………………………………………… 72
　　5.4　教材习题参考答案 ……………………………………………………… 76

第6章　所得税会计 ……………………………………………………………… 78
　　6.1　学习指导 ………………………………………………………………… 78
　　6.2　练习题 …………………………………………………………………… 85
　　6.3　练习题参考答案 ………………………………………………………… 97
　　6.4　教材习题参考答案 ……………………………………………………… 101

第7章　企业合并会计 ………………………………………………………… 104
　　7.1　学习指导 ………………………………………………………………… 104
　　7.2　练习题 …………………………………………………………………… 108
　　7.3　练习题参考答案 ………………………………………………………… 113
　　7.4　教材习题参考答案 ……………………………………………………… 115

第8章　合并财务报表的编制：基础 …………………………………………… 118
　　8.1　学习指导 ………………………………………………………………… 118
　　8.2　练习题 …………………………………………………………………… 124
　　8.3　练习题参考答案 ………………………………………………………… 128
　　8.4　教材习题参考答案 ……………………………………………………… 131

第9章　合并财务报表的编制：一般流程 ……………………………………… 134
　　9.1　学习指导 ………………………………………………………………… 134
　　9.2　练习题 …………………………………………………………………… 144
　　9.3　练习题参考答案 ………………………………………………………… 153
　　9.4　教材习题参考答案 ……………………………………………………… 156

第10章　合并财务报表的编制：特殊交易 …………………………………… 163
　　10.1　学习指导 ……………………………………………………………… 163
　　10.2　练习题 ………………………………………………………………… 170
　　10.3　练习题参考答案 ……………………………………………………… 174
　　10.4　教材习题参考答案 …………………………………………………… 175

第11章　衍生金融工具会计 …………………………………………………… 179
　　11.1　学习指导 ……………………………………………………………… 179
　　11.2　练习题 ………………………………………………………………… 182
　　11.3　练习题参考答案 ……………………………………………………… 185
　　11.4　教材习题参考答案 …………………………………………………… 186

第 12 章	清算会计 ………………………………………………………… 188
	12.1 学习指导 ………………………………………………… 188
	12.2 练习题 …………………………………………………… 191
	12.3 练习题参考答案 ………………………………………… 194
	12.4 教材习题参考答案 ……………………………………… 195
附 录	模拟试题及解题指导 ……………………………………………… 196
	A.1 模拟试题 1 ………………………………………………… 196
	A.2 模拟试题 1 参考答案 ……………………………………… 202
	A.3 模拟试题 2 ………………………………………………… 204
	A.4 模拟试题 2 参考答案 ……………………………………… 210

第 1 章

非货币性资产交换会计

1.1 学习指导

1.1.1 本章内容框架

本章主要内容是非货币性资产交换的确认、计量与报告，见图 1-1。

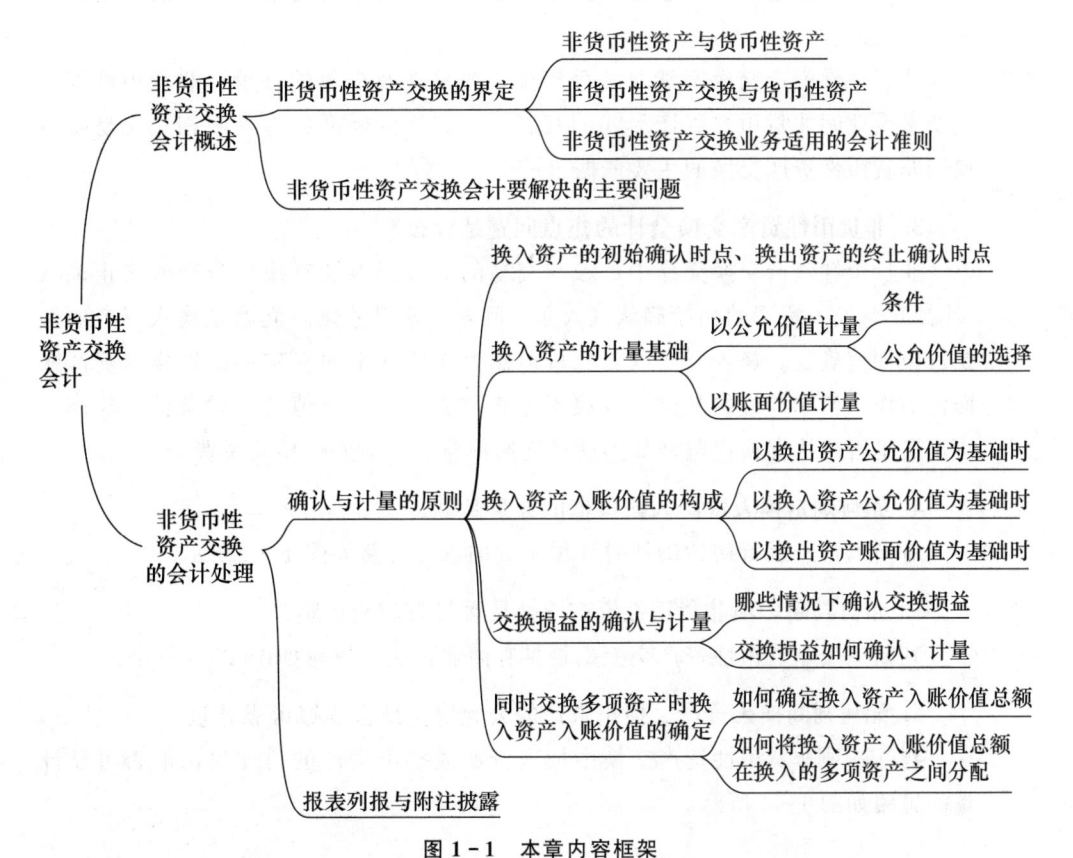

```
非货币性资产交换会计
├─ 非货币性资产交换会计概述
│   ├─ 非货币性资产交换的界定
│   │   ├─ 非货币性资产与货币性资产
│   │   ├─ 非货币性资产交换与货币性资产
│   │   └─ 非货币性资产交换业务适用的会计准则
│   └─ 非货币性资产交换会计要解决的主要问题
└─ 非货币性资产交换的会计处理
    ├─ 确认与计量的原则
    │   ├─ 换入资产的初始确认时点、换出资产的终止确认时点
    │   ├─ 换入资产的计量基础
    │   │   ├─ 以公允价值计量
    │   │   │   ├─ 条件
    │   │   │   └─ 公允价值的选择
    │   │   └─ 以账面价值计量
    │   ├─ 换入资产入账价值的构成
    │   │   ├─ 以换出资产公允价值为基础时
    │   │   ├─ 以换入资产公允价值为基础时
    │   │   └─ 以换出资产账面价值为基础时
    │   └─ 交换损益的确认与计量
    │       ├─ 哪些情况下确认交换损益
    │       └─ 交换损益如何确认、计量
    ├─ 同时交换多项资产时换入资产入账价值的确定
    │   ├─ 如何确定换入资产入账价值总额
    │   └─ 如何将换入资产入账价值总额在换入的多项资产之间分配
    └─ 报表列报与附注披露
```

图 1-1 本章内容框架

1.1.2 本章重点与难点

1. 什么是非货币性资产？

非货币性资产是与货币性资产相对的概念。所以，要了解什么是非货币性资产，首先要理解货币性资产的含义。

货币性资产是指企业持有的货币资金和收取固定或可确定金额的货币资金的权利，主要包括库存现金、银行存款、应收账款、应收票据等。

作为与货币性资产相对的资产形态，非货币性资产主要包括长期股权投资、投资性房地产、固定资产、在建工程、工程物资和无形资产等。

非货币性资产的基本特征是：其为企业带来未来经济利益的金额是不固定的或不可确定的。

2. 什么是非货币性资产交换？

非货币性资产交换是交易双方主要以固定资产、无形资产、长期股权投资等非货币性资产进行的交换。

非货币性资产交换是一种非经常性的特殊交易行为。进行非货币性资产交换的企业可能是出于各种考虑，但在一定程度上减少了货币性资产的流动则是显而易见的。

非货币性资产交换不涉及货币资金，或只涉及少量的补价；非货币性资产交换是企业间非货币性资产形式的互惠转让。这些标准成为判断相关交易是否属于非货币性资产交换的主要依据。

3. 非货币性资产交换会计的焦点问题是什么？

非货币性资产交换交易中，参与交易的双方都涉及对换出资产的终止确认（注销）与换入资产的初始确认（入账）问题。这里的焦点问题是换入资产的入账价值如何确定。换入资产以公允价值作为初始计量的基础还是以换出资产账面价值作为初始计量的基础，取决于是否具备按公允价值计量的条件，从而也决定了是否确认交换损益、如何计量交换损益、如何处理相关税费等。

4. 如何确定换入资产入账价值的计量基础？

对换入资产进行初始确认时计量基础的选择思路如图1-2所示。

5. 如何判断一项非货币性资产交换是否具有商业实质？

判断一项非货币性资产交换是否具有商业实质的思路如图1-3所示。

6. 如何判断换入资产、换出资产的公允价值是否能够可靠计量？

判断一项非货币性资产交换中换入资产或换出资产的公允价值能否可靠计量的思路如图1-4所示。

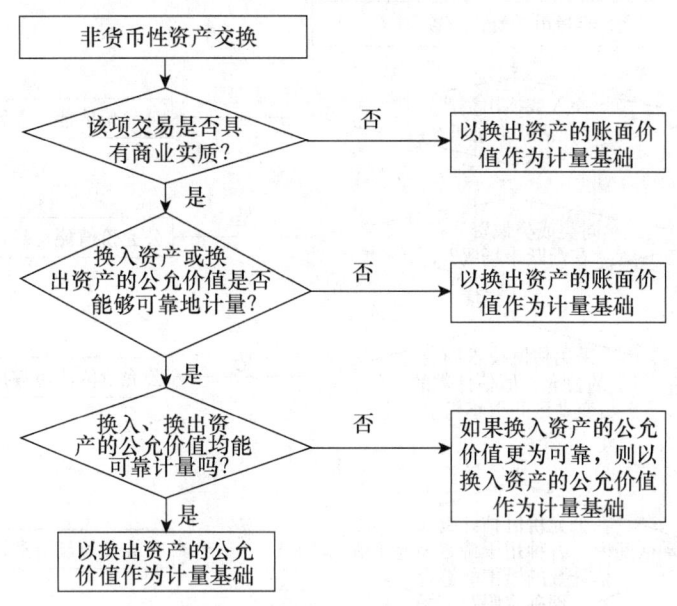

图 1-2　换入资产入账价值的计量基础

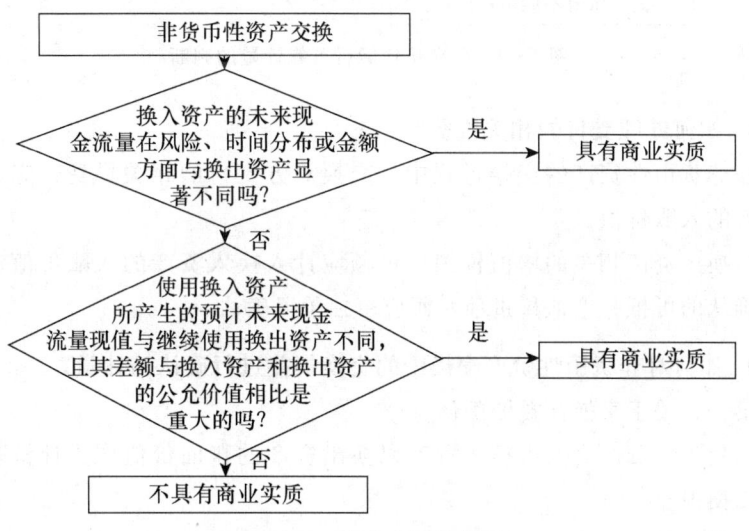

图 1-3　商业实质的判断

7. 如何处理支付或收到的补价？

非货币性资产交换中，在以换出资产的公允价值或账面价值作为换入资产入账价值的计量基础的情况下，支付补价方支付的补价计入换入资产的入账价值，收取补价方收到的补价则抵减换入资产的入账价值；而在以换入资产的公允价值作为换入资产入账价值的计量基础时，支付和收取补价影响交换损益的计量，与换入资产的计量无关。

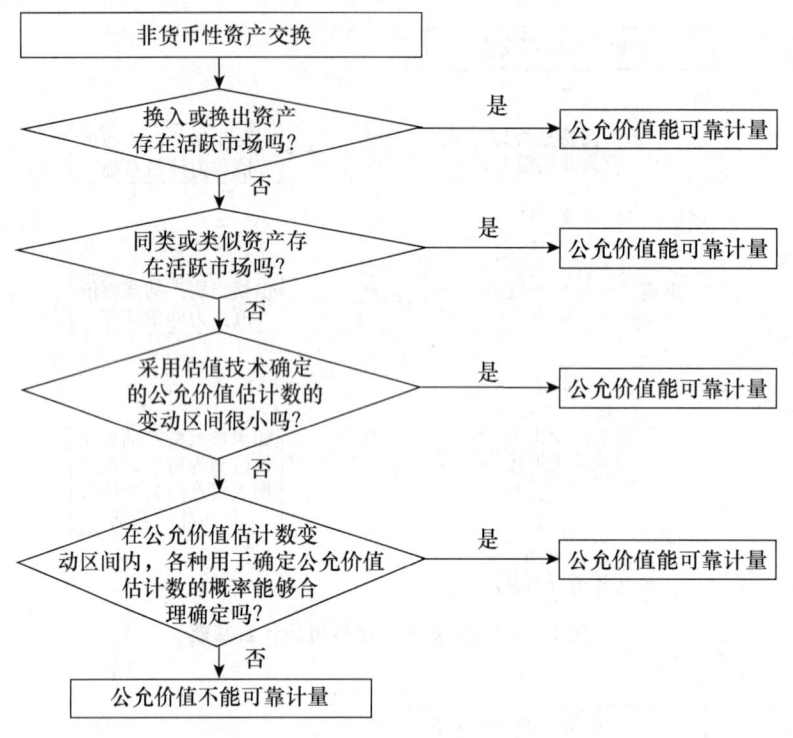

```
                    ┌──────────────┐
                    │ 非货币性资产交换 │
                    └──────┬───────┘
                           │
                      ╱────┴────╲         是    ┌──────────────┐
                    ╱ 换入或换出资产 ╲ ─────────→│ 公允价值能可靠计量 │
                    ╲ 存在活跃市场吗? ╱          └──────────────┘
                      ╲────┬────╱
                         否│
                      ╱────┴────╲         是    ┌──────────────┐
                    ╱ 同类或类似资产存 ╲ ───────→│ 公允价值能可靠计量 │
                    ╲ 在活跃市场吗?   ╱          └──────────────┘
                      ╲────┬────╱
                         否│
                      ╱────┴────╲         是    ┌──────────────┐
                    ╱ 采用估值技术确定 ╲ ───────→│ 公允价值能可靠计量 │
                   ╱ 的公允价值估计数的 ╲         └──────────────┘
                   ╲ 变动区间很小吗?   ╱
                      ╲────┬────╱
                         否│
                      ╱────┴────╲         是    ┌──────────────┐
                   ╱ 在公允价值估计数变 ╲ ──────→│ 公允价值能可靠计量 │
                  ╱ 动区间内,各种用于确定公允价值╲ └──────────────┘
                  ╲ 估计数的概率能够合  ╱
                    ╲ 理确定吗?      ╱
                      ╲────┬────╱
                         否│
                    ┌──────┴───────┐
                    │ 公允价值不能可靠计量 │
                    └──────────────┘
```

图 1-4 公允价值能否可靠计量的判断

8. 如何处理支付的相关税费?

在非货币性资产的交换过程中,交换双方支付的相关税费,应计入各自换入资产的入账价值。

与换出资产相关的增值税销项税额应计入换入资产的入账价值;换入资产应当确认的可抵扣增值税进项税额应单独予以确认。

9. 如何对非货币性资产交换中的交换损益进行确认与计量?

第一,关于交换损益的确认。

非货币性资产交换中换入资产以换出资产的账面价值作为计量基础时,不确认交换损益。

非货币性资产交换中换入资产以公允价值作为计量基础时,如有交换损益则需要予以确认。交换损益的确认方法因换出资产的类别不同而异:如果换出资产是投资性房地产等,需要按其公允价值确认营业收入,并通过确认相应的营业成本从而确认营业利润来实现对交换损益的确认;如果换出资产是长期股权投资等,需要通过确认投资收益来确认交换损益;如果换出资产是固定资产、无形资产等,则往往通过确认资产处置损益来确认交换损益。

第二,关于交换损益的计量。

非货币性资产交换中交换损益的计量规范梳理见表 1-1。

表 1-1 交换损益的计量

情形	计量方法
情形	计量方法
1. 以换出资产的公允价值为计量基础，无论是否涉及补价	交换损益＝换出资产的公允价值－换出资产的账面价值
2. 以换入资产的公允价值为计量基础，不涉及补价	交换损益＝换入资产的公允价值－换出资产的账面价值
3. 以换入资产的公允价值为计量基础，涉及补价	交换损益＝换入资产的公允价值－换出资产的账面价值－支付的补价＋收取的补价

10. 换入多项资产时如何对各单项资产进行计量？

换入多项资产时，首先需要确定换入资产的入账价值总额，然后将其在各换入资产之间进行分配。相关规范的具体思路整理见表 1-2、表 1-3。

表 1-2 换入资产以公允价值为计量基础的

	换出资产公允价值更加可靠的	换入资产公允价值更加可靠的
换入的多项资产入账价值总额 E	E＝A＋B－C＋D 其中： A＝换出资产的公允价值总额 B＝支付的补价 C＝收取的补价 D＝支付的相关税费	E＝换入资产的公允价值总额＋支付的相关税费
换入的各单项资产入账价值	1. 换入的金融资产按其公允价值计量 F 2. 换入的其他资产： 首先，将可分配金额（A＋B－C－F）按换入资产公允价值的相对比例进行分配； 然后，将 D 中属于各资产的相关税费计入相关资产入账价值	各换入资产的公允价值与应支付的相关税费之和

表 1-3 换入资产以账面价值为计量基础的

	换入资产的入账价值
换入的多项资产入账价值总额 E	E＝A＋B－C＋D 其中： A＝换出资产的账面价值总额 B＝支付的补价 C＝收取的补价 D＝支付的相关税费
换入的各项资产入账价值	首先，按各项换入资产的公允价值（或账面价值，公允价值不能可靠计量时）的相对比例，对（A＋B－C）之和进行分配； 然后，将 D 中属于各资产的相关税费计入相关资产入账价值

1.2 练习题①

1.2.1 单项选择题

在下列各题的备选答案中，只有一个是符合题意的正确答案。请将选定答案的字母填入题后的括号中。

1. 下列各项目中，不属于非货币性资产的是（　　）。
   A. 无形资产
   B. 长期股权投资
   C. 固定资产
   D. 应收账款

2. 下列有关非货币性资产交换的说法中，正确的是（　　）。
   A. 非货币性资产交换是企业经常发生的常规性交易之一
   B. 非货币性资产交换交易中交换双方需要确认交换损益
   C. 企业用库存商品交换固定资产属于非货币性资产交换
   D. 企业将存货用于进行股权投资适用于非货币性资产交换准则

3. 非货币性资产交换交易中可能涉及少量的货币资金，这里的"少量"是指（　　）。
   A. 对支付方而言，其支付的货币资金低于或等于换入资产公允价值的25%
   B. 对收取方而言，其收到的货币资金低于或等于换入资产公允价值的25%
   C. 对支付方而言，其支付的货币资金低于换入资产公允价值的25%
   D. 对收取方而言，其收到的货币资金低于换入资产公允价值的25%

4. 2×21年度甲公司将账面价值为300万元的对乙公司的长期股权投资转让给丙公司，与丙公司交换一项原账面价值为290万元的专有技术。此交易中涉及的两项资产的公允价值都无法可靠计量。不考虑其他因素。以下与此项交易有关的说法中，不正确的是（　　）。
   A. 丙公司取得的对乙公司长期股权投资应按290万元入账
   B. 甲、丙公司之间的此项交易是非货币性资产交换
   C. 甲公司取得的专有技术应按300万元入账
   D. 乙公司需就此项交易进行相关的账务处理

5. 非货币性资产交换交易中，支付补价的一方所支付的补价（　　）。
   A. 需贷记"银行存款"科目

---

① 扫描旁边的二维码即可在线做题，包括单项选择题、多项选择题和判断题，提交后可立即查看分数、答案及解析。

B. 会增加交换损失

C. 会减少交换收益

D. 可能与交换损益无关

6. 甲公司为增值税一般纳税人，适用的增值税税率为13%。2×22年度甲公司以账面价值为250万元、市场价格为280万元、消费税税率为10%的一批库存商品（应税消费品）向乙公司换取一套生产用设备，该设备账面原始价值为300万元、累计折旧为60万元，经评估其公允价值为280万元。甲公司经判断，该项库存商品的换出符合收入确认条件。不考虑其他因素。此项交易导致甲公司2×22年度税前利润增加（   ）万元。

A. 280

B. 250

C. 28

D. 2

1.2.2 多项选择题

在下列各题的备选答案中，有两个或两个以上是符合题意的正确答案。请将选定答案的字母按顺序填入题后的括号中。

1. 下列各项目中，属于非货币性资产的有（   ）。

A. 固定资产

B. 投资性房地产

C. 长期股权投资

D. 无形资产

2. 下列有关非货币性资产交换的说法中，不正确的有（   ）。

A. 非货币性资产交换就一定不能涉及货币资金

B. 非货币性资产交换交易的双方分别是换入方和换出方

C. 企业用一种资产交换另一种同类资产不属于非货币性资产交换

D. 具有商业实质与否是判断换入资产能否采用公允价值计量的唯一标准

3. 非货币性资产交换交易中同时换入多项资产时，企业需要采用一定分配率在各换入资产之间对换入资产入账价值总额（不包括相关税费）进行分配（换入的金融资产除外）。这里的"分配率"可能是（   ）。

A. 各项换入资产原账面价值占换入资产原账面价值总额的比率

B. 各项换入资产公允价值占换入资产公允价值总额的比率

C. 各项换入资产公允价值占换入资产入账价值总额的比率

D. 出于简化考虑而由企业确定的平均分配率

4. 2×21年度甲公司将账面价值为300万元、公允价值为320万元的对乙公司的长期股权投资转让给丙公司，与丙公司交换一项原账面价值为290万元、公允价值为320万元的专利权。经分析判断该交易具有商业实质。不考虑其他因素。与此项交易有关的会计处理所涉及的科目有（　　）。

A．"投资收益"
B．"无形资产"
C．"营业外支出"
D．"资产处置损益"

5．甲企业某一报告期内发生了以下四项非货币性资产交换交易。如果站在甲企业的立场进行判断，其中具有商业实质的交易有（　　）。

A．甲企业以一批存货换入乙企业的一项生产用设备，两者产生的未来现金流量风险和总额均相同

B．甲企业以其用于经营出租的一幢公寓楼（客户为一家财务及信用状况良好的企业，租用该公寓是给其单身职工居住）换入丙企业同样用于经营出租的一幢公寓楼（客户都是单个租户），两幢公寓楼的租期、每期租金总额均相同

C．甲企业以一项商标权换入丁企业的一项新开发的专利技术，预计两项无形资产的使用寿命相同，在使用寿命内预计为企业带来的现金流量总额相同

D．甲企业以一成套设备换入戊企业拥有的对A公司的长期股权投资。两项资产的公允价值相同。换入该项长期股权投资后甲企业对A公司由重大影响变为控制

1.2.3　判断题

对下列各题的正误进行判断，并将判断结果填入题后的括号中。正确的填"√"，错误的填"×"。

1．非货币性资产交换就是用一项非货币性资产交换另一项非货币性资产。
（　　）

2．以公允价值计量且其变动计入当期损益的金融资产是短期内即将变现的资产，所以应归类为货币性资产。（　　）

3．甲企业在取得乙企业控股权的过程中，将生产设备用作出资对价的组成部分时，应按非货币性资产交换准则的相关规定，在具备按公允价值进行初始计量的条件下，对形成的长期股权投资按换出固定资产的公允价值作为初始计量的基础。（　　）

4．20×9年6月28日，甲公司与戊公司签订股权置换合同，合同约定：甲公司以其持有的乙公司股权与戊公司所持有的辛公司30%股权进行置换；甲公司所持有乙公司60%股权的公允价值为2 800万元。戊公司另支付补价1 200万元。20×9年6月30日，办理完成乙公司、辛公司的股东变更登记手续，同时

甲公司收到戊公司支付的补价 1 200 万元。甲公司将此项业务判断为非货币性资产交换。① （   ）

5. 在确定非货币性资产交换交易中取得的换入资产的入账价值时，以换入资产的公允价值为计量基础或以换出资产的原账面价值为计量基础就意味着：换入资产的入账金额一定等于换入资产的公允价值或一定等于换出资产的原账面价值。（   ）

1.2.4　业务题

甲公司为增值税一般纳税人，2×21 年甲公司发生以下五笔交易：

（1）发出账面价值为 90 万元、公允价值为 100 万元的库存商品，用于向乙公司投资，取得乙公司 20％的股权（能对乙公司施加重大影响）。

（2）发出账面价值为 100 万元、公允价值为 120 万元的库存商品，用于向丙公司换取其账面价值为 110 万元、公允价值为 120 万元的设备，作为本公司的固定资产使用。

（3）发出账面价值为 80 万元、公允价值为 75 万元的库存材料，投入本公司的在建工程项目。

（4）用一项账面价值为 600 万元（原始价值 700 万元、累计折旧 100 万元）、公允价值为 600 万元的投资性房地产，与丁公司交换一项专有技术使用权，按协议公司用银行存款向丁公司另付 5 万元补价。

（5）用一项账面价值为 400 万元的对联营企业丁公司的长期股权投资，与丁公司的大股东交换一条生产线（原账面价值为 380 万元）。相关资产的公允价值不能可靠确定。

相关税费略。

要求：

（1）判断上述交易哪些应采用非货币性资产交换会计规范进行处理。

（2）为适用非货币性资产交换准则的交易编制相应的会计分录（金额单位：万元）。

1.2.5　实务分析

基于汇金通的房产交换公告
看非货币性资产交换的会计处理

青岛汇金通电力设备股份有限公司（公司简称：汇金通。股票代码：603571）创立于 2004 年，注册资本 17 502 万元，是专业生产和销售输电线路角钢塔、钢管塔、变电构架等各种镀锌钢结构的高新技术企业。公司具有国内最

---

① 2010 年度注册会计师全国统一考试——专业阶段考试《会计》试题。

高电压等级 750kV 输电线路铁塔生产许可证以及国家电网公司特高压铁塔产品供应资质。2016 年 12 月 22 日，公司于上海证券交易所（以下简称"上交所"）主板挂牌上市，正式登陆资本市场。

2019 年 3 月 5 日，公司董事会发布《青岛汇金通电力设备股份有限公司关于资产置换暨关联交易的公告》（公告编号：2019-011），就公司用一处闲置房产与交易对手方交换一处办公房产的交易进行公告。

该公告的主要内容摘编如下：

一、交易概述

公司因业务规模不断扩大，人员需求不断增加，现有办公场所已趋饱和。同时，鉴于现有办公场所距胶州城区较偏远，不利于人才的流入，亟须在胶州城区购置办公场所。公司拟与刘凯先生签订《资产置换协议》，以公司闲置的非生产经营用房产（以下简称"置出标的资产"）置换刘凯先生拥有的位于胶州城区的办公房产（以下简称"置入标的资产"），其中，置出标的资产以公司账面价值为定价依据作价 1 060 万元，置入标的资产以第三方出具的评估价值为定价依据作价 800 万元，置换差价 260 万元由刘凯先生以现金方式一次性支付。刘凯先生为公司董事长，根据《上海证券交易所股票上市规则》的规定，刘凯先生为本公司的关联方，本次交易构成关联交易。

二、标的资产基本情况

本次置入标的资产位于胶州市澳门路，房屋设计用途为办公，所在区域商服配套设施较齐全，基础设施较完善，交通较便捷，商业区位较优越。其权属状况清晰，不存在抵押、质押及其他任何限制转让的情况，不涉及诉讼、仲裁事项或查封、冻结等司法措施，不存在妨碍权属转移的其他情况。中证房地产评估造价集团有限公司对置入标的进行了评估，并出具中证（青岛）估字〔2019〕第 0506 号《房地产估价报告》，确定估价对象在价值时点未设立法定优先受偿权利下的公开市场价值为人民币 800 万元整。

本次置出标的资产位于胶州市少海南路，房屋设计用途为公司客户招待。其权属状况清晰，不存在抵押、质押及其他任何限制转让的情况，不涉及诉讼、仲裁事项或查封、冻结等司法措施，不存在妨碍权属转移的其他情况。2018 年 12 月，置出标的资产达到预定可使用状态，由在建工程转入固定资产。截至 2018 年 12 月 31 日，经审计的置出标的资产账面价值为 900 万元，尚未计提折旧、摊销。因置出标的资产购入时间短，市场价格无明显变化，双方一致同意按置出标的资产经审计后的账面价值为定价依据，并将置出标的资产定价确定为 1 060 万元。

三、双方的权利、义务以及协议的生效日期

双方需保证本次置出房产为其所有，不存在设定抵押等影响本次置换的情形；本次资产置换完成后，公司应协助刘凯先生尽快办理上述资产的变更手续；由此产生的税费，由各自自行承担。本协议自公司审议程序通过后生效。

四、公司履行的审议程序

本次关联交易已经公司第三届董事会第二次会议、第三届监事会第二次会议审议通过，关联董事刘凯先生、董萍女士回避表决。董事会、监事会会议的召集、召开和表决程序及方式符合有关法律、法规和《公司章程》的规定。独立董事对关联交易事项予以事前认可，并发表了独立意见；审计委员会也发表了审核意见。独立董事的独立意见和审计委员会的审核意见都认为本次交易事项公平，符合相关法规规定，不会对本公司独立性产生影响，不存在损害公司及其他股东特别是中小股东利益的情形。保荐机构第一创业证券承销保荐有限责任公司对公司本次资产置换暨关联交易事项进行核查后，出具了《第一创业证券承销保荐有限责任公司关于青岛汇金通电力设备股份有限公司关联交易事项的核查意见》，对关联交易事项无异议。

资料来源：《青岛汇金通电力设备股份有限公司关于资产置换暨关联交易的公告》。

[要求]

根据上述资料，思考下列问题：

(1) 资料中涉及的资产置换是否属于非货币性资产交换业务？是否适用非货币性资产交换准则进行会计处理？为什么？

(2) 汇金通应该如何对换出的闲置房产进行终止确认？如何对换入的房产进行初始确认与计量？相关会计处理对当期损益是否产生影响？

1.3 练习题参考答案[①]

1.3.1 单项选择题

1. D 2. C 3. C
4. D 5. D 6. D

1.3.2 多项选择题

1. ABCD 2. ABCD 3. AB
4. ABD   5. ABCD

1.3.3 判断题

1. × 2. × 3. ×

[①] 想要查看单项选择题、多项选择题和判断题的答案解析，请扫描1.2节的二维码并做完所有客观题。

4. ×　　　5. ×

1.3.4　业务题

(1) 判断：第 (1)、(2) 项交易虽然都属于非货币性资产交换，但应采用收入准则的会计规范进行处理；第 (3) 项交易属于不得抵扣增值税进项税额的业务，并不涉及与其他主体交换非货币性资产。第 (4)、(5) 两项交易属于适用非货币性资产交换准则的非货币性资产交换业务。

(2) 有关会计分录。

第 (4) 项交易的会计分录：

借：无形资产　　　　　　　　　　　　　　　　605
　　投资性房地产累计折旧　　　　　　　　　　100
　贷：投资性房地产　　　　　　　　　　　　　　700
　　　银行存款　　　　　　　　　　　　　　　　　5

第 (5) 项交易的会计分录：

借：固定资产　　　　　　　　　　　　　　　　400
　贷：长期股权投资　　　　　　　　　　　　　　400

1.3.5　实务分析

(1) 首先，判断一项交易是否属于非货币性资产交换业务，需要以非货币性资产交换准则对非货币性资产交换的定义为判断依据。根据该准则，非货币性资产交换是指企业主要以固定资产、无形资产、投资性房地产和长期股权投资等非货币性资产进行的交换。本例中汇金通用公司闲置的非生产经营用房产交换办公房产，换入、换出的资产均为固定资产，而固定资产属于非货币性资产，所以，此项交换属于非货币性资产交换。

其次，判断一项涉及非货币性资产交换的交易是否可以采用非货币性资产交换准则进行会计处理，要以非货币性资产交换准则里规定的适用范围为判断依据。本例中汇金通的资产置换交易不符合该准则规定的不适用该准则的五种情况。

就汇金通这个企业而言，本公告涉及的资产置换中换入资产和换出资产均为房产，且其收取的补价低于换出资产公允价值的 25%。所以，此项资产置换属于非货币性资产交换，而且适用非货币性资产交换准则。

(2) 关于汇金通对换入资产的初始确认和对换出资产的终止确认与计量：

首先，注意终止确认和初始确认的时间点。公司要在换出资产满足终止确认条件时终止确认该换出资产，在换入资产符合资产定义并满足初始确认条件时对该换入资产进行初始确认。

其次，注意计量问题。对换出、换入资产进行确认和计量时的关键是判断换入资产采用公允价值计量基础还是采用账面价值计量基础。根据非货币性资产交换准则的规定，如果此项交换具有商业实质且公允价值能够可靠计量，就按公允价值为基础对换入资产进行计量，否则，按账面价值为计量基础。这里有两个关键点要注意：一是如何判断一项交易是否具有商业实质？二是公允价值能否可靠计量？对本例中提供的信息进行分析，如果认为符合这两个条件，就采用公允价值为换入资产的计量基础。

会计处理的参考思路：根据上述资料，汇金通的此项资产置换交易具有商业实质且公允价值能够可靠计量。汇金通应将换出的闲置厂房按其账面价值1 060万元进行终止确认（注销），按换入的办公用房的公允价值800万元或按换出厂房的公允价值1 060万元与收取的补价260万元两者之差800万元，对办公用房以固定资产进行入账。由于初始确认的办公用房按800万元入账，终止确认的闲置厂房按1 060万元注销，两者之差260万元作为收取的补价借记相关货币资金科目，所以，对此项非货币性资产交换的账务处理不涉及交换损益。

1.4 教材习题参考答案

1.4.1 练习题

说明：各题的金额单位为万元。

习题一

（1）甲企业的相关会计分录：

借：固定资产（1 000－100＋80＋20）	1 000
累计摊销	100
贷：无形资产	1 000
资产处置损益	80
银行存款	20

（2）乙企业的相关会计分录：

结转固定资产账面价值：

借：固定资产清理	800
累计折旧	258
贷：固定资产	1 058

确认资产交换：

借：无形资产（800＋200－20）	980
银行存款	20
贷：固定资产清理	800

　　　　　资产处置损益　　　　　　　　　　　　　　　　　　　　　　200

习题二

例1-6中乙公司的账务处理（假定经判断此项交易具有商业实质）。

（1）将换出的固定资产转入清理：

　　借：固定资产清理　　　　　　　　　　　　　　　　　　　　975
　　　　累计折旧　　　　　　　　　　　　　　　　　　　　　　315
　　　贷：固定资产　　　　　　　　　　　　　　　　　　　　1 290

（2）确认资产交换：

如果乙公司换出的对丙公司的股权投资原来是作为交易性金融资产核算的，则

　　借：无形资产　　　　　　　　　　　　　　　　　　　　　410
　　　　债权投资（或其他债权投资）　　　　　　　　　　　　750
　　　　银行存款　　　　　　　　　　　　　　　　　　　　　 20
　　　贷：交易性金融资产　　　　　　　　　　　　　　　　　150
　　　　　固定资产清理　　　　　　　　　　　　　　　　　　975
　　　　　资产处置损益　　　　　　　　　　　　　　　　　　 55

如果乙公司换出的对丙公司的股权投资原来是作为对联营企业或合营企业的长期股权投资核算的，则

　　借：无形资产　　　　　　　　　　　　　　　　　　　　　410
　　　　债权投资（或其他债权投资）　　　　　　　　　　　　750
　　　　银行存款　　　　　　　　　　　　　　　　　　　　　 20
　　　贷：长期股权投资　　　　　　　　　　　　　　　　　　140
　　　　　固定资产清理　　　　　　　　　　　　　　　　　　975
　　　　　资产处置损益　　　　　　　　　　　　　　　　　　 55
　　　　　投资收益　　　　　　　　　　　　　　　　　　　　 10

1.4.2　年报分析

（1）资料中涉及的资产置换是否属于非货币性资产交换业务？是否适用非货币性资产交换准则？

首先，判断一项交易是否属于非货币性资产交换业务，需要以非货币性资产交换准则对非货币性资产交换的定义为判断依据。根据该准则，非货币性资产交换是指企业主要以固定资产、无形资产、投资性房地产和长期股权投资等非货币性资产进行的交换。其次，判断一项涉及非货币性资产交换的交易是否可以采用非货币性资产交换会计准则进行会计处理，要以非货币性资产交换准则里规定的该准则的适用范围为判断依据。

南京新百与南京三胞医疗的股权置换以及东阳光与控股子公司的股权置换

两项交易中，都涉及非货币性资产——长期股权投资，又都未涉及现金收付，所以，这两项股权置换都属于非货币性资产交换范畴。至于是否适用非货币性资产交换准则，要看相关交换是否涉及企业合并。一方面，南京新百与南京三胞医疗的股权置换使南京新百持有了南京三胞医疗的80%股权，如果没有其他因素则可判断达成控股合并，而涉及企业合并的非货币性资产交换不适用非货币性资产交换准则。另一方面，东阳光与控股子公司的股权置换并未涉及企业合并，应适用非货币性资产交换准则。

（2）如果适用该准则，在进行会计处理时应涉及哪些资产类会计科目？

在非货币性资产交换中，如果换出资产和换入资产均是股权，通常涉及的资产类科目应该是"长期股权投资"。如有信息表明换出或换入的是重大影响以下的股权，则可能涉及"其他权益工具投资"等科目。

第 2 章

债务重组会计

2.1 学习指导

2.1.1 本章内容框架

本章主要内容是各种形式的债务重组业务的确认、计量与报告,见图 2-1。

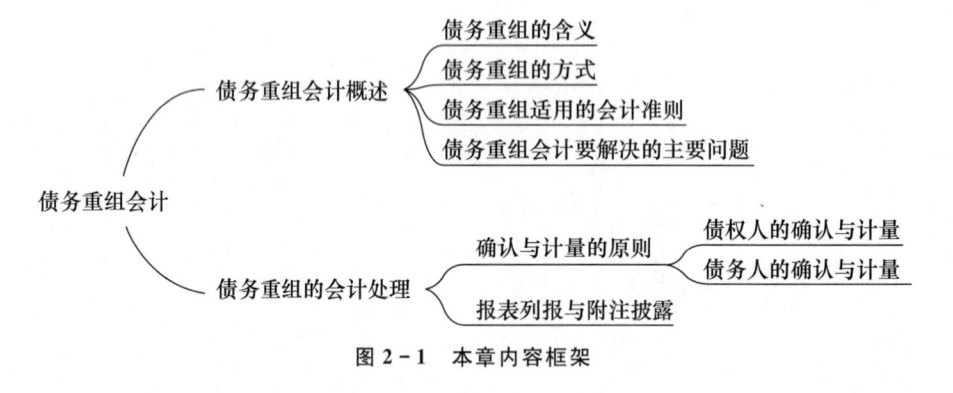

```
                        ┌─ 债务重组的含义
           ┌ 债务重组会计概述 ─┤  债务重组的方式
           │            │  债务重组适用的会计准则
           │            └─ 债务重组会计要解决的主要问题
债务重组会计 ┤
           │                              ┌─ 债权人的确认与计量
           │            ┌ 确认与计量的原则 ─┤
           └ 债务重组的会计处理─┤           └─ 债务人的确认与计量
                        └ 报表列报与附注披露
```

图 2-1 本章内容框架

2.1.2 本章重点与难点

1. 如何理解债务重组的含义?

债务重组,是指在不改变交易对手方的情况下,经债权人和债务人协议或法院裁定,就清偿债务的时间、金额或方式等重新达成协议的交易。

理解债务重组概念的关键有四点:

一是债务重组的主体是债权债务双方。

二是债务重组的内容是债务的清偿时间、金额或方式等。

三是债务重组的结果是债权债务双方就被重组的债权债务重新达成协议。

四是债务重组的依据是相关债权债务双方的协议或法院的裁定。

2. 债务重组有哪几种方式?

债务重组的方式主要包括：债务人以资产清偿债务、债务人将债务转为权益工具、修改其他条款以及前几种方式的组合等。

3. 如何把握债务人确认与计量的要点?

债务人债务重组日会计确认与计量的基本原则如下：

（1）无论采用哪种债务重组方式，债务人都要按账面价值转销被重组的债务，而这个账面价值就是该债务的账面余额。

（2）债务人以资产抵债时，需以相关资产的账面价值抵债，这样就不会涉及按转销资产的账面价值与该资产公允价值之间的差额，从而不需确认出让资产损益。

债务人将债务转为权益工具时，需以增加的权益工具的公允价值确认股本、资本溢价等。

债务人采用展期等其他修改债务条件的方式时，需按修改其他债务条件后债务的公允价值确认未来应付债务，即重组债务。

（3）债务人确认的重组利得或损失，分别记入"投资收益""其他收益"科目。

4. 如何把握债权人确认与计量的要点?

债权人债务重组日会计确认与计量的基本原则如下：

（1）无论采用哪种债务重组方式，债权人都要按账面价值转销被重组的债权，而这个账面价值应该是该债权的账面余额与其备抵账户余额之差。

（2）债权人受让债务人用以抵债的金融资产时，需将受让资产按其公允价值入账。受让的非金融资产，原则上按放弃债权的公允价值和应支付的相关税费进行计量。

债权人采用展期等其他修改债务条件的方式时，需按修改其他债务条件后债权的公允价值确认未来应收债权，即重组债权。

（3）债权人确认的重组利得或损失，应记入"投资收益"科目。

5. 如何理解重组债权、重组债务的确认与计量要点?

首先，应确认为重组债权、重组债务的，应是修改其他条款这种债务重组方式下涉及的未来应收债权、未来应偿还债务。

其次，这里的重组债权、重组债务需要通过"重组债权""重组债务"科目专门确认。

再次，债务重组双方对于重组债权、重组债务的计量，应遵循《企业会计准则第22号——金融工具确认和计量》的规定，也就是说应作为金融资产、金融负债并按公允价值进行初始计量，并根据对相关金融资产、金融负债的分类决定是按摊余成本还是按公允价值进行后续计量。

最后，要注意债务重组双方的上述处理对债务重组损益产生了什么影响。

2.2 练习题

2.2.1 单项选择题

在下列各题的备选答案中，只有一个是符合题意的正确答案。请将选定答案的字母填入题后的括号中。

1. 以下会计科目中，债权人在债务重组业务的会计处理中不会用到的是（ ）。

    A．"投资性房地产"

    B．"其他收益"

    C．"投资收益"

    D．"营业外支出"

2. 2×22年年末，甲企业所欠乙企业的300万元应付账款因资金周转困难无法按期偿付，根据双方的债务重组协议，甲企业用账面价值230万元、计税价格（等于公允价值）250万元、增值税税率13%、消费税税率10%的库存商品予以抵偿。甲企业用库存现金0.1万元支付商品运杂费。甲企业适用的所得税税率假定为25%；按当期净利润的10%计提盈余公积。甲企业重组当年因此项债务重组业务导致的留存收益增加额为（ ）万元。

    A．6.975

    B．8.37

    C．9.3

    D．12.4

3. 对于采用修改其他条款的方式进行的债务重组，以下说法中正确的是（ ）。

    A．债权人必然确认重组债权

    B．债权人必然确认重组损失

    C．修改其他条款的方式就是指对债务进行展期

    D．债权人对重组债权应以公允价值为基础进行计量

4. 对于采用修改其他条款的方式进行的债务重组，以下说法中正确的是（ ）。

    A．债务人必然确认重组债务

    B．债务人债务重组日必然确认重组利得

    C．债务人对重组债务应以公允价值为基础进行计量

D. 对债务人而言修改其他条款就是指免除部分债务本金

5. 在债务人根据债务重组协议用本企业无形资产抵偿到期债务的情况下，相关会计处理中不会涉及的会计科目是（　　）。

A. "应付账款"

B. "资产处置损益"

C. "其他收益"

D. "无形资产"

2.2.2 多项选择题

在下列各题的备选答案中，有两个或两个以上是符合题意的正确答案。请将选定答案的字母按顺序填入题后的括号中。

1. 下列情形中，适用债务重组会计准则的有（　　）。

A. 债权人根据与债务人的协议以等值于原债权的其他资产形式回收债权

B. 债权人根据法院裁定削减部分本金后回收债权

C. 债权人或债务人任何改变偿债条款的事项

D. 债权人根据双方协议将债务延期两年

2. 以下会计科目中，债务人在债务重组业务的会计处理中可能会用到的有（　　）。

A. "资产处置损益"

B. "资本公积"

C. "投资收益"

D. "其他收益"

3. 2×22年年末，甲企业所欠乙企业的300万元应付账款因资金周转困难无法按期偿付，根据双方的债务重组协议，甲企业用原始价值270万元、累计折旧40万元、公允价值250万元的固定资产予以抵偿。两个企业适用的所得税税率假定为25%。其他相关税费略。两个企业均按当期净利润的10%计提盈余公积。此项债务重组业务使甲企业2×22年度（　　）。

A. 实现固定资产处置利得20万元

B. 实现债务重组利得50万元

C. 增加净利润52.5万元

D. 增加盈余公积5.25万元

4. 2×22年年末，甲企业所欠乙企业的300万元应付账款因资金周转困难无法按期偿付，根据双方的债务重组协议，甲企业用其持有的一批归类为以公允价值计量且其变动计入其他综合收益的金融资产的股票投资予以抵偿，该资产在债务重组日的账面价值等于公允价值为280万元，已确认公允价值变动利得30万元。乙企业上年年末已为该应收账款计提了2%的坏账准备；对于受让的资产乙企业随时准备出售。两个企业适用的所得税税率假定为25%；按当期净利润的10%计提盈余公积。其他相关税费略。此项债务重组业务（　　）。

A. 使乙企业2×22年的税前利润减少14万元

B. 对乙企业税前利润的累积影响额为－20万元

C. 2×22年为甲企业带来50万元的债务重组利得

D. 对甲企业2×22年度其他综合收益的影响额为20万元

5. 对于以固定资产抵债的债务重组协议，下列各项目中会影响债权人受让固定资产的入账价值的有（　　）。

A. 该固定资产的公允价值

B. 所放弃债权的公允价值

C. 固定资产的运杂费和安装费

D. 所放弃债权曾经计提的减值准备

2.2.3　判断题

对下列各题的正误进行判断，并将判断结果填入题后的括号中。正确的填"√"，错误的填"×"。

1. 债务人在采取将债务转为资本这种债务重组方式时，必然导致债权人在转销重组债权的同时确认长期股权投资。（　　）

2. 如果债权人在转销重组债权的同时确认了长期股权投资，那就意味着所采取的债务重组方式是债务人将债务转为资本（对于债权人而言就是债权转为股权）。（　　）

3. 债权人的债权相对于债务人而言就是债务，所以，债务重组过程中债权人转销的重组债权的账面价值一定等于债务人转销的重组债务的账面价值。（　　）

4. 债务重组过程中债权人确认的重组损益不一定等于债务人确认的重组损益。（　　）

5. 2×22年年末，甲企业所欠乙商业银行的1010万元3年期借款已到期，因资金周转困难无法按期偿付，根据双方的债务重组协议，乙商业银行免除了甲企业的应付利息10万元，并将剩余债务延期6个月。债务重组日（2×22年12月31日），延期偿付金额的公允价值为10万元。甲企业有关债务重组的账务处理致使该企业本年度净资产减少10万元。（　　）

2.2.4　实务分析

基于国中水务债务重组的公告
看债务重组的会计处理

黑龙江国中水务股份有限公司（公司简称：国中水务。股票代码：600187）

2022年9月17日在上交所网站发布了与湘潭九华经济建设投资有限公司（公司简称：九华经建投）进行债务重组的公告，公告主要内容摘编如下：

一、债务重组原因

公司于2019年10月与九华经建投分别签订《关于转让湘潭国中水务有限公司股权的股权转让合同》《关于转让湘潭国中污水处理有限公司股权的股权转让合同》。公司向九华经建投分别出售控股子公司湘潭国中水务有限公司（以下简称"湘潭自来水"）81.8%股权，股权转让价格为326 148 105.76元；控股子公司湘潭国中污水处理有限公司（以下简称"湘潭污水"）75.8%股权，股权转让价格为93 567 760.00元。

截至本公告披露日，九华经建投按股权转让合同约定已支付湘潭自来水股权转让款233 831 472.40元，尚有110 816 633.36元未支付，导致产生应付而未付违约金32 931 493.84元（按日利率0.3‰计算，计算截止日期：2022年9月15日）；已支付湘潭污水股权转让款67 083 287.33元，尚有146 767 383.40元未支付，导致产生应付而未付违约金46 790 435.87元（按日利率0.3‰计算，计算截止日期：2022年12月28日）。

公司为加速应收账款清收，防范经营风险，彻底解决九华经建投延期付款问题，双方在自愿平等的基础上，经友好协商，拟签订《关于转让湘潭国中水务有限公司股权转让合同的补充协议》《关于转让湘潭国中污水处理有限公司股权转让合同的补充协议》，双方同意调整违约金利率，将日利率0.3‰（即年利率10.95%）调整为年利率5.5%，最终应付逾期违约金计息至实际付款日。

二、债务重组协议的主要内容

（1）《关于转让湘潭国中水务有限公司股权转让合同的补充协议》：

经双方友好协商，转让方与受让方双方同意调整违约金利率，将日利率0.3‰（即年利率10.95%）调整为年利率5.5%，最终应付逾期违约金计息至实际付款日。据此，截至2022年9月15日，受让方在原合同项下应付转让方股权转让款92 316 633.36元及逾期付款违约金16 770 668.16元。目标公司欠付转让方股东往来款欠款18 500 000.00元。

受让方承诺在2022年9月15日前，向转让方支付相关款项合计111 279 896.24元人民币（其中股权转让款76 009 228.08元，代目标公司归还股东欠款18 500 000.00元，违约金16 770 668.16元）。转让方在收取以上资金后3日内，配合受让方完成目标公司81.8%的股权工商变更等手续（非转让方原因除外），同时，转让方将目标公司《资产清单》《债权债务清单》移交给受让方。如受让方未于2022年9月15日前完成所有款项支付，违约金利率恢复原合同约定（即按日利率0.3‰计算逾期付款违约金）。

按原合同约定，由受让方向转让方开具与剩余股权转让款5%的尾款等额的银行保函并在支付本协议第2条所述款项时，将保函一并交付给转让方。现双方约定由受让方将剩余股权转让款 5% 的尾款转入转让方指定账户。同时，转让方将银行 UKEY 一枚交由受让方保管，转让方在确认资金到账户后一个月内完成目标公司的建筑、设备等质量检查，质量检查以转让方提供目标公司工程竣工验收备案（质监站）证明文件等为准。转让方完成所有资产、合同、印鉴等文件资料移交后，受让方即刻兑付 5% 股权转让款尾款的支付义务，归还银行 UKEY，释放 16 307 405.28 元尾款给转让方。

(2)《关于转让湘潭国中污水处理有限公司股权转让合同的补充协议》：

经双方友好协商，转让方与受让方双方同意调整违约金利率，将日利率 0.3‰（即年利率 10.95%）调整为年利率 5.5%，最终应付逾期违约金计息至实际付款日。据此，截至 2022 年 12 月 28 日，受让方在原合同项下应付转让方股权转让款 26 484 472.67 元及逾期付款违约金 23 828 462.71 元。目标公司欠付转让方股东往来款欠款 120 282 910.74 元。

受让方承诺在 2022 年 12 月 28 日前，向转让方支付相关款项合计 165 917 458.11 元人民币（其中股权转让款 21 806 084.67 元，代目标公司归还股东欠款 120 282 910.74 元，违约金 23 828 462.71 元）。转让方在收到以上资金后 3 日内，配合受让方完成目标公司 75.8% 的股权工商变更等手续（非转让方原因除外），同时，转让方将目标公司《资产清单》《债权债务清单》移交给受让方。如受让方未于 2022 年 12 月 28 日前完成所有款项支付，违约金利率恢复原合同约定（即按日利率 0.3‰ 计算逾期付款违约金）。

按原合同约定，受让方向转让方开具与剩余股权转让款 5% 的尾款等额的银行保函并在支付本协议第 2 条所述款项时，将保函一并交付给转让方。现双方约定由受让方将剩余股权转让款 5% 的尾款转入转让方指定账户。同时，转让方将银行 UKEY 一枚交由受让方保管，转让方在确认资金到账户后一个月内完成目标公司的建筑、设备等质量检查，质量检查以转让方提供目标公司工程竣工验收备案（质监站）证明文件以及环保验收通过的证明文件为准。转让方完成所有资产、合同、印鉴等文件资料移交后，受让方即刻兑付剩余 5% 股权转让款尾款的支付义务，归还银行 UKEY，即将 4 678 388.00 元支付给转让方。

本次债务重组预计将增加公司税前利润约 88 296 923.33 元（其中股权款及往来款坏账准备冲回增加利润 47 697 792.46 元，逾期违约金利息计入营业外收入，增加利润 40 599 130.87 元）。

资料来源：http://www.sse.com.cn/disclosure/listedinfo/announcement/c/new/2022-09-17/600187_20220917_8_Z2Ls2Dzx.pdf.

[要求]

根据上述资料，查阅国中水务相关年度报告，思考下列问题：

(1) 2019 年 10 月出售股权时国中水务应如何进行账务处理？

(2) 本公告日之前国中水务收到部分股权转让款时应如何进行账务处理

(暂不考虑是否已经计提坏账准备)?

(3) 假定股权受让方按债务重组协议在协议规定日期偿还剩余债务,国中水务应如何进行账务处理(暂不考虑是否已经计提坏账准备)?

2.3 练习题参考答案

2.3.1 单项选择题

1. D   2. C   3. D
4. C   5. B

2.3.2 多项选择题

1. ABD   2. BCD   3. CD
4. AB   5. BC

2.3.3 判断题

1. ×   2. ×   3. ×
4. √   5. ×

2.3.4 实务分析

(1) 出售部分股权时

借：其他应收款——股权转让款   419 715 865.76*   A
借或贷：投资收益   (转让股权的损益＝A、B之差)
    贷：长期股权投资**   (被转让股权的账面价值)   B

* 419 715 865.76＝326 148 105.76＋93 567 760.00(元)

** 根据2019年年度报告中关于合并范围变动情况的注释,可知国中水务已经终止确认了相关的长期股权投资。

(2) 债务重组前收到部分股权转让款时:

借：银行存款   300 914 759.73*
    贷：其他应收款——股权转让款   300 914 759.73

* 300 914 759.73＝233 831 472.40＋67 083 287.33(元)

根据国中水务2019年年度报告,当年收到280 914 759.73元的股权转让款,截至2019年年末,剩余股权转让款账面余额为138 801 106.03元,坏账准备余额为4 164 033.18元。

根据国中水务2020年年度报告,截至2020年年末,剩余股权转让款账面余额仍为138 801 106.03元,坏账准备余额为6 940 055.30元。

根据国中水务2021年年度报告，截至2021年年末，剩余股权转让款账面余额为118 801 106.03元，坏账准备余额为11 880 110.60元。

(3) 假定股权受让方按债务重组协议在协议规定日期偿还剩余债务。

1) 债务重组后按协议于2022年9月15日前收款时：

借：银行存款　　　　　　　　　　　　　111 279 896.24
　　贷：其他应收款——股权转让款　　　　　76 009 228.08
　　　　　　　　　——湘潭自来水　　　　　18 500 000.00
　　　　营业外收入——违约金　　　　　　　16 770 668.16

2) 债务重组后按协议于2022年12月28日前收款时：

借：银行存款　　　　　　　　　　　　　165 917 458.12
　　贷：其他应收款——股权转让款　　　　　21 806 084.67
　　　　　　　　　——湘潭污水　　　　　120 282 910.74
　　　　营业外收入——违约金　　　　　　　23 828 462.71

3) 收到尾款时：

借：银行存款　　　　　　　　　　　　　20 985 793.28*
　　贷：其他应收款——股权转让款　　　　　20 985 793.28

* 20 985 793.28＝16 307 405.28＋4 678 388.00(元)

值得注意的是，如果上述债权在收回之前已经计提坏账准备，则进行收款的账务处理时还要注销已提坏账准备。

2.4　教材习题参考答案

2.4.1　练习题

(1) 甲企业、乙企业债务重组日的账务处理如下：

1) 甲企业：

借：其他债权投资——成本　　　　　　　　　6 000
　　　　　　　　——利息调整　　　　　　　　106
　　投资收益　　　　　　　　　　　　　　　2 000
　　坏账准备　　　　　　　　　　　　　　　　900
　　贷：应收账款——乙企业　　　　　　　　　9 000
　　　　银行存款　　　　　　　　　　　　　　　6

2) 乙企业：

借：应付账款——甲企业　　　　　　　　　　9 000
　　贷：债权投资——成本　　　　　　　　　　6 000
　　　　　　　　——利息调整　　　　　　　　　2

| 银行存款 | 4 |
| 投资收益 | 2 994 |

（2）此项交易对当期税前利润的影响：

1) 此项交易对甲企业当期税前利润的影响：－2 000 万元。

2) 此项交易对乙企业当期税前利润的影响：＋2 994 万元。

（3）略。

2.4.2 公告分析

（1）武汉国际会展中心股份有限公司在 2020 年 12 月 31 日就债务重组业务应如何进行账务处理？

根据相关债务重组公告，武汉国际会展中心股份有限公司有关账务处理的参考思路为（金额单位：万元）：

借：长期借款	6 082
贷：银行存款	3 500
财务费用	2 582

这里需要提示一个应注意的问题：关于债务重组相关损益的会计处理问题。按照 2019 年修订前的债务重组准则，债务重组利得记入"营业外收入"科目，债务重组损失记入"营业外支出"科目；按照 2019 年修订后的债务重组准则，无论是债务人还是债权人，债务重组均不再区分债务重组利得、债务重组损失以及资产处置损益，而是将它们合并作为债务重组相关损益，记入"投资收益"科目；对债务人企业而言，如以非金融资产清偿债务，相应的债务重组相关损益则记入"其他收益"科目。

（2）株洲循环经济投资发展集团有限公司对债务重组的会计处理会对企业的资产负债表产生哪些影响？

根据相关公告，株洲循环经济投资发展集团有限公司对债务重组的会计处理将会对资产负债表中的"长期借款"等负债项目以及"资本公积"项目的报告价值产生影响。

第3章

股份支付会计

3.1 学习指导

3.1.1 本章内容框架

本章主要内容是股份支付业务的确认、计量与报告,见图 3-1。

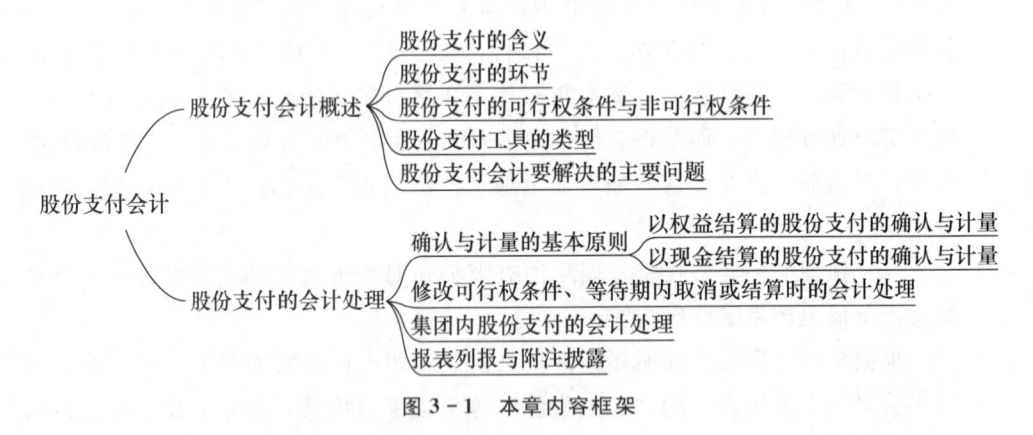

```
                            ┌─ 股份支付的含义
                            ├─ 股份支付的环节
             ┌─ 股份支付会计概述 ├─ 股份支付的可行权条件与非可行权条件
             │              ├─ 股份支付工具的类型
             │              └─ 股份支付会计要解决的主要问题
股份支付会计 ─┤
             │              ┌─ 确认与计量的基本原则 ┬─ 以权益结算的股份支付的确认与计量
             │              │                      └─ 以现金结算的股份支付的确认与计量
             └─ 股份支付的会计处理 ├─ 修改可行权条件、等待期内取消或结算时的会计处理
                            ├─ 集团内股份支付的会计处理
                            └─ 报表列报与附注披露
```

图 3-1 本章内容框架

3.1.2 本章重点与难点

1. 如何理解股份支付的含义?

股份支付,是以股份为基础的支付的简称,是指企业为获取职工和其他方提供的服务而授予权益工具或者承担以权益工具为基础确定的负债的交易。从企业的立场来理解这个概念,至少应注意以下几点:

第一,股份支付是企业与他方的交易。这个"他方"视为向企业提供服务的职工或其他方。企业因接受他方提供的服务需向他方进行相应的支付——这就体现了"交易"性质。

第二，交易的对价与股份有关。是交易就要有对价。股份支付中企业支付的对价或其定价与企业自身权益工具未来的价值密切相关。

2. 关于可行权条件有哪些主要关注点？

学习股份支付会计时，对可行权条件的以下几个方面应予以关注（见表3-1）：

第一，可行权条件的种类。

第二，不同可行权条件的不同影响。

表3-1 可行权条件的种类及其影响

影响	可行权条件		
	服务期限条件	业绩条件	
		市场条件	非市场条件
确定权益工具在授予日的公允价值时，是否考虑相关条件满足与否	不考虑	考虑	不考虑
估计预计可行权情况时，是否考虑相关条件满足与否	考虑	不考虑	考虑
确认已取得的服务时，是否考虑相关条件满足与否	考虑	不考虑	考虑

3. 如何区分以权益结算的股份支付和以现金结算的股份支付？

以权益结算的股份支付，是指企业为获得服务而以股份或其他权益工具作为对价进行结算的交易。以现金结算的股份支付，是指企业为获取服务而承担的以股份或其他权益工具为基础计算的交付现金或其他资产的义务的交易。

从上述定义可以看出，以权益结算的股份支付与以现金结算的股份支付的区别在于：它们是结算方对提供服务方进行支付时采用的两种不同的对价形式，前者以股份或其他权益工具作为对价，后者则主要以现金作为对价。

4. 对于换取职工服务的，以权益结算的股份支付和以现金结算的股份支付在会计确认上有何主要异同点？

（1）从初始确认的时点来看：授予后即可行权的股份支付，应在授予日予以确认；有等待期的股份支付，在等待期内的首个资产负债表日进行确认。在这一点上，以权益结算的股份支付与以现金结算的股份支付适用的确认原则是一样的。

（2）从确认的会计要素来看：

首先，在会计确认上的相同点：以权益结算的股份支付和以现金结算的股份支付两者都是源于企业接受了职工或其他方提供的服务，所以，在会计确认上，企业作为接受服务方要把接受服务期间应承担的未来支付计入当期相关的成本费用项目。

其次，在会计确认上的区别是：以权益结算的股份支付，因未来支付的对价将是股份或其他权益工具，而不是导致资产的流出，所以会涉及权益工具的确认；而以现金结算的股份支付因导致企业承担未来支付现金等资产的义务，所以需要涉及金融负债的确认。前者主要使用"资本公积——其他资本公积"科目，后者则使用"应付职工薪酬"科目。

值得注意的是：未来支付现金等资产的义务的有无，是理解权益工具与金融负债的关键所在，也是权益工具与金融负债的本质区别。这一区别必将导致以权益结算的股份支付与以现金结算的股份支付在会计计量方面有所不同。

5. 对于换取职工服务的，以权益结算的股份支付和以现金结算的股份支付在会计计量上主要有何区别？

以权益结算的股份支付确认为权益工具，以现金结算的股份支付确认为金融负债；而正是权益工具与金融负债的本质不同导致了以权益结算的股份支付与以现金结算的股份支付在计量方面的区别。

所有者权益的价值变动取决于影响所有者权益的资产、负债的价值变动，所以，权益工具本身的公允价值变动在会计上是不予以确认的；而负债代表的是一项未来的支付义务，有些负债是可以按其公允价值计量的，所以，这些负债的公允价值变动影响是应该予以确认的。这种确认与计量的基本原则决定了以权益结算的股份支付与以现金结算的股份支付在计量上有以下三点不同：

首先，初始计量：以权益结算的股份支付对权益工具的初始计量采用授予日权益工具的公允价值为基础；以现金结算的股份支付对应付债务的初始计量则采用相关负债当时的公允价值为基础。

其次，可行权日之前的各资产负债表日的后续计量：以权益结算的股份支付在各期期末后续计量中，不需考虑权益工具的公允价值变动，只需对因可行权权益工具数量的最佳估计数变动导致的价值变动进行调整；以现金结算的股份支付在各期期末后续计量中，既要考虑可行权情况的最佳估计数的变动，又要考虑负债公允价值的变动，对负债账面价值进行调整。

最后，可行权日之后至结算日期间的后续计量：以权益结算的股份支付在可行权日之后不再对已确认的成本费用和所有者权益金额进行调整；而以现金结算的股份支付在可行权日之后虽不再确认成本费用不需对已确认的成本费用进行调整，但要确认负债的公允价值变动损益，对负债的账面价值进行调整。

6. 换取职工服务的、有等待期的两类股份支付在各环节的会计处理有何异同？

对于换取职工服务的、有等待期的以权益结算的股份支付和以现金结算的股份支付，两者在股份支付各环节的会计处理既有相似之点，也有不同之处。

两类股份支付的会计处理的比较如表 3-2 所示。

表 3-2 基本的确认与计量处理比较简示

项目	以权益结算的股份支付	以现金结算的股份支付
授予日	不作处理	不作处理
等待期内的各资产负债表日以及可行权日	按当期取得的服务的公允价值*： 借：生产成本 　　制造费用 　　管理费用 　　销售费用 　　研发支出等 　贷：资本公积——其他资本公积	按当期取得的服务的公允价值**： 借：生产成本 　　制造费用 　　管理费用 　　销售费用 　　研发支出等 　贷：应付职工薪酬
可行权日之后各资产负债表日	不作处理	借或贷：公允价值变动损益*** 　贷或借：应付职工薪酬
行权日行权	借：资本公积——其他资本公积 　　银行存款、库存股等 　贷：股本 　　　资本公积——股本溢价（差额）	借：应付职工薪酬 　贷：库存现金等

　　* 以当时对可行权权益工具数量的最佳估计数为基础，按权益工具在授予日的公允价值计算的本期应该承担的服务价值。

　　** 以当时对可行权情况的最佳估计数为基础，按所承担负债的公允价值计算的本期应该承担的服务价值。

　　*** 以可行权日对可行权情况的最佳估计数为基础，按所承担负债的公允价值计算的本期应该承担的负债公允价值的变动。

7. 对于换取职工以外的其他方的服务的，会计确认与计量的要点有哪些？

关于确认：企业对与换取其他方服务有关的股份支付确认的会计要素与换取职工服务有关的确认原则基本一致。

关于计量：企业对与换取其他方服务有关的股份支付，应优先采用服务取得日的相关服务的公允价值进行计量；该公允价值不能可靠计量的，按服务取得日的权益工具的公允价值进行计量。

8. 权益工具的公允价值无法可靠确定时怎么办？

企业在需要按权益工具的公允价值进行股份支付的相关计量时，如果权益工具的公允价值无法可靠计量，企业应当在获取对方提供的服务时、后续的各资产负债表日以及结算日，按内在价值对权益工具进行计量，并将内在价值的变动计入当期损益。

显然，这里至少应该明确以下几个问题：什么是内在价值？如何确定内在价值？什么时候采用内在价值？内在价值的变动如何处理？

9. 如何理解企业集团内的股份支付？

根据《企业会计准则解释第 4 号》中的相关规定，我们可以从以下两个方面把握与集团内部股份支付有关的内容。

第一，集团内股份支付的会计主体要多于一般情况下股份支付的会计主体。

一般情况下我们提到的股份支付，往往意味着接受服务的企业同时也是股份支付的结算主体，相关会计处理的主体只有一个，即接受服务并进行结算支付的企业。而提到"企业集团内的股份支付"，则意味着两种情况：

情况1：一主体为另一主体结算，即接受服务的企业与股份支付的结算企业不是同一个主体，比如股份支付的结算企业是接受服务企业的母公司。

情况2：一主体用另一主体的权益工具结算，即接受服务的企业虽然同时是结算企业，却使用其他企业的权益工具进行结算，比如接受服务且结算股份支付的企业采用同一集团内其他企业的权益工具进行结算。

当然，这里涉及的主体均属同一企业集团。

第二，集团内股份支付的会计处理与一般情况下股份支付的会计处理可能有所不同。

首先，从结算方来看，有两个问题需要解决：一是确定股份支付的类别，这直接决定了贷方科目问题；二是确定借方应确认的科目。

一方面，结算方无论是接受服务方还是接受服务方以外的其他方，只要是以自身权益工具结算的，就应当将该股份支付交易作为权益结算的股份支付处理；除此之外，应当作为现金结算的股份支付处理。另一方面，结算方如果是接受服务企业的投资者，应当确认对接受服务企业的长期股权投资。

其次，从接受服务方来看，也有两个问题需要注意：一是如果接受服务方有结算义务但授予本企业职工的是集团内其他企业的权益工具，应将该股份支付交易作为现金结算的股份支付来处理；二是如果接受服务方没有结算义务，就要将该股份支付交易作为权益结算的股份支付处理。

对上述思路的整理见图3-2。

3.2 练习题

3.2.1 单项选择题

在下列各题的备选答案中，只有一个是符合题意的正确答案。请将选定答案的字母填入题后的括号中。

1. 以下有关股份支付的特征的描述中，不正确的是（　　）。
   A. 股份支付是企业与职工或其他方之间发生的交易
   B. 股份支付是以获取职工或其他方服务为目的的交易
   C. 股份支付交易的对价形式是企业自身发行的权益工具
   D. 股份支付交易的对价或其定价与企业自身权益工具的价值密切相关

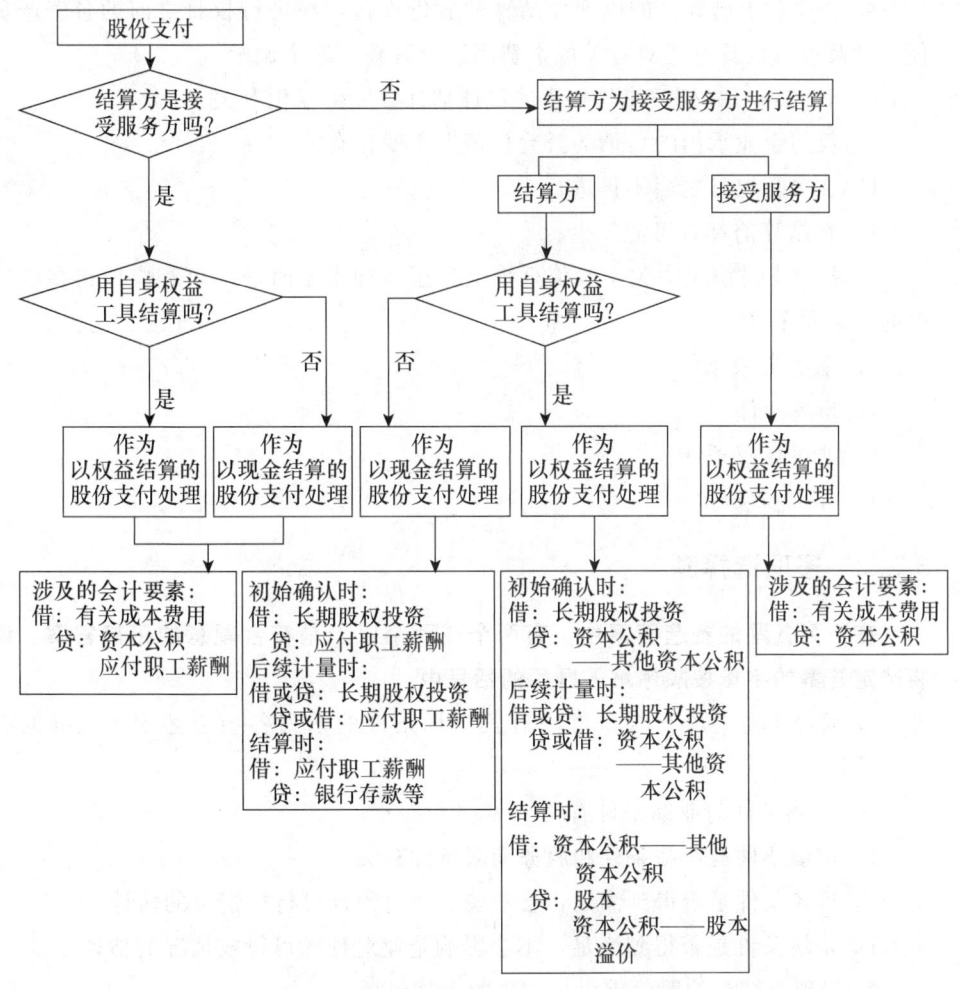

图 3-2 集团内股份支付的会计处理

2. 接受服务企业同时是结算企业且以自身权益工具进行结算的情况下，以下有关权益结算的股份支付的描述中，正确的是（ ）。

A. 授予日不需要进行会计处理

B. 结算日后不再进行相关会计处理

C. 可行权日后至结算前的各期期末有必要进行余额调整

D. 等待期内的各资产负债表日可能需要调整相关负债余额

3. 企业对于已确认的以权益结算的股份支付，在可行权日之前的各资产负债表日可能对有关成本费用进行调整，这个调整（ ）。

A. 是可行权权益工具数量的最佳估计数发生变化导致的调整

B. 是因权益工具公允价值发生变动导致的调整

C. 在可行权日之后各期期末也需要进行

D. 在结算日之前各期期末都有必要进行

4. 企业对于已确认的以现金结算的股份支付，在可行权日之前的各资产负债表日及可行权日可能对有关成本费用进行调整，这个调整（   ）。

A. 仅与可行权权益工具数量的最佳估计数发生变化有关

B. 仅与企业承担的负债的公允价值发生变化有关

C. 在可行权日之后不再进行

D. 在结算前都有可能发生

5. 股份支付协议中关于股价至少上升至何种水平时职工可相应取得多少股份的规定属于（   ）。

A. 服务期限条件

B. 市场条件

C. 非可行权条件

D. 非市场条件

3.2.2 多项选择题

在下列各题的备选答案中，有两个或两个以上是符合题意的正确答案。请将选定答案的字母按顺序填入题后的括号中。

1. 股份支付的可行权条件中有关市场条件的下列各项表述中，正确的有（   ）。

A. 市场条件与业绩条件有关

B. 市场条件与业绩条件和服务期限条件有关

C. 市场条件是否得到满足，会影响企业对预计可行权情况的估计

D. 市场条件是否得到满足，不会影响企业对预计可行权情况的估计

2. 以现金结算的股份支付最常用的工具包括（   ）。

A. 现金股票增值权

B. 限制性股票

C. 股票期权

D. 模拟股票

3. 接受服务企业自行结算的、以权益结算的股份支付的会计确认中，经常使用的会计科目中不包括（   ）。

A. "资本公积"

B. "生产成本"

C. "长期股权投资"

D. "应付职工薪酬"

4. 股份支付的会计计量中，可能需要采用的计量基础有（   ）。

A. 相关负债的公允价值

B. 相关服务的公允价值

C. 相关权益工具的公允价值

D. 相关权益工具的内在价值

5. 企业对权益结算的股份支付进行初始计量和后续计量时应以特定时点的公允价值为计量基础，这个特定时点可能是（　　）。

A. 授予日

B. 接受服务日

C. 行权前的各资产负债表日

D. 等待期内的各资产负债表日

3.2.3　判断题

对下列各题的正误进行判断，并将判断结果填入题后的括号中。正确的填"√"，错误的填"×"。

1. 作为股份支付的权益工具，是指接受服务企业自身的权益工具。（　　）

2. 股份支付的可行权条件包括服务期限条件、业绩条件、市场条件以及非市场条件四类。（　　）

3. 业绩条件是否得到满足，会影响到企业对预计可行权情况的估计。（　　）

4. 以现金结算的股份支付，各期负债的公允价值变动都记入当期的"公允价值变动损益"科目。（　　）

5. 企业回购股份用于附服务年限条件的权益结算的股份支付时，对于回购的股份应按面值记入"库存股"科目。（　　）

3.2.4　实务分析

基于会计准则应用案例

比较以现金结算的股份支付与以权益结算的股份支付两者的区别

财政部会计准则委员会 2022 年 12 月 14 日发布了《股份支付准则应用案例——企业将以现金结算的股份支付修改为以权益结算的股份支付》。以下是该应用案例的主要内容。

一、业务情况

2×21 年初，A 公司向其 500 名中层以上职工每人授予 100 份现金股票增值权，这些职工从 2×21 年 1 月 1 日起在该公司连续服务 4 年即可按照股价的增长幅度获得现金。A 公司估计，该增值权在 2×21 年末和 2×22 年末的公允价值分别为 10 元和 12 元。2×22 年 12 月 31 日，A 公司将向职工授予 100 份现金股票增值权修改为授予 100 股股票期权，这些职工从 2×23 年 1 月 1 日起在该公司连续服务 3 年，即可以每股 5 元购买 100 股 A 公司股票。每份期权在 2×22 年 12 月 31 日的公允价值为 16 元。A 公司预计所有的职工都将在服务期限内提供服务。假设 A 公司 500 名职工都在 2×25 年 12 月 31 日行权,股份面值为 1 元。不考虑其他因素。

二、相关分析及账务处理

该案例中,企业将以现金结算的股份支付修改为以权益结算的股份支付,修改日为 2×22 年 12 月 31 日。

(1) 2×21 年 12 月 31 日,A 公司按照承担负债的公允价值,将当期取得的服务计入相关费用和相应的负债,金额为 $100\times500\times10\times1/4=125\,000$ 元。账务处理为:

借:管理费用　　　　　　　　　　　　　　　　　125 000
　　贷:应付职工薪酬——股份支付　　　　　　　　125 000

(2) 2×22 年 12 月 31 日,A 公司将以现金结算的股份支付修改为以权益结算的股份支持,等待期由 4 年延长至 5 年。A 公司应当按照权益工具在修改日的公允价值,将当期取得的服务计入资本公积,金额为 $100\times500\times16\times2/5=320\,000$ 元,同时终止确认已确认的负债,两者的差额计入当期损益,金额为 $320\,000-125\,000=195\,000$ 元。账务处理为:

借:管理费用　　　　　　　　　　　　　　　　　195 000
　　应付职工薪酬——股份支付　　　　　　　　　125 000
　　贷:资本公积——其他资本公积　　　　　　　　320 000

(3) 2×23 年 12 月 31 日,按照权益工具在修改日的公允价值将当期取得的服务计入相关费用和资本公积,金额为 $100\times500\times16\times3/5-320\,000=160\,000$ 元。账务处理为:

借:管理费用　　　　　　　　　　　　　　　　　160 000
　　贷:资本公积——其他资本公积　　　　　　　　160 000

(4) 2×24 年 12 月 31 日,按照权益工具在修改日的公允价值将当期取得的服务计入相关费用和资本公积,金额为 $100\times500\times16\times4/5-320\,000-160\,000=160\,000$ 元。账务处理为:

借:管理费用　　　　　　　　　　　　　　　　　160 000
　　贷:资本公积——其他资本公积　　　　　　　　160 000

(5) 2×25 年 12 月 31 日,按照权益工具在修改日的公允价值将当期取得的服务计入相关费用和资本公积,金额为 $100\times500\times16-320\,000-160\,000-160\,000=160\,000$ 元。账务处理为:

借:管理费用　　　　　　　　　　　　　　　　　160 000
　　贷:资本公积——其他资本公积　　　　　　　　160 000

(6) 2×25 年 12 月 31 日,职工行权。账务处理为:

借:银行存款　　　　　　　　　　　　　　　　　250 000
　　资本公积——其他资本公积　　　　　　　　　800 000

贷：股本 50 000
　　资本公积——股本溢价 1 000 000

资料来源：财政部会计准则委员会，https://www.casc.org.cn/2022/1214/236534.shtml.

[要求]

仔细阅读上述案例资料，思考如下问题：

(1) 企业对于以现金结算的股份支付，在将当期取得的服务计入相关费用的同时计入相应的负债；而对于以权益结算的股份支付，则在将当期取得的服务计入相关费用的同时计入资本公积。这是为什么？

(2) 企业对于以权益结算的股份支付，在将当期取得的服务计入相关费用的同时计入资本公积的其他资本公积而不是计入资本公积中的股本溢价。这是为什么？

3.3 练习题参考答案

3.3.1 单项选择题

1. C　　2. B　　3. A
4. C　　5. B

3.3.2 多项选择题

1. AD　　2. AD　　3. CD
4. ABCD　　5. AB

3.3.3 判断题

1. ×　　2. ×　　3. ×
4. ×　　5. ×

3.3.4 实务分析

(1) 这里的基本切入点是负债与所有者权益的本质区别。以现金结算的股份支付，意味着企业承担了未来的现金支付义务，对于该义务企业当然应确认负债；以权益结算的股份支付，意味着未来企业要以权益工具与被授予者进行结算，这里并未产生未来的偿付义务，而将导致未来的权益变动。

(2) 这里的基本切入点是资本公积的本质内涵及其内容变迁、资本溢价（或股本溢价）与其他资本公积两者在含义上的区别。

3.4 教材习题参考答案

3.4.1 练习题

（1）股价目标属于市场条件。根据股份支付会计准则，企业在确定权益工具在授予日的公允价值时应考虑股份支付协议规定的可行权条件中的市场条件和非可行权条件的影响，市场条件是否得到满足，不影响企业对预计可行权情况的估计。本例中，D公司在期权授予日确定期权公允价值时已经考虑了市场条件的影响，因此，只要公司预计该高管未来能够为本公司提供三年的服务，就应对该项股份支付有关的费用和资本公积予以确认。每期确认费用的金额计算过程见表3-3。

表3-3　有关费用计算表　　　　　　　　　　　　　　　单位：元

年份	预计三年总费用	累计应确认费用	期初累计已确认费用	当年应确认费用
2×20	10 000×24＝240 000	240 000×1/3＝80 000	0	80 000
2×21	10 000×24＝240 000	240 000×2/3＝160 000	80 000	80 000
2×22	10 000×24＝240 000	240 000	160 000	80 000

（2）如果股价在第三年年末没有达到65元，则此项期权作废。

（3）如果该高管在第二年（或第三年）离开公司，以前确认的金额应予以转回。

表3-4是假定的两种情况下对相关会计处理的比较。

表3-4　期权作废的两种情况会计处理比较　　　　　　　单位：元

项目	职工第三年离开公司 （未满足服务期限条件）	第三年年末股价没有达到65元 （未满足市场业绩条件）
授予日	不作处理	不作处理
2×20年 年末	借：管理费用　　　　　　80 000 　　贷：资本公积——其他资本公积 　　　　　　　　　　　　80 000	借：管理费用　　　　　　80 000 　　贷：资本公积——其他资本公积 　　　　　　　　　　　　80 000
2×21年 年末	借：管理费用　　　　　　80 000 　　贷：资本公积——其他资本公积 　　　　　　　　　　　　80 000	借：管理费用　　　　　　80 000 　　贷：资本公积——其他资本公积 　　　　　　　　　　　　80 000
2×22年 年末	借：资本公积——其他资本公积 　　　　　　　　　　　　160 000 　　贷：管理费用　　　　　160 000	借：资本公积——其他资本公积 　　　　　　　　　　　　160 000 　　贷：资本公积——股本溢价　160 000

3.4.2 年报分析

(1) 由于书中所载三一重工 2020 年半年报的信息有限，在尝试思考相关业务账务处理思路时，可以重点关注以下几点：

1) 根据股本、资本公积、库存股三个项目的注释，本期因股票期权行权增加股本的账务处理参考思路如下：

借：银行存款　　　　　　　　　　　　　　（按收到的行权价）
　　资本公积——其他资本公积　　　　　　（相关金额 A）
　　贷：股本　　　　　　　　　　　　　　　　　　35 802 000
　　　　资本公积——股本溢价　　　　　　　　　　（差额 B）

2) 根据股本、资本公积、库存股三个项目的注释，本期注销限制性股票和解锁限制性股票的账务处理参考思路如下：

借：其他应付款　　　　　　　　　　　　　（相应金额）
　　贷：库存股　　　　　　　　　　　　　　　　　17 686 000
　　　　资本公积——股本溢价　　　　　　　　　　（差额 C）

(2) 在思考账务处理与报表列报之间的关系时，主要考虑：与股份支付有关的账务处理主要影响到资产负债表的哪些项目（资产部分主要涉及银行存款等货币资金项目，负债部分主要影响其他应付款、长期应付款等项目，影响最多的是所有者权益部分，主要有股本、资本公积、库存股等项目）。

第 4 章

外币折算会计

4.1 学习指导

4.1.1 本章内容框架

本章主要内容是外币交易的会计处理以及外币财务报表的折算原理与方法，见图 4-1。

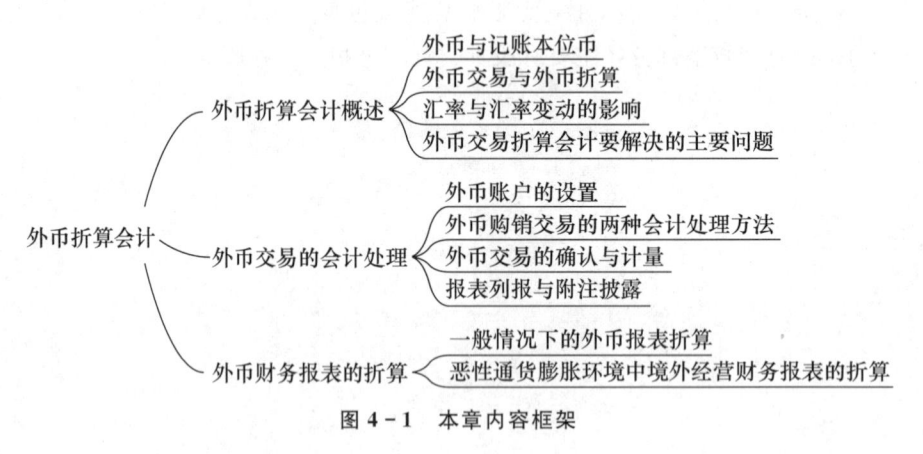

```
                          ┌─ 外币与记账本位币
                          ├─ 外币交易与外币折算
             外币折算会计概述 ┤
                          ├─ 汇率与汇率变动的影响
                          └─ 外币交易折算会计要解决的主要问题

                          ┌─ 外币账户的设置
外币折算会计 ─┤             ├─ 外币购销交易的两种会计处理方法
             外币交易的会计处理 ┤
                          ├─ 外币交易的确认与计量
                          └─ 报表列报与附注披露

                          ┌─ 一般情况下的外币报表折算
             外币财务报表的折算 ┤
                          └─ 恶性通货膨胀环境中境外经营财务报表的折算
```

图 4-1 本章内容框架

4.1.2 本章重点与难点

1. 为什么需要记账本位币？

从概念上讲，记账本位币是指企业经营所处的主要经济环境中的货币。这里的"主要经济环境"通常是指企业主要收入和支出现金的经济环境。依据这个概念，一个企业如果主要的现金收支是采用人民币，那么，该企业的记账本位币就应该是人民币。这时，企业如果发生了以外币计价的交易或事项该怎么反映？

提出记账本位币概念的本质要求是：企业对外币交易进行确认与计量时，

需将外币金额折算成记账本位币金额，以便与记账本位币业务的会计数据在可比的基础上汇总、报告。

2. 如何把握记账本位币的确定方法？

首先，要理解确定记账本位币的基本原则：企业应当根据经营所处的主要经济环境选定记账本位币。

其次，具体应用这个原则时要兼顾两个角度：一是企业通常情况下应如何选定记账本位币；二是企业的境外经营该如何选定其适用的记账本位币。

最后，要注意记账本位币的变更问题，这里也要关注到两个角度：一是可否变更；二是变更后如何处理。

3. 如何理解汇兑损益？

在学习和理解汇兑损益相关内容时，我们至少应该注意到以下三个问题：

第一，汇兑损益是怎么产生的？

第二，汇兑损益有哪些种类？

第三，各类汇兑损益应如何确认与计量？

回答这三个问题的主要思路归纳如表 4－1 所示。

表 4－1 汇兑损益的理解要点

汇兑损益产生于汇率的变动，也称汇率变动的影响、汇兑差额			
种类	按与外币业务的关系划分	外币交易汇兑损益	外币兑换汇兑损益
			商品购销汇兑损益
			资金借贷汇兑损益
		外币财务报表折算损益	
	按实现与否划分	已实现的汇兑损益	
		未实现的汇兑损益	
	按确认的时间划分	交易日确认的汇兑损益	
		资产负债表日确认的汇兑损益	
		结算日确认的汇兑损益	
确认	通常情况下的	通过"财务费用"科目计入当期损益	
	与专门借款有关的	符合资本化条件的，计入有关资产成本	
		不符合资本化条件的，记入"财务费用"	
	与外币非货币性项目期末调账有关的	与资产减值一起，记入"资产减值损失"（如存货）	
		与公允价值变动一起，记入"公允价值变动损益"（如交易性金融资产）	
		与公允价值变动一起，记入"其他综合收益"（如其他权益工具投资）	
	与外币财务报表折算有关的	在折算后资产负债表中列入"其他综合收益"项目	
计量	通常以同一笔外币金额按不同时点的汇率计算确定的折合记账本位币的差额计量；在与外币财务报表折算有关的情形下，以资产负债表不同项目采用的折算汇率不同导致的折算差额计量		

4. "单一交易观"与"两项交易观"的本质区别是什么？

单一交易观，是指企业将商品购销交易与款项结算视为一笔交易的两个阶段，因此，款项结算前因汇率变动产生的汇兑损益计入购货方的购货成本和销货方的销售收入。也就是说，单一交易观下，按外币计价的销售收入和购货成本的记账本位币金额取决于结算日的汇率。两项交易观，是指企业将商品购销交易与款项结算视为两项交易，因此，款项结算前因汇率变动产生的汇兑损益与购货方购货成本和销货方销售收入的计量无关。也就是说，两项交易观下，按外币计价的销售收入和购货成本的记账本位币金额只取决于交易日的汇率。

由此可见，单一交易观与两项交易观的本质区别在于：交易日至结算日之间汇率变动导致的汇兑差额是影响销售收入和购货成本的计量还是计入当期损益。

5. 如何对发生的外币交易进行初始确认与计量？

企业对于发生的外币交易，初始确认时的关键是如何将外币金额折算成记账本位币金额，即如何进行初始计量。而将外币金额折算成记账本位币金额的核心问题是采用什么汇率作为折算汇率。

根据现行企业会计准则的规定，企业对外币交易进行初始确认时，应采用交易发生日的即期汇率作为折算汇率；也可以按照系统合理的方法确定的、与交易日即期汇率近似的汇率作为折算汇率。

这里要提醒大家注意两个问题：一是即期汇率的含义及来源；二是即期汇率的"近似汇率"的通常指向。

即期汇率是相对于远期汇率而言的。远期汇率是在未来某一日交付时的结算价格；即期汇率是立即交付的结算价格，一般指当日中国人民银行公布的人民币汇率的中间价。中国人民银行每日仅公布银行间外汇市场人民币兑美元、欧元、日元、港元的中间价。企业发生的外币交易只涉及人民币与这四种货币之间折算的，可直接采用公布的人民币汇率的中间价作为即期汇率进行折算；企业发生的外币交易涉及人民币与其他货币之间折算的，应以国家外汇管理局公布的各种货币对美元折算率采用套算的方法进行折算；企业发生的外币交易涉及人民币以外的货币之间折算的，可直接采用国家外汇管理局公布的各种货币对美元折算率进行折算。

即期汇率的近似汇率是按照系统合理的方法确定的、与交易发生日即期汇率近似的汇率，通常是指当期平均汇率或加权平均汇率等。

6. 期末为什么要对外币账户进行调整？如何调整？

企业对于发生的外币交易，在按规定采用交易日的即期汇率或即期汇率的近似汇率将外币金额折算成记账本位币金额并进行初始确认之后，随着实际汇率不断发生变化，一定数量的外币金额折算成的记账本位币金额实际上也就发生了变动。外币账户一般都是与货币性项目（如应收账款、银行存款等）有关的。货币性项目与汇率变动的敏感性和直接性，决定了外币账户应该承担汇率变动带来的折合记账本位币的差额，即汇率变动的影响，但是企业并未随时根据汇率的变化对外币账户的初始确认金额进行调整，也就是说，相关的外币账户并未随时反映汇率变动的影响。会计期末，企业为了在财务报表中报告外币金额折合成记账本位币的现行价值，就需要根据资产负债表日的即期汇率对外币货币性账户余额进行调整。

在对外币货币性账户期末余额进行调整时，首先，根据期末即期汇率和外币表示的相关账户余额确定各外币货币性账户的应有记账本位币余额；然后，根据这个应有余额与现有账面记账本位币余额进行比较，确定应调整的汇兑差额；最后对该汇兑差额进行确认——调增或调减有关外币货币性账户余额，同时将汇兑差额作为汇兑损益计入当期损益。

7. 期末是否需要对外币非货币性项目的余额进行调整？

一般情况下，外币非货币性项目与汇率变动的关系不是那么直接或敏感，所以，企业一般不对外币非货币性项目设置外币账户，从而外币非货币性项目也就不需要确认汇率变动的影响。也就是说，期末不需要对外币非货币性项目的余额按期末即期汇率进行调整。比如，企业用外币购买的固定资产，在初始确认时按折合成的记账本位币入账以后，就不再反映汇率变动带来的影响。

但是，如果报告期末外币非货币性项目属于采用公允价值或可变现净值等非历史成本作为报告价值基础，则应该承担相关外币金额因汇率变动产生的影响，也就是说，需要对相关外币非货币性项目的期末记账本位币余额按期末即期汇率进行调整。

8. 企业应如何对其境外经营的外币财务报表进行折算？

企业在对其境外经营财务报表进行折算前，应当调整境外经营的会计期间和会计政策，使之与企业会计期间和会计政策相一致，根据调整后会计政策及会计期间编制相应货币（记账本位币以外的货币）的财务报表。

企业在对其境外经营财务报表进行折算时，应采用以下方法：

（1）资产负债表中的资产和负债项目，采用资产负债表日的即期汇率折算，所有者权益项目除"未分配利润"项目外，其他项目采用发生时的即期汇率折算。

（2）利润表中的收入和费用项目，采用交易发生日的即期汇率或即期汇率的近似汇率折算。

（3）产生的外币财务报表折算差额，在编制合并财务报表时，应在合并资产负债表中所有者权益项目下的"其他综合收益"项目中列示。

9. 企业应如何对其处于恶性通货膨胀中的境外经营外币财务报表进行折算？

企业对处于恶性通货膨胀经济中的境外经营财务报表进行折算时，首先需要对其财务报表进行重述,以便消除恶性通货膨胀的影响;然后,对重新表述后的财务报表项目采用规定汇率进行折算。可见,这里的关键环节有两个:重述、折算。

重述的方法是:对资产负债表项目运用一般物价指数予以重述,对利润表项目运用一般物价指数变动予以重述。具体来讲,在对资产负债表项目进行重述时,由于现金、应收账款、其他应收款等货币性项目已经以资产负债表日的计量单位表述,因此不需要进行重述;通过协议与物价变动挂钩的资产和负债,应根据协议约定进行调整;非货币性项目中,有些是以资产负债表日的计量单位列示的,如存货已经以可变现净值列示,采用公允价值计量模式的投资性房地产等已经按资产负债表日以公允价值计量的,不需要进行重述。其他非货币性项目,如固定资产、投资、无形资产等,应自购置日起以一般物价指数予以重述。在对利润表项目进行重述时,所有项目金额都需要自其初始确认之日起,以一般物价指数变动进行重述,以使利润表的所有项目都以资产负债表日的计量单位表述。由于上述重述而产生的差额计入当期净利润。

折算的方法是:按资产负债表日即期汇率对所有报表项目进行折算。也就是说,由于所有项目的外币金额已经重述为同一价值水平,因此对其进行折算时只需采用一个相同的折算汇率。

4.2 练习题

4.2.1 单项选择题

在下列各题的备选答案中,只有一个是符合题意的正确答案。请将选定答案的字母填入题后的括号中。

1. 下列有关记账本位币的描述中,不正确的是（　　）。

A. 我国企业通常以人民币作为记账本位币

B. 《会计法》要求企业选择人民币作为记账本位币

C. 《会计法》允许企业选择非人民币作为记账本位币

D. 记账本位币是企业经营所处的主要经济环境中的货币

2. 下列有关记账本位币的说法中,正确的是（　　）。

A. 记账本位币一经选定,不得变更

B. 如果变更记账本位币,有可能产生汇兑差额

C. 企业的主要经济环境发生变化时可变更记账本位币

D. 如果变更记账本位币,企业应在附注中披露变更理由

3. A企业以人民币作为记账本位币。2×22年10月9日,A企业向B企

业赊销价格为10 0000美元的商品，当日的即期汇率为1美元＝6.80元人民币；2×22年10月31日的汇率为1美元＝6.85元人民币；2×22年11月9日，收到B企业支付的货款，当日的即期汇率为1美元＝6.86元人民币。在单一交易观下，以下关于此项购销交易对销售方的影响的说法中，正确的是（　　）。

　　A. A企业确认的销售收入为680 000元

　　B. A企业确认的销售收入为685 000元

　　C. A企业确认的销售收入为686 000元

　　D. A企业确认的汇兑损益为6 000元

　4. A企业以人民币作为记账本位币。2×22年10月9日，A企业向B企业赊销价格为100 000美元的商品，当日的即期汇率为1美元＝6.80元人民币；2×22年10月31日的汇率为1美元＝6.85元人民币；2×22年11月9日，收到B企业支付的货款，当日的即期汇率为1美元＝6.86元人民币。在单一交易观下，以下关于此项购销交易对双方的影响的说法中，正确的是（　　）。

　　A. A企业销售货物当月确认的销售收入为680 000元

　　B. B企业购入存货的初始入账金额应为680 000元

　　C. A企业需在收到货款当期调整销售收入6 000元

　　D. B企业需在支付货款当期调增购货成本6 000元

　5. 如果企业因经营所处的主要经济环境发生重大变化而变更记账本位币，应采用规定的折算汇率将所有项目折算为变更后的记账本位币，这里所说的规定折算汇率是指（　　）。

　　A. 变更当期的期初汇率

　　B. 变更当期的期末汇率

　　C. 变更当日的即期汇率

　　D. 资产负债表日的即期汇率

　6. 企业发生外币交易时，应当在初始确认时采用规定的折算汇率将外币金额折算为记账本位币金额。这里所说的规定折算汇率是指（　　）。

　　A. 即期汇率

　　B. 期初汇率

　　C. 即期汇率的近似汇率

　　D. 即期汇率或即期汇率的近似汇率

　7. 假如某企业某期末在外币资产负债表中对存货项目采用低于成本的可变现净值报告，外币财务报表折算过程中对该项目采用了期末即期汇率作为折算汇率。根据上述资料可以判断，该企业采用的外币财务报表折算方法不可能是（　　）。

　　A. 流动与非流动性项目法

B. 货币与非货币性项目法

C. 现行汇率法

D. 时态法

8. A 公司拥有其 80％ 股权的境外子公司 B 公司，因其采用的记账本位币与母公司不一致而确定的外币财务报表折算差额为 90 000 元。A 公司编制的合并利润表中"其他综合收益的税后净额"项目下的"外币财务报表折算差额"金额是（　　）元。

A. 90 000

B. 72 000

C. 18 000

D. 0

4.2.2 多项选择题

在下列各题的备选答案中，有两个或两个以上是符合题意的正确答案。请将选定答案的字母按顺序填入题后的括号中。

1. 企业在选定记账本位币时，通常应综合考虑几项因素。下列各项中属于这些因素的有（　　）。

A. 该货币主要影响商品或劳务所需人工费用、材料费用

B. 保存从经营活动中收取款项时所使用的货币

C. 该货币主要影响商品和劳务销售价格

D. 融资活动获得的资金所使用的货币

2. 企业在确定境外子公司的记账本位币时，在某些情况下应该采用与企业的记账本位币相同的货币。下列各项中不属于这些情况的有（　　）。

A. 境外经营所从事的活动构成了企业经营活动的组成部分

B. 境外经营与企业的交易在境外经营活动中所占比重较小

C. 境外经营产生的现金流量对企业的现金流量无直接影响

D. 境外经营产生的现金流量无法随时汇回企业

3. 企业会计准则规定对外币交易进行初始确认时可采用即期汇率的近似汇率，下列关于即期汇率的近似汇率的各种表述中，正确的有（　　）。

A. 与资产负债表日即期汇率近似的汇率

B. 应该是当期期初即期汇率

C. 可以是当期加权平均汇率

D. 可以是当期平均汇率

4. 现行企业会计准则规定，企业对接受的投资者以外币投入的资本折算为记账本位币时（　　）。

A. 不可能采用合同约定汇率作为折算汇率

B. 不能采用即期汇率的近似汇率进行折算

C. 有可能产生外币资本折算差额

D. 只能采用交易日即期汇率折算

5. A 企业以人民币作为记账本位币。2×22 年 10 月 9 日，A 企业向 B 企业赊销价格为 100 000 美元的商品，当日的即期汇率为 1 美元＝6.80 元人民币；2×22 年 10 月 31 日的汇率为 1 美元＝6.85 元人民币；2×22 年 11 月 9 日，收到 B 企业支付的货款，当日的即期汇率为 1 美元＝6.86 元人民币。在单一交易观下，下列关于此项购销交易对购货方的影响的说法中，正确的有（   ）。

A. B 企业确认的购入存货成本为 680 000 元

B. B 企业确认的购入存货成本为 685 000 元

C. B 企业确认的购入存货成本为 686 000 元

D. B 企业将支付货款前的汇兑差额计入购货成本

6. 外币折算准则规范的外币交易包括（   ）。

A. 买入或者卖出以外币计价的商品或者劳务

B. 借入或者借出外币资金

C. 其他以外币计价或者结算的交易

D. 外币财务报表折算

7. 某企业以人民币作为记账本位币。2×22 年 12 月 1 日，该企业用 100 000 美元购买一批债券，作为以公允价值计量且其变动计入当期损益的金融资产，当日的即期汇率为 1 美元＝6.5 元人民币；12 月 31 日的即期汇率为 1 美元＝6.8 元人民币；12 月 31 日该批债券的公允价值为 120 000 美元。下列有关资产负债表日该金融资产数值的说法中，正确的有（   ）。

A. 该金融资产资产负债表日的报告价值为 816 000 元

B. 该企业 12 月 31 日应确认公允价值变动利得 130 000 元

C. 该企业 12 月 31 日应确认汇兑差额（利得）30 000 元

D. 该企业 12 月 31 日应确认公允价值变动利得 166 000 元

8. 根据我国现行会计准则，外币财务报表折算时，下列项目中需要采用资产负债表日即期汇率进行折算的有（   ）。

A. 存货

B. 应收账款

C. 无形资产

D. 短期借款

9. 假如某企业某期末在外币资产负债表中对"固定资产"项目进行折算时采用了期末即期汇率作为折算汇率。则该企业采用的外币财务报表折算方法不可能是（   ）。

A. 流动与非流动性项目法

B. 货币与非货币性项目法

C. 现行汇率法

D. 时态法

10. 根据现行会计准则，外币财务报表折算时，下列项目中不能采用资产负债表日即期汇率进行折算的有（　　）。

A. 营业成本

B. 营业收入

C. 未分配利润

D. 长期股权投资

11. 某企业以人民币作为记账本位币。2×22 年 12 月 1 日，该企业用 100 000 美元购买一批股票，指定为以公允价值计量且其变动计入其他综合收益的金融资产，当日的即期汇率为 1 美元＝6.5 元人民币；12 月 31 日的即期汇率为 1 美元＝6.8 元人民币；12 月 31 日该批股票的公允价值为 120 000 美元。下列有关资产负债表日该金融资产数值的说法中，正确的有（　　）。

A. 该金融资产资产负债表日的报告价值为 816 000 元

B. 该企业 12 月 31 日应确认汇兑差额（利得）30 000 元

C. 该企业 12 月 31 日应确认公允价值变动利得 36 000 元

D. 该企业 12 月 31 日应将 166 000 元的汇兑差额计入其他综合收益

4.2.3　判断题

对下列各题的正误进行判断，并将判断结果填入题后的括号中。正确的填"√"，错误的填"×"。

1. 企业对于外币交易涉及的所有会计要素都应该设置外币账户予以反映。
（　　）

2. 我国企业必须以人民币作为记账本位币。（　　）

3. 我国企业大多采用外币分账制。（　　）

4. 企业发生外币业务时，需要以本期期初汇率作为折算汇率将外币金额折算为记账本位币金额。（　　）

5. 企业选择的记账本位币一经确定，任何情况下都不得变更。（　　）

6. 即期汇率的近似汇率通常指当期期初汇率。（　　）

7. 外币非货币性项目期末一律不用考虑汇率变动的影响。（　　）

8. 企业货币兑换交易中产生的汇兑差额应于交易日计入当期损益。（　　）

9. 企业期末确认的外币账户的汇兑差额必然是未实现汇兑损益。（　　）

10. 企业收到投资者以外币投入的资本时，无论是否有合同约定汇率，均不得采用合同约定汇率和即期汇率的近似汇率折算。（　　）

11. 即使企业对日常外币交易采用即期汇率的近似汇率折算，企业收到投资

者以外币投入的资本也只能采用交易日的即期汇率进行折算。   （ ）

12. A 公司的子公司 B 公司属于境外经营，如果母公司不提供资金，B 公司的现金流量不足以偿还其债务，则 B 公司的记账本位币应该与 A 公司的记账本位币一致。   （ ）

13. 根据我国现行会计准则，企业对境外经营的外币财务报表进行折算时，要对资产负债表项目运用一般物价指数变动予以重述，对利润表项目运用一般物价指数予以重述。   （ ）

14. 流动与非流动性项目法下，"应付债券"项目应该采用现行汇率进行折算。   （ ）

15. 根据我国现行会计准则，企业的境外经营如果处于恶性通货膨胀环境，企业对境外经营的外币财务报表进行折算之前，要先消除通货膨胀对该报表项目的影响。   （ ）

16. 根据我国现行会计准则，外币财务报表折算差额应该在合并利润表的"净利润"项目中单项列示。   （ ）

4.2.4　业务题

1. 某企业以人民币作为记账本位币。2×22 年 11 月 1 日，该企业从银行借入一年期、年利率为 6% 的 1 000 万美元借款，当日的即期汇率为 1 美元＝7.4 元人民币；11 月 30 日的即期汇率为 1 美元＝7.5 元人民币；12 月 31 日的即期汇率为 1 美元＝7.8 元人民币。其他业务略。

要求：根据上述资料，进行如下会计处理：

(1) 计算 2×22 年年末"短期借款——美元"的记账本位币余额；

(2) 计算 2×22 年度记入"财务费用"的金额；

(3) 编制 2×22 年度与该业务有关的会计分录；

(4) 指出该业务对企业 2×22 年度税前利润的影响数。

2. 某企业以人民币作为记账本位币。2×22 年 11 月 1 日，该企业销售商品，货款为 1 000 万美元，当时未收款；根据合同规定，企业在 12 月 20 日收到 40% 的货款。销货当天的即期汇率为 1 美元＝7.4 元人民币；12 月 20 日的即期汇率为 1 美元＝7.5 元人民币；12 月 31 日的即期汇率为 1 美元＝7.8 元人民币。相关税费和其他业务略。

要求：根据上述资料，进行如下会计处理：

(1) 计算确定该企业 2×22 年年末"应收账款——美元"的记账本位币余额；

(2) 计算确定该企业 2×22 年年末确认的与应收账款有关的汇兑差额；

(3) 编制 2×22 年度与该业务有关的会计分录。

4.2.5 实务分析

基于新天然气关于境外子公司变更记账本位币事项
思考记账本位币变更的处理要点及其对会计信息的影响

新天然气（股票代码：603393）是新疆鑫泰天然气股份有限公司的简称。2023年12月14日，该公司董事会发布了《关于境外子公司变更记账本位币的公告》（公告编号：2023-060）。2024年4月27日，该公司发布的2023年年度报告中，披露了与变更记账本位币相关的信息。以下是对这两份资料中相关内容的摘编。

一、《关于境外子公司变更记账本位币的公告》的主要内容

（1）相关子公司记账本位币及变更概况。

新天然气目前拥有8家境外子公司，它们分别是：香港利明控股有限公司、AAG Energy Holdings Limited、Asia American Eagle Limited、Sino-American Energy Inc.、AAG Energy（China）Limited、Alpha Eagle Limited、Crowsnest Holdings Limited、Pacific Asia Petroleum Limited，自成立以来分别使用港币、美元作为记账本位币。

公司拟自2023年10月1日起将境外子公司记账本位币由外币变更为人民币。

（2）拟变更记账本位币的原因。

亚美能源私有化完成后，新天然气境外子公司所面临的外部投融资环境发生重大变化，且货币资金中外币收付情况随之大幅降低，表明其所处的主要经济环境发生了重大变化。

新天然气合并报表所采用的货币为人民币，在境外公司使用非人民币为记账本位币的情况下，根据《企业会计准则第19号——外币折算》的要求，在资产负债表日需进行外币金额折算。这导致出现虽互为集团内部往来关系的记账记录，因采用不同的记账本位币，在汇率波动较大的情况下，将产生较大的汇兑损益，从而影响更加准确地反映公司所经营的实体业务带来的财务状况和经营成果。

为更客观、公允地反映公司的财务状况和经营成果，向投资者提供更可靠、更准确的会计信息，公司认为8家境外子公司的记账本位币应变更为人民币。

（3）变更记账本位币对公司的影响。

根据《企业会计准则第28号——会计政策、会计估计变更和差错更正》的相关规定，本次8家境外公司的记账本位币变更采用未来适用法进行会计处理，无须追溯调整，即不必以新的记账本位币重述以前年度编制的会计报表。

在变更当日，境外公司报表中仍有以前以外币记账累积形成的外币财务报表折算差额，其金额为截至记账本位币变更日止的外币报表折算的人民币报表中的该项目余额,但该项目后续不会有新的发生额。

因此,虽然记账本位币已变更为人民币,但历史上累积形成的外币财务报表折算差额仍然活作为其他综合收益的组成部分保留在变更记账本位币后的人民币报表中,直到后续公司清算为止。

二、2023年年度报告中对记账本位币及其变更的相关披露

(1) 在"财务报表的编制基础"部分关于"记账本位币"的相关披露:

"人民币为本公司及境内子公司经营所处主要环境中的货币,本公司及境内子公司以人民币为记账本位币。2023年9月30日之前,本公司之境外子公司根据其经营所处的主要经济环境中的货币确定美元和港币作为其记账本位币;2023年10月1日之后,本公司之境外子公司记账本位币变更为人民币。"

(2) 在"重要会计估计变更"部分的相关披露,见表4-2。

表4-2 重要会计估计变更　　　单位:元　币种:人民币

会计估计变更的内容和原因	开始适用的时点	受重要影响的报表项目名称	影响金额
亚美能源私有化完成后,本公司境外子公司所面临的外部投融资环境发生重大变化,且货币资金中外币收付情况随之大幅降低,表明其所处的主要经济环境发生了重大变化。本公司综合评估了香港利明、亚美能源、Crowsnest Holdings Limited等平台公司的核心业务,以及后期资金收付情况,为更客观、准确、公允反映本公司的财务状况和经营成果,拟调整境外子公司的记账本位币为人民币	2023年10月1日	其他综合收益	41 252 522.18
		财务费用	−41 252 522.18

(3) 在合并报表注释部分的相关披露,见表4-3。

表4-3 其他综合收益　　　单位:元　币种:人民币

项目	年初余额	本期发生额 本期所得税前发生额	…	本期发生额 税后归属于母公司	本期发生额 税后归属于少数股东	年末余额
一、不能重分类进损益的其他综合收益	—	—	—	—	—	—
其中:重新计量设定受益计划变动额	—	—	—	—	—	—

续表

项目	年初余额	本期发生额				年末余额
		本期所得税前发生额	…	税后归属于母公司	税后归属于少数股东	
权益法下不能转损益的其他综合收益	—	—	—	—	—	—
其他权益工具投资公允价值变动						
企业自身信用风险公允价值变动						
二、将重分类进损益的其他综合收益	−63 734 384.27	−39 322 153.79	—	−26 676 304.38	−12 645 849.41	−90 410 688.65
其中：权益法下可转损益的其他综合收益	—	—	—	—	—	—
其他债权投资公允价值变动						
金融资产重分类计入其他综合收益的金额						
其他债权投资信用减值准备						
现金流量套期储备	—	—	—	—	—	—
外币财务报表折算差额	−63 734 384.27	−39 322 153.79	—	−26 676 304.38	−12 645 849.41	−90 410 688.65
其他综合收益合计	−63 734 384.27	−39 322 153.79	—	−26 676 304.38	−12 645 849.41	−90 410 688.65

注：其他综合收益年末余额较年初减少 26 676 304.38 元，主要系外币财务报表折算差额减少所致。

资料来源：①新天然气《关于境外子公司变更记账本位币的公告》。

②新天然气 2023 年年度报告。

[要求]

根据上述资料，思考如下几个问题：

(1) 记账本位币的变更需具备哪些条件？

(2) 如何判断记账本位币变更属于会计政策变更还是会计估计变更？

(3) 如何理解记账本位币变更影响的主要项目是合并报表中的"其他综合收益"和"财务费用"项目？

4.3 练习题参考答案

4.3.1 单项选择题

1. B   2. D   3. C
4. B   5. C   6. D
7. B   8. B

4.3.2 多项选择题

1. ABCD   2. BCD   3. CD
4. ABD   5. CD   6. ABC
7. AD   8. ABCD   9. ABD
10. ABC   11. AD

4.3.3 判断题

1. ×   2. ×   3. ×
4. ×   5. ×   6. ×
7. ×   8. √   9. ×
10. √   11. √   12. √
13. ×   14. ×   15. √
16. ×

4.3.4 业务题

1.

(1) 2×22年年末"短期借款——美元"的记账本位币余额
 = 1 000×7.8
 = 7 800(万元)

(2) 2×22年度记入"财务费用"的金额
 = 1 000×(7.8−7.4)+1 000×6%÷6×7.8
 = 400+78
 = 478(万元)

(3) 2×22年度与该业务有关的会计分录如下（金额单位：万元）：
11月1日取得借款：
 借：银行存款——美元户   7 400

　　　　贷：短期借款——美元户　　　　　　　　　　　　　　　　　　7 400
　　11月30日确认本金的汇兑损益：
　　　　借：财务费用　　　　　　　　　　　　　　　　　　　　　　100
　　　　　　贷：短期借款——美元户　　　　　　　　　　　　　　　　　100
　　12月31日确认本金的汇兑损益，确认利息费用：
　　　　借：财务费用　　　　　　　　　　　　　　　　　　　　　　300
　　　　　　贷：短期借款——美元户　　　　　　　　　　　　　　　　　300
　　　　借：财务费用　　　　　　　　　　　　　　　　　　　　　　78
　　　　　　贷：应付利息——美元户　　　　　　　　　　　　　　　　　78
　（4）该业务对企业2×22年度税前利润的影响数
　　　＝100＋300＋78
　　　＝478(万元)（减少税前利润）
2.
（1）该企业2×22年年末"应收账款——美元"的记账本位币余额
　　　＝(1 000－400)×7.8
　　　＝4 680(万元)
（2）该企业2×22年年末确认的与应收账款有关的汇兑差额
　　　＝4 680－(1 000×7.4－400×7.5)
　　　＝280(万元)
（3）2×22年度与该业务有关的会计分录如下（金额单位：万元）：
11月1日销售货物：
　　　借：应收账款——美元户　　　　　　　　　　　　　　　　　7 400
　　　　　贷：主营业务收入　　　　　　　　　　　　　　　　　　　7 400
12月20日收到40%货款：
　　　借：银行存款——美元户　　　　　　　　　　　　　　　　　3 000
　　　　　贷：应收账款——美元户　　　　　　　　　　　　　　　　3 000
12月31日确认与应收账款有关的汇兑损益：
　　　借：应收账款——美元户　　　　　　　　　　　　　　　　　280
　　　　　贷：财务费用　　　　　　　　　　　　　　　　　　　　　280

4.3.5　实务分析

　　（1）首先，要明确记账本位币一经确定不得随意变更。这里的核心是"不得随意变更"，也就是说，企业确定了记账本位币后一般不能变更，但并不意味着绝对不可变更，如果具备了一定条件，企业可以变更记账本位币。接下来，需要明确企业变更记账本位币的具备的条件是什么。根据《企业会计准则第19号——外币折算》，如果企业经营所处的主要经济环境发生了重大变化，企业可以变更记账本位币。可见,"企业经营所处主要经济环境"是指什么?怎么判断其是否发生重大变化?这是理解记账本位币变更条件的关键。

(2) 如何判断记账本位币变更属于会计政策变更还是会计估计变更?一条重要的线索时:首先要判断企业选择确定记账本位币,这是属于会计政策还是会计估计?比较简单的例子是:对存货的后续计量采用先进先出法还是加权平均法、对长期股权投资采用成本法还是权益法,这都属于会计政策问题;而对应收账款坏账准备计提比例的估计、对固定资产折旧年限的估计,这都属于会计估计问题。有助于作出这些判断的依据是会计政策、会计估计的概念及其含义。

所以,要想确定记账本位币变更属于会计政策变更还是会计估计变更,就要首先明确什么是会计政策、什么是会计估计,在此基础上判断选择记账本位币这件事属于会计政策还是会计估计。

(3) 要理解记账本位币变更影响的主要项目为什么是合并报表中的"其他综合收益"和"财务费用"项目,至少有两个线索不应忽略。一是:对与日常发生的外币交易的折算(包括入账、期末调账、终止确认等)相关的汇率变动带来的差额,其相关会计处理通常涉及什么报表项目?对与外币报表折算有关的汇兑差额(不同报表项目采用不同汇率进行折算产生的差额),其相关会计处理通常报表项目?哪些业务及其会计处理涉及"财务费用"项目?二是:对记账本位币变更如何进行会计处理?相关会计处理涉及什么报表项目?

4.4 教材习题参考答案

4.4.1 练习题

习题一

(1) 有关账务处理如下:

2×20 年 11 月 10 日销售货物:

  借:应收账款——A(美元户)   665 000
    贷:主营业务收入   665 000
  借:主营业务成本   580 000
    贷:库存商品   580 000

2×20 年 12 月 10 日收到部分销货款:

  借:银行存款——美元户   533 600
    贷:应收账款——A(美元户)   532 000
      财务费用——汇兑损益   1 600

2×20年12月10日将收到的外购存货验收入库：

借：原材料 400 200
　　贷：应付账款——B（美元户） 400 200

2×20年12月20日支付部分购货款：

借：应付账款——B（美元户） 240 120
　　贷：银行存款——美元户 239 040
　　　　财务费用——汇兑损益 1 080

2×20年12月31日调整外币货币性项目期末余额：

借：应付账款——B（美元户） 960
　　贷：应收账款——A（美元户） 400
　　　　财务费用——汇兑损益 560

(2) 上述交易对甲公司2×20年度税前会计利润的影响金额
＝66 5000－580 000＋1 600＋1 080＋560
＝88 240（元）

(3) 2×20年确认的汇兑损益中，已实现的汇兑损益和未实现的汇兑损益分别为：

已实现的汇兑损益＝1 600＋1 080＝2 680（元）
未实现的汇兑损益＝560（元）

习题二

(1) 相关账务处理（金额单位为万元）。

2×21年6月30日借款：

借：银行存款——美元户 6 650
　　贷：长期借款——本金（美元户） 6 650

2×21年12月31日计息：

借：财务费用 66.70
　　在建工程 66.70
　　贷：长期借款——应付利息（美元户） 133.40

2×21年12月31日确认本金的汇兑损益：

借：财务费用 10
　　在建工程 10
　　贷：长期借款——本金（美元户） 20

2×22年12月31日计息：

借：在建工程 265.60
　　贷：长期借款——应付利息（美元户） 265.60

2×22年12月31日确认本金及上一年下半年利息的汇兑损益：

借：长期借款——本金（美元户）　　　　　　　　30.00
　　　　　——应付利息（美元户）　　　　　　　0.30
　　贷：在建工程　　　　　　　　　　　　　　　30.30

2×23年6月30日计息：

借：财务费用　　　　　　　　　　　　　　　　132.60
　　贷：长期借款——应付利息（美元户）　　　　132.60

2×23年6月30日确认本金及已确认利息的汇兑损益：

借：长期借款——本金（美元户）　　　　　　　　10.00
　　　　　——应付利息（美元户）　　　　　　　0.60
　　贷：财务费用　　　　　　　　　　　　　　　10.60

2×23年6月30日偿还本息：

借：长期借款——本金（美元户）　　　　　　　6 630.00
　　　　　——应付利息（美元户）　　　　　　　530.40
　　贷：银行存款——美元户　　　　　　　　　7 160.40

（2）上述交易对甲公司2×21年度、2×22年度和2×23年度税前利润的影响金额为：

对2×21年度税前利润的影响＝66.66＋10＝76.66（万元）

对2×22年度税前利润的影响＝0

对2×23年度税前利润的影响＝132.6－10.6＝122（万元）

4.4.2　年报分析

（1）企业为什么要设置外币账户？

在有外币业务的企业，设置外币账户主要是为了清晰反映外币交易的会计处理过程，反映将相关外币金额折算为记账本位币的折算过程，反映汇率变动带来的影响。

（2）企业应当怎样设置外币账户？

回答这个问题主要应考虑到以下两点：一是如何设置外币账户要考虑企业对外币交易所采用的日常记账方法是外币统账制还是外币分账制；二是在采用外币分账制的情况下，一般只需对外币货币性项目设置外币账户。

（3）如何理解外币财务报表折算差额在报表中的列报方式及其对相关报表项目的影响？

回答这个问题至少要从两个方面切入：

一方面，列报方式。按现行会计准则，外币财务报表折算差额在资产负债表中的"其他综合收益"项目中列报。如何理解这种列报方式，取决于对四种外币报表折算方法基本原理的了解、资产负债表所有者权益各项目所含内容的变迁、其他综合收益的含义等问题的理解。

另一方面，报表影响。外币财务报表折算差额列示于"其他综合收益"项目内的这种列报方式，不仅对资产负债表的"其他综合收益"项目的报告价值带来影响，还可能对合并资产负债表中的"少数股东权益"等项目产生影响。这里可以先抛开合并报表及少数股东权益等相关内容不说（这些内容将在合并报表相关章节学习），至少应深入理解"其他综合收益"。

以下这些知识点及其构成的知识链条有助于深入理解其他综合收益：综合收益的含义及其组成内容、其他综合收益的概念及内容、其他综合收益在资产负债表中的列报方式、其他综合收益在利润表（或综合收益表）中的列报方式、其他综合收益在所有者权益变动表中的列报方式以及如何解读这些报表中的其他综合收益信息。

第 5 章

租赁会计

5.1 学习指导

5.1.1 本章内容框架

本章主要内容是承租人使用权资产和租赁负债的会计处理、出租人经营租赁和融资租赁的会计处理以及售后租回等业务的会计处理,见图 5-1。

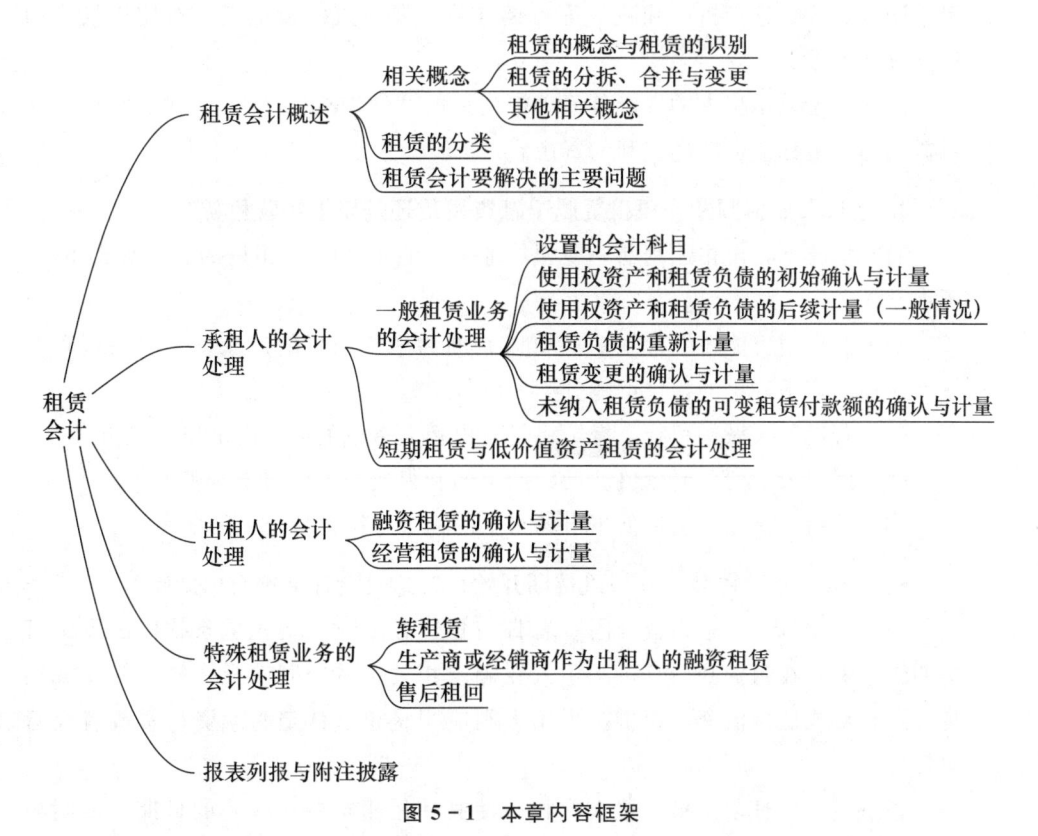

```
租赁会计
├─ 租赁会计概述
│   ├─ 相关概念
│   │   ├─ 租赁的概念与租赁的识别
│   │   ├─ 租赁的分拆、合并与变更
│   │   └─ 其他相关概念
│   ├─ 租赁的分类
│   └─ 租赁会计要解决的主要问题
├─ 承租人的会计处理
│   ├─ 一般租赁业务的会计处理
│   │   ├─ 设置的会计科目
│   │   ├─ 使用权资产和租赁负债的初始确认与计量
│   │   ├─ 使用权资产和租赁负债的后续计量(一般情况)
│   │   ├─ 租赁负债的重新计量
│   │   ├─ 租赁变更的确认与计量
│   │   └─ 未纳入租赁负债的可变租赁付款额的确认与计量
│   └─ 短期租赁与低价值资产租赁的会计处理
├─ 出租人的会计处理
│   ├─ 融资租赁的确认与计量
│   └─ 经营租赁的确认与计量
├─ 特殊租赁业务的会计处理
│   ├─ 转租赁
│   ├─ 生产商或经销商作为出租人的融资租赁
│   └─ 售后租回
└─ 报表列报与附注披露
```

图 5-1 本章内容框架

5.1.2 本章重点与难点

1. 为什么要对租赁合同进行识别？

在合同开始日，企业应当评估合同是否为租赁或者包含租赁，其目的是为了确定相关合同是否适用《企业会计准则第21号——租赁》。

2. 承租人如何对租赁进行分类？

按照修订前的租赁准则，承租人也要将租赁划分为经营租赁和融资租赁，由于经营租赁业务承租人并不需要确认相关资产，因此形成表外资产。根据修订后的租赁准则，承租人不再对租赁划分为经营租赁和融资租赁，而是对通常的承租业务确认使用权资产和租赁负债，对短期租赁或低价值资产租赁选择采用确认使用权资产或不确认使用权资产的简化处理方法。

3. 如何理解使用权资产？

使用权资产是相对于承租人而言的。承租人将可在租赁期内使用租赁资产的权利确认为一项使用权资产。确认使用权资产是确认了一项对租赁资产的使用权，而并非租入资产本身。

承租人要在租赁期开始日对使用权资产按成本进行初始计量和确认，要在租赁期开始日后进行折旧和减值等后续计量，要在资产负债表中对使用权账面价值进行列报。

由此可见，承租人的资产负债表中列报的"使用权资产"，是代表承租人在租赁期内使用标的资产的权利的资产。

4. 出租人如何判断一项租赁属于融资租赁还是属于经营租赁？

通常情况下，出租人判断一项租赁业务是否属于融资租赁的思路如图 5-2 所示。

实务工作中可能还会存在一些可以判断为融资租赁的迹象。一项租赁存在下列一项或多项迹象的，也可能分类为融资租赁：

（1）若承租人撤销租赁，撤销租赁对出租人造成的损失由承租人承担。

（2）资产余值的公允价值波动所产生的利得或损失归属于承租人。

（3）承租人有能力以远低于市场水平的租金继续租赁至下一期间。

5. 如何区分租赁开始日与租赁期开始日？这对会计处理有何影响？

租赁开始日，是指租赁合同签署日与租赁各方就主要租赁条款作出承诺日中的较早者。在租赁开始日，承租人要确定相关租赁合同涉及一般租赁业务还是短期租赁或低价值资产租赁，出租人则应当将租赁认定为融资租赁或者经营租赁。

租赁期开始日，是指承租人有权行使其使用租赁资产权利的日期，表明租

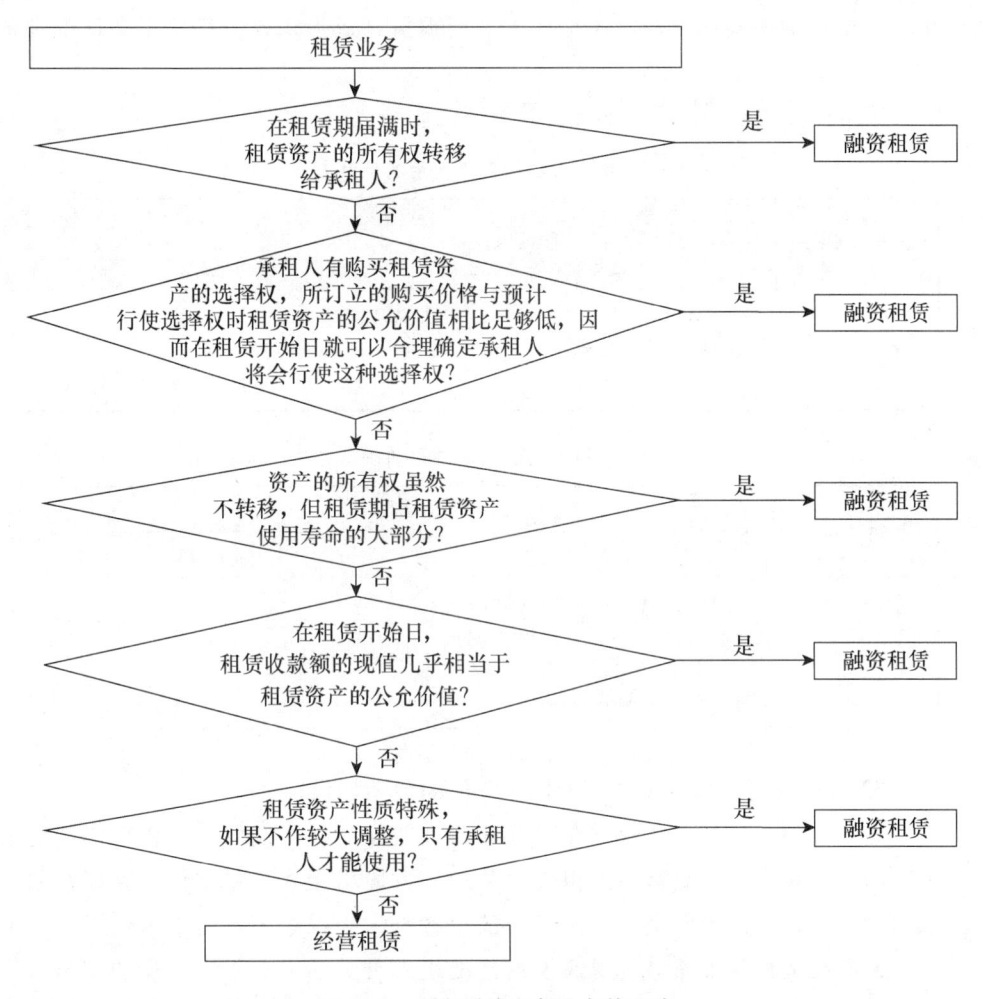

```
                    ┌──────────────┐
                    │   租赁业务    │
                    └──────┬───────┘
                           ▼
                    ╱ 在租赁期届满时,╲         是
                   ╱  租赁资产的所有权转移 ╲ ──────▶  ┌────────┐
                   ╲   给承租人?        ╱           │ 融资租赁 │
                    ╲                 ╱            └────────┘
                           │否
                           ▼
                 ╱ 承租人有购买租赁资  ╲
                ╱ 产的选择权,所订立的购买价格与预计 ╲    是
               ╱ 行使选择权时租赁资产的公允价值相比足够低,因 ╲ ─▶ ┌────────┐
               ╲ 而在租赁开始日就可以合理确定承租人      ╱       │ 融资租赁 │
                ╲    将会行使这种选择权?          ╱              └────────┘
                           │否
                           ▼
                   ╱ 资产的所有权虽然 ╲            是
                  ╱ 不转移,但租赁期占租赁资产 ╲ ──────▶ ┌────────┐
                  ╲  使用寿命的大部分?     ╱           │ 融资租赁 │
                           │否                         └────────┘
                           ▼
                   ╱ 在租赁开始日,  ╲            是
                  ╱ 租赁收款额的现值几乎相当于 ╲ ──▶  ┌────────┐
                  ╲  租赁资产的公允价值?   ╱          │ 融资租赁 │
                           │否                        └────────┘
                           ▼
                   ╱ 租赁资产性质特殊,╲          是
                  ╱ 如果不作较大调整,只有承租 ╲ ──▶  ┌────────┐
                  ╲    人才能使用?       ╱          │ 融资租赁 │
                           │否                        └────────┘
                           ▼
                    ┌──────────────┐
                    │   经营租赁    │
                    └──────────────┘
```

图 5-2 判断融资租赁业务的思路

赁行为的开始。

租赁开始日和租赁期开始日两者对于会计处理的影响主要表现在:租赁开始日实际上是租赁双方确定租赁类别以及租赁资产的入账价值的基准日;租赁期开始日则是租赁双方转移租赁资产使用权以及在会计上对租赁业务进行初始确认的日期,即租赁期开始日,依据租赁开始日确定的各种相关价值,承租人应对使用权资产和租赁负债进行初始确认,出租人应对应收融资租赁款、未担保余值和未确认融资收益进行初始确认。

6. 如何把握初始直接费用的会计处理规范?

初始直接费用,是指承租人和出租人在租赁谈判和签订租赁合同过程中发生的可直接归属于某租赁项目的费用,主要包括手续费、律师费、差旅费、印花税、佣金、谈判费等。

租赁双方对于各自发生的初始直接费用,是计入租入资产的入账价值或抵减租出资产的未实现收益,还是计入当期损益,成为初始直接费用会计处理的关键问题。

表5-1、表5-2是对现行会计规范的归纳。

表5-1 承租人初始直接费用的确认方法一览表

会计主体	业务种类	
	一般租赁	短期租赁和低价值资产租赁
承租人	计入使用权资产成本	选择采用: 计入使用权资产成本 分期计入相关资产成本或当期损益

表5-2 出租人初始直接费用的确认方法一览表

会计主体	业务种类	
	经营租赁	融资租赁
出租人	计入当期损益;金额较大的应予以资本化,在整个经营租赁期内按照与租金收益相同的确认基础分期计入当期损益	抵减未确认融资收益

7. 资产余值、担保余值、未担保余值的关系如何?

资产余值,是指租赁双方在租赁开始日估计的租赁期届满时租赁资产的公允价值;担保余值,是指与出租人无关的一方向出租人提供担保,保证在租赁结束时租赁资产的价值至少为某指定的金额;未担保余值,是指租赁资产余值中,出租人无法保证能够实现或仅由与出租人有关的一方予以担保的部分。资产余值与担保余值、未担保余值之间的关系如图5-3所示。

```
出租人                                              承租人

            ┌─ 承租人应支付或可能被要求支
            │  付的各种款项,比如租金等  ─┐
            │                              ├─ 租赁付款额
租赁收款额 ─┼─ 就承租人而言的担保余值    ─┘
            │
            └─ 独立于租赁双方的
               第三方担保的余值
```

图5-3 资产余值与担保余值、未担保余值之间的关系

8. 如何区分租赁付款额与租赁收款额?

租赁付款额是相对于承租人而言的,租赁收款额是相对于出租人而言的。

租赁付款额,是指承租人向出租人支付的与在租赁期内使用租赁资产的权利相关的款项，包括下列项目：(1) 固定付款额及实质固定付款额，存在租赁激励的，扣除租赁激励相关金额；(2) 取决于指数或比率的可变租赁付款额，该款项在初始计量时根据租赁期开始日的指数或比率确定；(3) 购买选择权的行权价格，前提是承租人合理确定将行使该选择权；(4) 行使终止租赁选择权需支付的款项，前提是租赁期反映出承租人将行使终止租赁选择权；(5) 根据承租人提供的担保余值预计应支付的款项。

租赁收款额，是指出租人因让渡在租赁期内使用租赁资产的权利而应向承租人收取的款项，包括：(1) 承租人需支付的固定付款额及实质固定付款额，存在租赁激励的，扣除租赁激励相关金额；(2) 取决于指数或比率的可变租赁付款额，该款项在初始计量时根据租赁期开始日的指数或比率确定；(3) 购买选择权的行权价格，前提是合理确定承租人将行使该选择权；(4) 承租人行使终止租赁选择权需支付的款项，前提是租赁期反映出承租人将行使终止租赁选择权；(5) 由承租人、与承租人有关的一方以及有经济能力履行担保义务的独立第三方向出租人提供的担保余值。

可见，在不存在独立于承租人和出租人的第三方对出租人担保的资产余值的情况下，租赁收款额等于租赁付款额。

9. 租赁付款额、可变租赁付款额与租赁负债是什么关系？

租赁付款额是承租人向出租人支付的与在租赁期内使用租赁资产的权利相关的款项，是承租人承担的租赁负债。承租人按照租赁期开始日尚未偿付的租赁付款额的现值对此负债进行初始计量，通过"租赁负债"科目对此负债进行核算，并在资产负债表中设置"租赁负债"项目对此负债的期末余额进行列报。

可变租赁付款额，是指承租人为取得在租赁期内使用租赁资产的权利，向出租人支付的因租赁期开始日后的事实或情况发生变化（而非时间推移）而变动的款项。一方面，可变租赁付款额通常应纳入租赁负债。由于大多数情况下可变租赁付款额没有包括在租赁负债的初始计量金额中，因此，租赁期开始日后可变租赁付款额的发生会导致对租赁负债的重新计量。另一方面，可变租赁付款额有时并不纳入租赁负债的计量（如与未来的销售挂钩的额外的可变租赁付款额)，而是在支付时直接计入当期损益。

10. 如何理解租赁投资总额、租赁投资净额、租赁内含利率与应收融资租赁款初始计量的关系？

出租人融资租赁业务中，租赁投资总额、租赁投资净额、租赁内含利率之间的关系直接决定了应收融资租赁款的初始计量。

首先，来看相关的概念界定。租赁投资总额是指在融资租赁下出租人的未担保余值和租赁期开始日尚未收到的租赁收款额两者之和。租赁投资净额是指融资租赁下出租人按照租赁内含利率折现的租赁投资总额，即等于未担保余值和租赁期开始日尚未收到的租赁收款额按照租赁内含利率折现的现值之和。租赁内含利率是指使出租人的租赁收款额现值与未担保余值的现值之和等于租赁资产的公允价值与出租人的初始直接费用之和的利率。即使得下面等式成立的利率：

$$\text{租赁收款额现值} + \text{未担保余值现值} = \text{租赁资产的公允价值} + \text{初始直接费用}$$

可见，上面这个公式的左边就是租赁投资净额。

然后，来看应收融资租赁款的初始计量要求。根据租赁准则规定，出租人应当以租赁投资净额作为应收融资租赁款的入账价值。也就是说，出租人在租赁期开始日，一方面需要按上面等式的左边金额确认应收融资租赁款，另一方面需要按上面等式的右边金额终止确认租出资产以及确认初始直接费用的发生，则有关账务处理应为：

借：应收融资租赁款［租赁投资净额］A＝B＋E
贷：融资租赁资产［租出资产的账面价值］C ⎫
　　资产处置损益等*［租出资产的转让利得］D ⎬ B（租出资产的公允价值）
　　银行存款等［支付的初始直接费用］E

＊融资租赁资产的公允价值小于其账面价值之差时在借方。

11. 如何把握转租赁的主要会计处理？

首先，转租赁的主要问题在于中间出租人在转租赁时应如何处理原租赁的承租业务和转租赁的出租业务。

其次，中间出租人如何处理原租赁的承租业务和转租赁的出租业务，取决于其将转租赁形成的出租业务分为融资租赁还是经营租赁。

最后，无论中间出租人将转租赁形成的出租业务分类为融资租赁还是经营租赁，其对原租赁合同下确认的租赁负债都需继续进行后续计量；但是转租赁形成的出租业务属于融资租赁还是经营租赁则决定了是否需对原租赁合同下确认的使用权资产进行终止确认。

12. 如何把握生产商或经销商作为出租人时的主要会计处理？

首先，要注意会计处理的内容。生产商或经销商作为出租人的交易中，出租人的会计处理包括了两个方面的内容：一是要确认租出商品的销售收入和销售成本；二是要确认融资租赁形成的应收融资租赁款。这里的第一个问题成为此类交易的关键会计问题。

其次，要注意销售收入和销售成本的计量的专门规定：在租赁期开始日，出租人（生产商或经销商）应当按照租赁资产的公允价值与租赁收款额按市场利率折现的现值两者孰低确认销售收入，并按照租赁资产账面价值扣除未担保余值的现值之后的余额确认销售成本，从而以销售收入和销售成本之间的差额计量销售损益。

最后，要注意"应收融资租赁款"科目的明细科目的应用。

13. 如何把握售后租回交易的主要会计问题？

首先，售后租回形成的租赁如何进行会计处理，取决于资产转让是否属于销售，而不再像以前那样基于租回资产的租赁类型判断，因为承租人不再将租入资产分类为经营租赁或融资租赁。

其次，怎么判断资产转让是否属于销售？根据修订后租赁准则的规定，承租人和出租人应当按照《企业会计准则第 14 号——收入》的规定，评估确定售后租回交易中的资产转让是否属于销售。其中的核心问题是看资产的控制权是否转移。

接下来的问题是相应的会计处理。

资产转让属于销售的情况下，转让资产并成为承租人的一方，一方面应确认使用权资产和租赁负债，另一方面要就转让给出租人的权利确认相关利得或损失；购买资产并成为出租人的一方，则应根据适用的准则，既确认对资产的购买又确认资产的出租。

资产转让不属于销售的情况下，转让资产并成为承租人的一方，因并未丧失资产的控制权，所以一方面要继续确认被转让资产，另一方面要确认一项与转让收入等额的金融负债；出租人并未取得相关资产的控制权，不需确认被转让资产，而应确认一项与转让收入等额的金融资产。双方对确认的金融负债和金融资产，要按《企业会计准则第 22 号——金融工具确认和计量》进行会计处理。

5.2 练习题

5.2.1 单项选择题

在下列各题的备选答案中，只有一个是符合题意的正确答案。请将选定答案的字母填入题后的括号中。

1. 下列各项表述中，能够揭示租赁合同的本质的是（　　）。

   A. 租赁转移了资产的使用权而不是所有权

   B. 出租人通过租赁进行投资

   C. 承租人通过租赁实现融资

   D. 租赁是有偿的

2. 租赁双方对有关租赁进行初始确认的会计处理的日期是（　　）。

   A. 租赁期

B. 租赁开始日

C. 租赁期开始日

D. 租赁开始日或租赁期开始日两者择其一

3. 下列有关租赁业务中初始直接费用的说法中，正确的是（   ）。

A. 出租人也会发生初始直接费用

B. 只有承租人才发生初始直接费用

C. 出租人经营租赁的初始直接费用计入当期损益

D. 承租人的初始直接费用增加租入资产入账价值

4. 承租人在租赁期内为租赁资产支付的各种使用费用，如技术咨询和服务费、人员培训费、维修费、保险费等（   ）。

A. 属于初始直接费用

B. 属于或有租金

C. 属于履约成本

D. 计入租入资产的入账价值

5. 承租人的下列会计处理中，正确的是（   ）。

A. 将该租入资产作为自有固定资产入账

B. 将该租入资产的维修费用予以资本化

C. 不对租入的资产计提折旧和减值处理

D. 发生的可变租赁付款额计入当期损益

6. 承租人在计算租赁付款额的现值时，需要选择适当的折现率，选择折现率时应首选（   ）。

A. 租赁内含利率

B. 租赁合同中规定的利率

C. 同期国内银行贷款利率

D. 承租人增量借款利率

5.2.2 多项选择题

在下列各题的备选答案中，有两个或两个以上是符合题意的正确答案。请将选定答案的字母按顺序填入题后的括号中。

1. 下列有关租赁业务的初始直接费用的说法中，正确的有（   ）。

A. 协商和安排某项租赁的增量成本

B. 在租赁谈判和签订租赁合同过程中发生的、可直接归属于某租赁项目的费用

C. 租赁谈判和签订租赁合同过程中发生的手续费、律师费、差旅费属于初始直接费用

D. 相关制造商或经销商出租人发生的印花税、佣金、谈判费等属于初始直接费用

2. 在某项融资租赁合同中，租赁资产的资产余值预计为 10 万元，其中，由承租人的母公司担保的余值为 6 万元，由担保公司担保的余值为 3 万元，则（   ）。

  A. 相对于承租人而言的担保余值为 6 万元

  B. 相对于出租人而言的担保余值为 3 万元

  C. 未担保余值为 1 万元

  D. 担保余值为 9 万元

3. 以下有关出租人的租赁投资总额、租赁投资净额的表述中，正确的有（   ）。

  A. 租赁投资总额等于应收的租赁收款额与未担保余值之和

  B. 租赁投资净额是租赁投资总额以租赁内含利率折算的现值

  C. 租赁投资净额的逐期递减意味着租赁投资总额的逐期回收

  D. 租赁投资净额与租赁收益两者之和等于租赁投资总额

4. 下列各项目中，属于承租人在确定使用权资产的价值时应考虑的因素的有（   ）。

  A. 租赁期开始日尚未支付的租赁付款额的现值

  B. 租赁期开始日租赁资产的公允价值

  C. 承租人支付的初始直接费用

  D. 出租人给予的租赁激励

5. 承租人支付与销售量相关的可变租赁付款额时，应借记的会计科目不可能有（   ）。

  A. "使用权资产"

  B. "租赁负债"

  C. "财务费用"

  D. "销售费用"

6. 2×20 年年末发生的一项融资租赁业务中，出租人租出资产在租赁开始日的账面价值为 8 900 万元，公允价值为 9 100 万元，应收租金合计为 9 200 万元，应收租金的现值为 9 101 万元，支付谈判费等初始直接费用 1 万元。租赁期开始日确认此项租赁的会计处理对当期期末编制的资产负债表、利润表的有关项目的影响有（   ）。

  A. 导致"货币资金"项目减少 1 万元

  B. 导致"融资租赁资产"项目减少 8 900 万元

  C. 对当期税前利润的影响金额为增加 200 万元

  D. 导致"应收融资租赁款"项目增加 9 200 万元

7. 下列关于短期租赁和低价值资产租赁的说法中，不正确的有（   ）。

  A. 短期租赁就是租期在 3 年及其以下的租赁

B. 低价值资产是单价在 5 000 元及以下的资产
C. 对这两类租赁也要确认使用权资产
D. 对这两类租赁不应确认使用权资产

5.2.3 判断题

对下列各题的正误进行判断，并将判断结果填入题后的括号中。正确的填"√"，错误的填"×"。

1. 一项租赁合同，如果出租人将其界定为融资租赁，承租人也必然将其界定为融资租赁。（ ）

2. 某项设备全新时可使用年限为 10 年，现将该设备出租。只要租赁期定在 8 年以上，出租人就可将此项租赁业务判定为融资租赁。（ ）

3. 租入固定资产后，承租人要对相关固定资产计提折旧。（ ）

4. 融资租赁固定资产的出租人在租赁期届满时应将租出的固定资产予以转销。（ ）

5. 租赁变更时，承租人必须要重新计量租赁负债，根据变更了的合同对未来应偿付金额进行调整。（ ）

5.2.4 实务分析

一、公告分析

基于海航控股的飞机租赁公告
比较租赁交易双方对租赁的分类方法

海南航空控股股份有限公司（A 股代码及证券简称：600221，海航控股。B 股代码及证券简称：900945，海航 B 股）。

以下是对海航控股 2023 年两份关于租赁的临时公告的摘编。

（一）租出飞机的公告

2023 年 4 月 29 日，海航控股发布了《关于签署飞机租赁协议暨关联交易的公告》（公告编号：临 2023-042）。公告称海航控股（以下简称"公司"或"出租人"）拟与公司关联方香港航空公司（以下简称"香港航空"或"承租人"）签订《3 架空客 A330 飞机租赁协议》。

（1）关联交易基本情况。

海航控股作为出租人，香港航空作为承租人，由海航控股向香港航空出租 3 架空客 A330 飞机，交易金额预计不超过 7 500 万美元或者等值人民币。

本次交易已经公司第十届董事会第九次会议审议通过。因为公司副董事长在香港航空担任高级管理人员，故本次交易构成关联交易。该事项需提交股东大会审议。

本次交易标的为 3 架空客 A330 飞机，该 3 架飞机自引进后持续由海航控股运营，按厂家手册和民航局相关规章进行维护，飞机状态整体良好。飞机不存在抵押、质押及其他任何限制转让的情况，不涉及诉讼、仲裁或查封、冻结等司法措施，也不存在妨碍权属转移的其他情况。

（2）协议主要内容。

协议主要内容如表 5-3 所示。

表 5-3 协议主要内容

项目	内容
飞机交付时间	将在履行完相应的审议及披露程序后，双方协商具体交付时间
飞机交付地点	飞机的交付地点由双方约定，由出租人向承租人交付
租赁期	租赁起租日为飞机交付日，基于双方友好、公平协商，租期 30 个月起步。如超出三年，出租人将根据《上海证券交易所股票上市规则》及《公司章程》等法律、法规、规范性文件及公司制度的规定履行再次履行审议及披露程序
付款	租金以美元支付，租金按月支付，不满一个完整日历月的则按每个月固定租金除以当月完整的日历天数进行计算
保险	由承租人购买
交还飞机要求	承租人应根据租赁合同要求，在租赁期最后一日自费在出租人和承租人约定的还机地点，将有关飞机按一定的技术标准交还给出租人

（3）定价政策。

此次出租飞机基于当前市场供需环境、飞机技术状态合理定价，符合该机龄段 A330 飞机整体市场租金水平。

（4）本次交易对公司的影响。

本次飞机出租，是为加快优化公司机队结构，结构性降低运行成本，提升公司盈利能力。加快老龄宽体飞机处置，有利于海航控股围绕"国内国际双循环"战略需求打造盈利能力更强、服务产品更丰富的机队，符合公司当前战略定位，不会对公司生产经营形成重大不利影响。

（编者注：截至 2024 年 5 月，尚未看到公司发布与该临时公告相关的进展情况公告。）

（二）租入飞机的公告

2023 年 5 月 13 日，海航控股发布了《关于租入 10 架 A320 系列飞机暨关联交易的公告》（公告编号：临 2023-049），公告称公司拟向 Avolon Aerospace Leasing Limited（以下简称"Avolon Aerospace"）租入 10 架 A320 系列飞机。

（1）关联交易基本情况。

海航控股作为承租人，Avolon Aerospace 作为出租人，由海航控股以经营租赁的方式租入 10 架 A320 系列飞机，交易金额预计不超过 17 500 万美元或等值人民币。

本次交易已经公司第十届董事会第十次会议审议通过。因 Avolon Aerospace 为合计持有公司 5% 以上股份的股东海南海航二号信管服务有限公司控制下的企业，故本次交易构成关联交易。该事项需提交股东大会审议。

（2）交易标的的基本情况。如表 5-4 所示。

表 5-4 交易标的的基本情况

项目	内容
交易标的	10 架 A320 系列飞机
租赁飞机制造商	AIRBUS S. A. S（空中空客公司）
权属情况	上述飞机不存在抵押、质押及其他任何限制转让的情况，不涉及诉讼、仲裁或查封、冻结等司法措施，也不存在妨碍权属转移的其他情况
交付时间	上述飞机预计 2025 年交付，公司将根据实际运力需求与出租方协商具体交付时间

（3）定价政策。

飞机月租金价格参照市场价格商定，不高于市场平均租金价格。

（4）本次交易对公司的影响。

本次以经营租赁的方式引进 10 架 A320 系列飞机是为满足公司未来运力增长的需求，扩大公司机队规模，提升公司运营能力。上述飞机引进后，将有效增强公司的营运能力和持续经营能力。

资料来源：①《海南航空控股股份有限公司关于签署飞机租赁协议暨关联交易的公告》。
②《海南航空控股股份有限公司关于租入 10 架 A320 系列飞机暨关联交易的公告》。
③海航控股 2023 年年度报告。

[要求]

结合上述资料，思考如下问题：

（1）根据现行租赁会计准则，对于租赁交易的出租方，租赁分为哪几类？分类依据是什么？各类租赁交易的会计处理都有哪些要点？其对财务报表项目都有哪些具体影响？海航控股在拟租出飞机的公告中并未明确将对出租飞机的租赁交易如何进行分类，请阅读海航控股的 2023 年年度报告，观察其中对出租业务的类别划分。

（2）根据现行租赁会计准则，租赁交易的承租方应如何对租赁进行分类？海航控股在租入飞机的公告中称"以经营租赁的方式租入 10 架 A320 系列飞机"。如果海航控股将租入的飞机按经营租赁进行会计处理，需要具备什么条件？

（3）根据海航控股上述两份公告，相关租赁交易都构成关联交易。上市公司为什么要披露关联交易？

二、年报分析

从大商股份披露的相关信息
看承租方会计处理要点及其对财务报表的影响

大商股份有限公司（股票简称：大商股份。股票代码：600694）是一家百货连锁企业，母公司大商集团是国内最大的零售业集团之一。公司成立于1992年12月10日，1993年11月22日公司股票在上海证券交易所上市。

大商股份2023年年度报告中关于合并报表的项目注释部分披露了公司作为承租人的相关信息，主要内容摘编如下：

（1）对合并资产负债表有关项目的注释，如表5-5至表5-7所示。

表5-5　注释25（关于使用权资产及其折旧情况）　　　　单位：元

项目	房屋及建筑物	合计
一、账面原值		
1. 期初余额	8 211 428 104.46	8 211 428 104.46
2. 本期增加额	221 007 857.32	221 007 857.32
租赁	221 007 857.32	221 007 857.32
3. 本期减少额	689 976 748.70	689 976 748.70
租赁到期	685 024 595.41	685 024 595.41
其他减少	4 952 153.29	4 952 153.29
4. 期末余额	7 742 459 213.08	7 742 459 213.08
二、累计折旧		
1. 期初余额	4 944 733 245.20	4 944 733 245.20
2. 本期增加额	415 197 179.46	415 197 179.46
（1）计提	415 197 179.46	415 197 179.46
3. 本期减少额	437 118 977.18	437 118 977.18
租赁到期	436 628 071.75	436 628 071.75
其他减少	490 905.43	490 905.43
4. 期末余额	4 922 811 447.48	4 922 811 447.48
三、减值准备		
1. 期初余额	164 267 610.26	164 267 610.26
2. 本期增加额		
（1）计提		
3. 本期减少额	2 695 596.09	2 695 596.09
4. 期末余额	161 572 014.17	161 572 014.17
四、账面价值		
1. 期末账面价值	2 658 075 751.43	2 658 075 751.43
2. 期初账面价值	3 102 427 249.00	3 102 427 249.00

表 5-6 注释 47（对"租赁负债"项目的注释）　　　　　　　　　单位：元

项目	期末余额	期初余额
租赁付款额	4 280 681 198.63	5 050 455 806.17
减：未确认融资费用	742 223 767.85	941 504 455.00
租赁付款额现值小计	3 538 457 430.78	4 108 951 351.17
减：一年内到期的租赁负债	467 912 966.95	506 775 859.19
合计	3 070 544 463.83	3 602 175 491.98

其他说明：本期确认租赁负债利息费用 180 242 154.76 元。

表 5-7 注释 48（对"长期应付款"项目的注释）　　　　　　　　单位：元

项目	期末余额	期初余额
长期应付款	2 306 504.44	3 058 924.70
专项应付款		
合计	2 306 504.44	3 058 924.70

其他说明：表 5-7 中长期应付款指扣除专项应付款后的长期应付款，为应付物业费。应付物业费为公司租赁物业按直线法计入当期损益的物业费与按合同支付物业费的差额。

（2）对合并利润表有关项目的注释，如表 5-8 至表 5-9 所示。

表 5-8 注释 64（对"管理费用"的注释）　　　　　　　　　　单位：元

项目	本期发生额	上期发生额
工资性费用	54 800 117.67	51 545 317.04
折旧费	25 143 155.80	28 241 204.28
修理费	71 528 383.95	67 553 181.47
无形资产摊销	6 507 455.34	6 507 493.74
保险及公积金	183 007 326.97	191 386 353.62
办公费	19 226 061.06	23 507 436.71
能源费	408 685 463.24	407 199 421.96
物业费	7 985 826.61	7 529 852.14
其他	19 379 040.10	18 244 212.69
合计	796 262 790.74	801 714 473.65

表 5-9 注释 66（对"财务费用"的注释）　　　　　　　　　　单位：元

项目	本期发生额	上期发生额
利息支出	193 197 207.67	228 639 393.31
减：利息收入	56 945 880.41	70 675 008.15

续表

项目	本期发生额	上期发生额
汇兑损益	−51 823.65	−19 253 383.72
其他	12 192 720.26	13 022 135.26
合计	148 392 228.87	151 727 136.70

（3）对合并现金流量表有关项目的注释（见注释78），如表5-10至表5-11所示。

表 5-10　支付其他与经营活动有关的现金　　　　　　　　　　单位：元

项目	本期发生额	上期发生额
租赁业务现金支出	3 083 940 201.33	3 084 786 140.13
付现费用	131 120 454.28	146 612 658.93
其他	491 407 050.79	460 829 256.71
合计	3 706 467 706.40	3 692 228 055.77

表 5-11　支付其他与筹资活动有关的现金　　　　　　　　　　单位：元

项目	本期发生额	上期发生额
支付租赁付款额	638 455 973.99	591 077 063.88
重组公司偿还原股东借款		562 000 000.00
合计	638 455 973.99	1 153 077 063.88

（4）对租赁活动的注释（见注释82），如表5-12所示。

表 5-12　公司作为承租人计入损益的情况　　　　　　　　　　单位：万元

项目	本期发生额	上期发生额
租赁负债的利息	18 042.22	21 700.20
短期租赁及低价值资产租赁费用	1 434.41	1 040.01
未纳入租赁负债计量的可变租赁付款额	2 058.28	2 136.90

其他信息：

1）租赁活动。

本公司主要租赁为零售店铺租赁，租赁期限一般在20年内，某些店铺为整体租赁，某些店铺为自有店铺中部分物业为其他业主持有，公司租赁小业主持有的部分物业。另外公司在日常经营中存在对其他设备的租赁，该种租赁一般为低价值租赁，在实际发生时采用简化租赁方式进行账务处理。

2）简化处理的短期租赁和低价值资产租赁情况。

本公司计入当期损益的简化处理的短期租赁及低价值资产租赁费用合计为1 431.41万元。

3）未纳入租赁负债计量的可变租赁付款额未来潜在现金流出。

本公司许多房地产租赁包含与租赁店铺的销售量或利润挂钩的可变租赁付款额条款。公司为将该等可变租赁付款额纳入租赁负债的初始计量中。与不同出租方签订的合同中关于可变租赁付款额的浮动比例均不同，而且所采用的比例范围较大，对于单独的店铺，最高可有100%的租赁付款额基于可变付款额条款。

4）2023年度直接计入当期损益的可变租赁付款额为2 058.28万元。

资料来源：大商股份2023年年度报告。

[要求]

根据上述资料，思考如下问题：

（1）大商股份所有租入的房屋建筑物都确认为使用权资产了吗？你是如何判断的？

（2）大商股份所有租入的房屋建筑物都确认租赁负债了吗？你是如何判断的？

（3）上述资料对公司"长期应付款"项目余额的解释是：该余额表示应付物业费（为公司租赁物业按直线法计入当期损益的物业费与按合同支付物业费的差额）。

你认为相关物业费能按直线法计入当期损益的租入物业，是否属于短期租赁或低价值资产租赁？为什么？与短期租赁或低价值资产租赁相关的应付租金通常应如何进行会计处理？

（4）承租方租赁业务对损益产生影响的因素主要有哪些？通常会影响哪些损益项目？

（5）上述合并现金流量表的有关注释中，既有支付其他与经营活动有关的现金也有支付其他与筹资活动有关的现金。对此应如何解读？

（6）从上述资料看，2023年度未纳入租赁负债计量的可变租赁付款额为2 058.28万元，且直接计入当期损益。那么，什么是可变租赁付款额？这里的可变租赁付款额为什么没纳入租赁负债的计量？可变租赁付款额都不纳入租赁负债的计量吗？对未纳入租赁负债计量的可变租赁付款额应如何进行账务处理？

5.3 练习题参考答案

5.3.1 单项选择题

1. A   2. C   3. A
4. C   5. C   6. A

5.3.2 多项选择题

1. ABC 2. ACD 3. ABCD
4. ACD 5. ABC 6. ABC
7. ABCD

5.3.3 判断题

1. × 2. × 3. ×
4. × 5. ×

5.3.4 实务分析

一、公告分析

（1）关于出租方对租赁交易的分类。根据现行租赁会计准则，就租赁交易的出租方而言，租赁分为融资租赁和经营租赁两类；两类租赁的分类依据是是否实质上转移了与租赁资产所有权有关的几乎全部风险与报酬。

如何从阅读公司年报中了解公司对租赁交易的分类？一个线索是：从年报中的财务报告中找答案。如果掌握出租人各类租赁交易会计处理的基本内容，就清楚了这些会计处理会对什么报表（或哪些报表）的什么项目（或哪些项目）产生怎样的影响；在此基础上，再去仔细阅读财务报告，尤其是其中的合并报表及其注释。当然，财务报告之前的有关章节尤其是重要事项等章节，也应引起关注。

（2）关于承租方对租赁交易的分类。根据现行租赁会计准则，就租赁交易的承租方而言，租赁不再分为融资租赁和经营租赁两类，而是对所有租赁都采用一种方法进行会计处理：确认使用权资产和租赁负债，但对短期租赁和低价值资产租赁则采用较简单的处理方法（类似于经营租赁的处理方法）。

这里需要深入理解两个方面的问题：一是修订后的现行租赁会计准则关于承租方租赁交易类型的规定与修订之前的将租赁分为经营租赁和融资租赁两类的规定相比，两者对承租方的会计信息的影响主要有哪些不同？二是企业究竟应如何界定短期租赁和低价值资产租赁？

（3）首先应明确关联方、关联交易的含义。关于关联交易的披露，可以从保护广大股东尤其是中小股东利益、保证会计信息质量的角度展开思考。

二、年报分析

（1）根据资料中对公司租赁活动的描述可知公司租入的零售店铺一般在20年以内，加之公司披露的使用权资产信息，可以看出公司对大量的租入物业确认了使用权资产；但上述资料也表明公司也有短期租赁采用简化处理的情况。可见，该公司并不是所有租入的房屋建筑物都确认为使用权资产了。

(2) 这里的参考思路是：根据租赁会计准则，对确认使用权资产的租入交易应同时确认租赁负债。由于该公司存在短期租赁和低价值资产租赁并对其采用简化处理方法，所以对这类租赁就不可能确认租赁负债。

(3) 首先，这里涉及短期租赁和低价值资产租赁的判断问题；其次，这里涉及对短期租赁和低价值资产租赁会计处理方法的理解问题。也就是说，应以短期租赁、低价值资产租赁的概念作为切入点，以会计准则对短期租赁、低价值资产租赁应采用的简化处理方法为依据，判断案例公司相关物业费能按直线法计入当期损益的租入物业，是否属于短期租赁或低价值资产租赁，以及相关的应付租金在实务中应如何进行会计处理。

(4) 作为租赁交易的承租方，相关业务对损益产生影响的因素主要有哪些，应结合租赁业务不同的会计处理方法进行具体分析。也就是说，一方面，确认使用权资产和租赁负债的租赁业务，与使用权资产有关的折旧费用、与租赁负债相关的利息费用，都会对损益产生直接或间接的影响。比如，使用权资产的折旧费用可能通过生产成本影响主营业务成本等项目，也可能直接影响管理费用、销售费用等项目，使用权资产的终止确认还可能涉及资产处置损益项目；利息费用通常影响财务费用项目，未纳入租赁负债计量的可变租赁付款款额的支付则可能涉及财务费用、销售费用等项目。另一方面，短期租赁或低价值资产租赁采用简化会计处理方法的情况下，支付的租金及其他相关费用，通常计入管理费用等有关的损益项目；如有应付未付租金产生的应付利息则可能会影响财务费用项目。

(5) 这里首先应掌握一个基本知识点：现金流量表中经营活动现金流量与筹资活动现金流量的含义与区别。在此基础上，就可以理解现行会计规范对与租赁相关的现金流量在现金流量表中如何列报的规定了。

具体到这个案例，该公司与租赁相关的现金支付中，支付其他与经营活动有关的现金应该与采用简化处理方法的短期租赁和低价值资产租赁相关的支付相关，支付其他与筹资活动有关的现金则应是与确认使用权资产和租赁负债的那些租赁业务的租金支付相关。

(6) 关于可变租赁付款额，至少应理清如下四个问题：

1) 什么是可变租赁付款额？常见的情形有哪些？
2) 哪些可变租赁付款额纳入租赁负债的计量？如何纳入？
3) 哪些可变租赁付款额未纳入租赁负债的计量？为什么？
4) 未纳入租赁负债计量的可变租赁付款额应如何进行会计处理？为什么？

可变租赁付款额，是指承租人为取得在租赁期内使用租赁资产的权利，向出租人支付的因租赁期开始日后的事实或情况发生变化（而非时间推移）而变动的款项。可变租赁付款额的发生，可能源自续租等各项选择权变更、担保余值预计的应付金额发生变动、相关指数或比率发生变动甚至发生某些租赁变更等情形，也可能因与未来的销售挂钩而产生额外的租赁付款额。

上述各种原因产生的可变租赁付款额，哪些纳入租赁负债的计量哪些不纳入租赁负债的计量，可以依据租赁会计准则对重新计量租赁负债的相关情形规定（见图 5-4）进行判断。

```
                      租赁期开始日后，
                      重新计量租赁负债
                   ┌──────┴──────┐
                 情形1           情形2
```

情形1：
- 续租选择权或者终止租赁选择权的评估结果发生变化导致租赁期变化的
- 续租选择权或者终止租赁选择权的实际行使情况与原评估结果不一致等导致租赁期变化的
- 购买选择权的评估结果发生变化的

如何重新计量
按变动后租赁付款额和修订后的折现率计算的现值重新计量租赁负债

如何选择折现率
- 剩余租赁期间的租赁内含利率
- 无法确定剩余租赁期间的租赁内含利率的，应当采用重估日的承租人增量借款利率

情形2：
- 根据担保余值预计的应付金额发生变动
- 因用于确定租赁付款额的指数或比率变动而导致未来租赁付款额发生变动

如何重新计量
按变动后租赁付款额的现值重新计量租赁负债

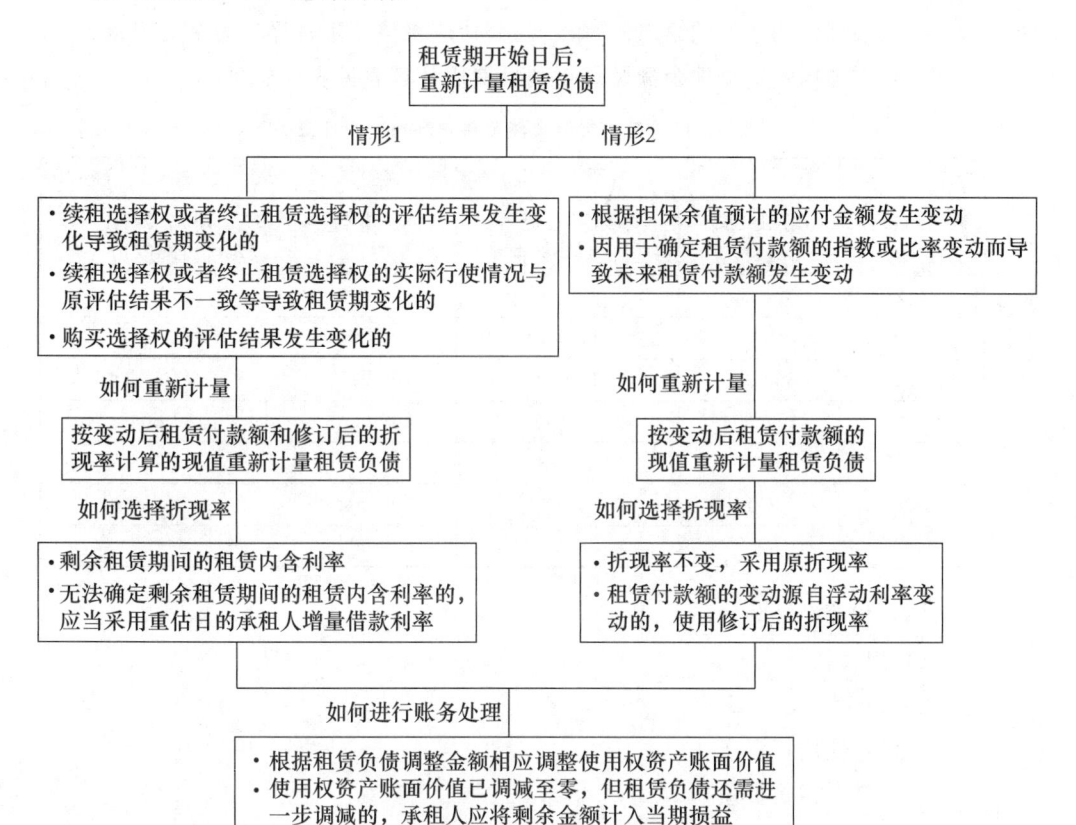

如何选择折现率
- 折现率不变，采用原折现率
- 租赁付款额的变动源自浮动利率变动的，使用修订后的折现率

如何进行账务处理
- 根据租赁负债调整金额相应调整使用权资产账面价值
- 使用权资产账面价值已调减至零，但租赁负债还需进一步调减的，承租人应将剩余金额计入当期损益

图 5-4 重新计量租赁负债的情形与方法的思路归纳

由图 5-4 可见，根据租赁会计准则，因续租等各项选择权变更、担保余值预计的应付金额发生变动等因素产生的可变租赁付款额以及取决于指数或比率的可变租赁付款额，将导致对租赁负债的重新计量。从这个意义上来说，源自这些因素的可变租赁付款额纳入租赁负债的计量；与未来的销售挂钩而产生的额外的租赁付款额，则不会导致租赁负债的重新计量，而是于实际发生时以记入"销售费用"科目的形式计入当期损益。

值得一提的是，租赁负债的重新计量属于租赁负债后续计量的业务范畴，而导致对租赁负债重新计量的那些可变租赁付款额是怎样影响租赁负债的初始计量金额的，应予以关注。比如，取决于指数或利率的可变租赁付款额，在租赁负债的初始计量过程中是根据租赁期开始日的指数或比率确定其计入租赁付款额的金额的。

5.4 教材习题参考答案

(1) 根据合同条款的第(6)条,乙公司应将该项租赁界定为融资租赁。

(2) 甲公司租赁负债余额及每年利息费用计算表见表 5-13。

表 5-13 租赁负债余额及每年利息费用计算表　　　　　　单位:元

年份	租赁负债(4%)			
	期初余额 (1)	本期利息费用 (2)=(1)×4%	本期支付 (3)	期末余额 (4)=(1)+(2)−(3)
2×21	524 210	20 968	100 000	445 178
2×22	445 178	17 807	100 000	362 985
2×23	362 985	14 519	100 000	277 504
2×24	277 504	11 100	100 000	188 604
2×25	188 604	7 544	100 000	96 148
2×26	96 148	3 852	100 000	0
合计	—	75 790	600 000	—

(3) 相关会计分录。

1) 甲公司。

2×21年1月1日:

借:使用权资产　　　　　　　　　　　　　　527 000
　　贷:租赁负债　　　　　　　　　　　　　　　524 210
　　　　银行存款等　　　　　　　　　　　　　　　2 790

2×21年12月31日:

借:制造费用等　　　　　　　　　　　　　　 87 833
　　贷:使用权资产累计折旧　　　　　　　　　　 87 833

借:制造费用　　　　　　　　　　　　　　　　 3 000
　　贷:银行存款　　　　　　　　　　　　　　　　3 000

借:财务费用　　　　　　　　　　　　　　　　20 968
　　贷:租赁负债　　　　　　　　　　　　　　　 20 968

借:租赁负债　　　　　　　　　　　　　　　 100 000
　　贷:银行存款等　　　　　　　　　　　　　　100 000

2×22年12月31日:

借:制造费用　　　　　　　　　　　　　　　　87 833
　　贷:使用权资产累计折旧　　　　　　　　　　 87 833

借:制造费用　　　　　　　　　　　　　　　　 3 600

    贷：银行存款 3 600
  借：财务费用 17 807
    贷：租赁负债 17 807
  借：租赁负债 100 000
    贷：银行存款等 100 000

2）乙公司。

2×21年1月1日：

  借：应收融资租赁款 524 210
    贷：融资租赁资产 500 000
      资产处置损益 22 000
      银行存款等 2 210

2×21年12月31日：

  借：应收融资租赁款 20 968
    贷：租赁收入 20 968
  借：银行存款 100 000
    贷：应收融资租赁款 100 000

2×22年12月31日：

  借：应收融资租赁款 17 808
    贷：租赁收入 17 807
  借：银行存款 100 000
    贷：应收融资租赁款 100 000

（4）该项租赁业务对租赁双方税前利润的影响数见表5-14。

表5-14

项目	对2×21年税前利润的影响	对2×22年税前利润的影响
甲公司	－(87 833＋3 000＋20 968)＝－111 801元	－(87 833＋3 600＋17 807)＝－109 240元
乙公司	22 000＋20 968＝42 968元	17 807元

第6章

所得税会计

6.1 学习指导

6.1.1 本章内容框架

本章主要内容是资产负债表债务法下的所得税会计处理的相关问题，主要包括应交所得税、递延所得税以及所得税费用的确认、计量与报告，见图6-1。

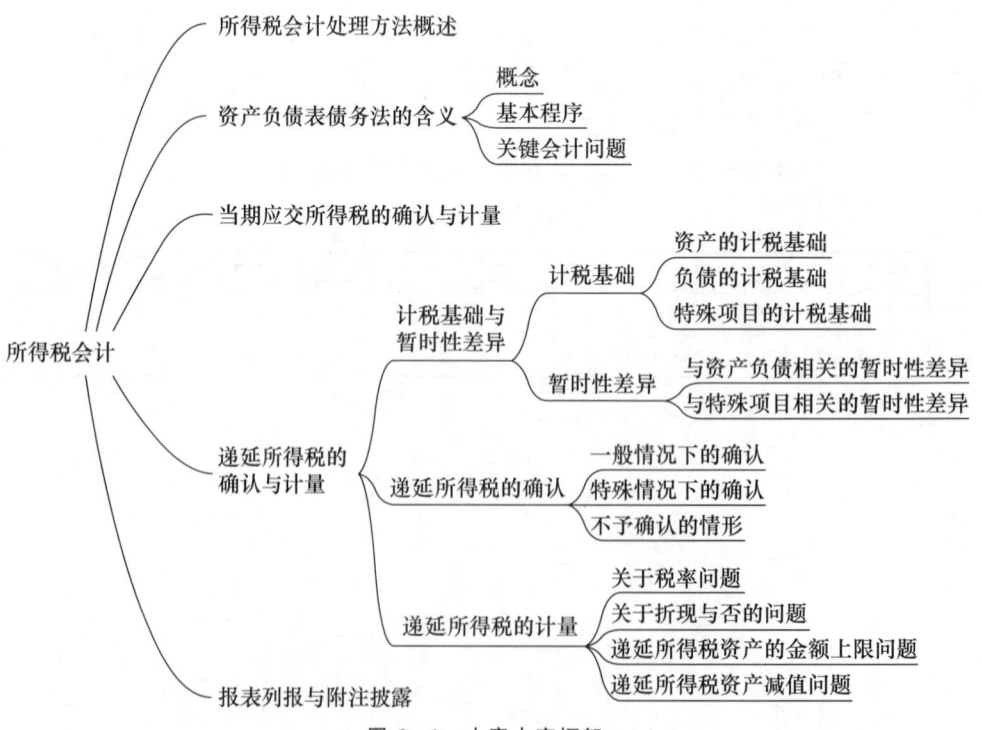

```
                ┌─ 所得税会计处理方法概述
                │
                ├─ 资产负债表债务法的含义 ─┬─ 概念
                │                        ├─ 基本程序
                │                        └─ 关键会计问题
                │
                ├─ 当期应交所得税的确认与计量
                │
                │                        ┌─ 计税基础 ─┬─ 资产的计税基础
                │                        │           ├─ 负债的计税基础
                │         ┌─ 计税基础与    │           └─ 特殊项目的计税基础
                │         │  暂时性差异    │
所得税会计 ─────┤                        └─ 暂时性差异 ─┬─ 与资产负债相关的暂时性差异
                │                                      └─ 与特殊项目相关的暂时性差异
                ├─ 递延所得税的
                │  确认与计量 ─┬─ 递延所得税的确认 ─┬─ 一般情况下的确认
                │              │                   ├─ 特殊情况下的确认
                │              │                   └─ 不予确认的情形
                │              │
                │              └─ 递延所得税的计量 ─┬─ 关于税率问题
                │                                  ├─ 关于折现与否的问题
                │                                  ├─ 递延所得税资产的金额上限问题
                │                                  └─ 递延所得税资产减值问题
                │
                └─ 报表列报与附注披露
```

图6-1 本章内容框架

6.1.2 本章重点与难点

1. 什么是会计利润？什么是应税利润？

会计利润是根据会计准则确定的一定期间内扣除所得税费用前的利润，即利润表中的利润总额；应税利润则是根据税收法规确定的一定期间内据以交付所得税的利润，亦称应税所得、应纳税所得额。

报告期末，企业要在会计利润的基础上，通过调整会计利润与应税利润之间的差异，计算确定应税利润，然后根据应税利润与现行所得税税率，计算确定本期应缴的所得税。

所以，了解会计利润与应税利润的含义、组成以及两者的差异很重要。

2. 如何理解会计利润与应税利润之间的差异？

会计利润与应税利润之间的差异可以从不同的角度进行观察。

表6-1分别从两个不同角度对会计利润与应税利润两者之间的差异进行了梳理。

表6-1 永久性差异、时间性差异、暂时性差异对比分析一览表

差异名称	概念	种类	侧重点
基于利润表的观察			
永久性差异	会计利润与应税利润之间因会计准则和税收法规对某些收入、费用的确认口径不同而导致的某一期间发生以后期间不能转回的差异	● 会收税不收 ● 会费税不费 ● 税收会不收 ● 税费会不费	当期发生的、当期会计利润与应税利润之间的差异
时间性差异	会计利润与应税利润之间因会计准则和税收法规对某些收入、费用的确认时间不同而导致的某一期间发生以后期间能够转回的差异	● 会先收税后收 ● 会先费税后费 ● 税先收会后收 ● 税先费会后费	
基于资产负债表的观察			
差异名称	概念	种类	侧重点
暂时性差异	资产、负债的账面价值与计税基础之间的差异，或者某些特殊项目产生的暂时性差异	● 应纳税暂时性差异 ● 可抵扣暂时性差异	期末预计的、对未来期间应税利润的确定有影响的、账面价值与计税基础之间的差异
永久性差异、时间性差异与暂时性差异之间关系辨析			

- 时间性差异与暂时性差异的相同点：两者都是暂时存在未来会转回或消失
- 时间性差异与暂时性差异的不同点：两者着眼点不同，前者从利润表出发，后者从资产负债表入手；存在时间性差异的项目也一定可以从暂时性差异的角度得到解释，而存在暂时性差异的项目不一定存在时间性差异的合理解释

续表

永久性差异、时间性差异与暂时性差异之间关系辨析
● 永久性差异在本期发生，以后期间不得转回。所以，无论从哪个角度观察差异，无论采用哪一种所得税处理方法，企业对永久性差异的处理方法都是一样的，即在确定各期应税利润时，要在会计利润基础上考虑永久性差异对当期应税利润的影响

每期应税利润的确定
应税利润＝会计利润 ＋会计上计入利润表而税法不允许税前扣除的费用或损失 ⎫ －会计上计入利润表而税法不计入应税收入的收入或利得 ⎬ 永久性差异 ＋会计上不计入利润表而税法计入应税收入的收入或利得 ⎪ －会计上不计入利润表而税法允许税前扣除的费用或损失 ⎭ ＋会计上本期计入利润表而税法允许以后期间税前扣除的费用或损失 －会计上本期计入利润表而税法允许以后期间计入应税收入的收入或利得 ＋税法允许本期计入应税收入而会计上将于以后期间计入利润表的收入或利得 －税法允许本期税前扣除而会计上将于以后期间计入利润表的费用或损失

3. 所得税会计的处理方法有哪些？

所得税会计处理方法主要有应付税款法和纳税影响会计法两类，见图 6-2。

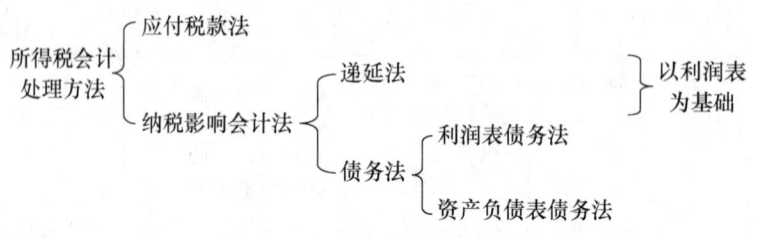

所得税会计处理方法 ⎰ 应付税款法
　　　　　　　　　 ⎱ 纳税影响会计法 ⎰ 递延法——以利润表为基础
　　　　　　　　　　　　　　　　　 ⎱ 债务法 ⎰ 利润表债务法
　　　　　　　　　　　　　　　　　　　　　　 ⎱ 资产负债表债务法

图 6-2　所得税会计处理方法

目前所得税会计准则规定采用的处理所得税业务的方法为资产负债表债务法。

4. 如何把握资产负债表债务法的核心内容？

概念：资产负债表债务法，是将资产、负债的账面价值与其计税基础之间的暂时性差异对未来期间的纳税影响，在资产负债表中予以递延，并根据每一会计期间确认的递延所得税和应交所得税确认所得税费用的会计处理方法。

本质：资产负债表债务法着眼于资产负债表，关注资产、负债的暂时性差异对未来的纳税影响。这个影响如果代表着未来期间可以少缴所得税，资产负债表中要报告递延所得税资产；这个影响如果代表着未来需要多缴所得税，在资产负债表中要报告递延所得税负债。

程序：资产负债表债务法下应交所得税、递延所得税、所得税费用的确定及处理步骤如表 6-2 所示。

表6-2 资产负债表债务法的基本程序

基本计算步骤与方法	第一步	计算确定当期应交所得税 A	方法是： 当期应交所得税＝应税利润×现行所得税税率
	第二步	计算当期应确认或应转回的递延所得税 B	计算确定期末暂时性差异 方法是： ● 有关资产账面价值与计税基础之差 ● 有关负债账面价值与计税基础之差 ● 特殊项目产生的暂时性差异
			计算确定期末暂时性差异对未来纳税的影响额（资产负债表中递延所得税的报告价值） 方法是： ● 递延所得税资产的期末应有余额 　＝期末可抵扣暂时性差异×预期税率 ● 递延所得税负债的期末应有余额 　＝期末应纳税暂时性差异×预期税率
			计算当期应确认或应转回的递延所得税 B 方法是： ● 当期应确认或应转回的递延所得税资产 　＝递延所得税资产的期末应有余额－账面现有余额 ● 当期应确认或应转回的递延所得税负债 　＝递延所得税负债的期末应有余额－账面现有余额
	第三步	计算当期应确认的所得税费用 C	方法是： 当期应确认的所得税费用 　＝应交所得税±当期应确认或应转回的递延所得税 即 C＝A±B
基本账务处理	借：所得税费用、资本公积等［当期应确认所得税费用］C＝A±B 借或贷：递延所得税资产 ⎫ 　　贷或借：递延所得税负债 ⎭［当期确认或转回递延所得税］B 　　贷：应交税费——应交所得税［当期应交所得税］A		

5. 如何确定资产、负债的计税基础？

首先，要正确理解资产计税基础、负债计税基础的概念，见表6-3。

表6-3 计税基础的概念解析

	资产	负债
概念	企业在收回资产账面价值过程中，计算应税利润时按照税法规定可以自应税经济利益中抵扣的金额	可予以抵扣金额的账面价值减去未来期间计算应税利润时按照税法规定可予以抵扣的金额
解析	● 收回资产账面价值过程：从现在到终止确认这一未来期间 ● 计算应税利润时：相关资产带来的经济利益需纳税 ● 自应税经济利益中抵扣的金额：一般指取得成本或账面价值	● 负债：其发生或者偿还会涉及利润的确定的那些负债 ● 未来期间：负债的偿还期间 ● 可予以抵扣金额：对那些与费用或损失有关的负债，指可予以税前扣除的与负债有关的费用或损失； 对那些与收入有关的负债，指非应税收入

续表

	资产	负债
	• 多数情况下：计税基础＝账面价值 • 少数情况下：计税基础≠账面价值	
公式	• 未来将以折旧、摊销、销售成本等形式收回账面价值的资产： 计税基础＝未来可予以税前扣除的转移价值 • 未来将以货币资金等形式收回账面价值的资产（如应收款）： 计税基础＝未来的非应税收入	• 与费用或损失相关的负债： 计税基础＝账面价值－未来可予以税前扣除的费用（或损失） • 与收入或利得相关的负债： 计税基础＝账面价值－未来的非应税收入（或利得）

其次，要根据具体情况，正确把握计税基础的确定方法，这里主要看计税基础与账面价值的关系。表6-4整理的是常见业务中确定计税基础与账面价值的关系的某些规律。

表6-4 常见业务中计税基础、账面价值、暂时性差异关系一览表

	业务类型		计税基础与账面价值的关系	典型示例	相关暂时性差异
比较简单	多数资产、负债的初始确认		计税基础＝账面价值	购买材料、取得贷款等	无
	多数资产的后续计量		计税基础＞账面价值	计提资产减值准备	可抵扣暂时性差异
			计税基础≠账面价值	按公允价值进行后续计量	应纳税暂时性差异或可抵扣暂时性差异
相对复杂	涉及某些资产、负债的初始确认	应收款项	如果在收回其账面价值过程中带来的经济利益不需要纳税	计税基础＝账面价值	• 收回时不会产生纳税后果的应收贷款 • 不纳税的应收股利 • 相关收入已经计税的应收账款	无
			如果按收付实现制确定应税收入	计税基础＜账面价值（计税基础＝0）	相关利息收入尚未计税的应收利息	应纳税暂时性差异
		应付款项	如果该负债的偿还不会产生纳税后果	计税基础＝账面价值	• 归还时不会产生纳税后果的应付贷款 • 相关费用已经税前抵扣的应付利息 • 相关损失不得税前抵扣的应付罚款 • 与财务担保有关的预计负债	无
			如果按收付实现制在税前抵扣费用	计税基础＜账面价值（计税基础＝0）	与产品保修费用有关的预计负债	可抵扣暂时性差异

续表

业务类型		计税基础与账面价值的关系	典型示例	相关暂时性差异
相对复杂	涉及某些资产、负债的初始确认	预收款项	如果已按收付实现制确定应税收入	计税基础＜账面价值（计税基础=0）	• 收款时已经计税的预收利息 • 收款时已经计税的预收销货款	可抵扣暂时性差异
		如果税法确认收入的原则与会计一致	计税基础=账面价值	未来实现收入时再计税的预收销货款	无
	涉及企业合并		计税基础＜账面价值（计税基础=0）	免税合并中确认的合并商誉	应纳税暂时性差异
			计税基础≠账面价值	按公允价值确认的合并净资产	应纳税暂时性差异或可抵扣暂时性差异
	不涉及资产、负债的确认，但与未来的计税抵扣有关		计税基础＞账面价值（账面价值=0）	• 会计上计入当期损益、税法规定以后期间抵扣的筹建费 • 可结转以后年度的未弥补亏损 • 可结转以后年度的税款抵减	可抵扣暂时性差异

6. 如何理解暂时性差异的含义？

概念：暂时性差异是资产、负债的账面价值与其计税基础之间的差额。对于某些不构成资产、负债的项目而言，与之相关的暂时性差异可以看成是其零账面价值与计税基础之差。

特征：暂时性差异只是阶段性存在，终将消失。这是其与永久性差异的区别。

观察时点：资产负债表日。所以，暂时性差异是一个余额概念。

本质：暂时性差异在未来的转回或消失期间内，将导致相关期间的应税利润大于或小于会计利润，从而导致应交所得税大于或小于应承担的所得税费用。也就是说，暂时性差异对未来有纳税影响。这种影响的金额相当于暂时性差异与差异转回或消失期间的预期适用税率两者之乘积。这个影响金额也是一个余额概念。

分类：暂时性差异按其对未来纳税影响的不同，分为应纳税暂时性差异和可抵扣暂时性差异两类。

7. 如何理解暂时性差异与递延所得税的关系？

暂时性差异对未来的纳税影响在资产负债表债务法下需要确认并予以递延；而不同类别的暂时性差异因其对未来纳税影响的方向不同从而将导致递延所得税的性质不同。

表6-5是对上述内容的进一步说明以及对暂时性差异与递延所得税之间关系的简要梳理。

表6-5 暂时性差异及其与递延所得税的关系一览表

暂时性差异			资产负债表中对暂时性差异之纳税影响的报告	
种类	产生原因	对未来期间的影响	性质	账务处理
应纳税暂时性差异	• 资产：账面价值＞计税基础 • 负债：账面价值＜计税基础	应税利润高于会计利润	应交所得税高于所得税费用	递延所得税负债	确认时： 借：所得税费用、资本公积等 　贷：递延所得税负债 转回时方向相反
可抵扣暂时性差异	• 资产：账面价值＜计税基础 • 负债：账面价值＞计税基础 • 可结转以后年度的未弥补亏损 • 可结转以后年度的税款抵减	应税利润低于会计利润	应交所得税低于所得税费用	递延所得税资产	确认时： 借：递延所得税资产 　贷：所得税费用、资本公积等 转回时方向相反

8. 为什么递延所得税资产或递延所得税负债的余额要根据税率变化进行调整？

资产负债表债务法下的本质问题是要确认暂时性差异对未来的纳税影响。从会计确认的角度来看：这个影响如果代表着未来期间可以少缴所得税，在资产负债表中要报告递延所得税资产；这个影响如果代表着未来需要多缴所得税，在资产负债表中要报告递延所得税负债。从会计计量的角度来看：为了使递延所得税资产余额真正代表未来可以少缴税从而导致经济利益少流出，为了使递延所得税负债余额真正代表未来需要多缴税的义务，递延所得税一定要按相关暂时性差异预期影响未来期间的相关税率来计算确定。也正是从这个意义上来说，资产负债表债务法下，递延所得税资产或递延所得税负债的余额要根据所得税税率的变化进行调整。

9. 哪些情况下不允许确认递延所得税？

根据现行所得税准则，某些情况下应纳税暂时性差异导致的递延所得税负债和可抵扣暂时性差异导致的递延所得税资产不允许予以确认，这些情况如表6-6所示。

表 6-6 不允许确认递延所得税的情况一览表

情况	不允许确认递延所得税资产	不允许确认递延所得税负债
1	除企业合并以外的其他交易或事项中,如果该项交易或事项发生时既不影响会计利润,也不影响应税利润,则所产生的资产、负债的初始确认金额如与其计税基础不同,形成可抵扣暂时性差异的,交易或事项发生时不确认该差异对未来的纳税影响	除企业合并以外的其他交易或事项中,如果该项交易或事项发生时既不影响会计利润,也不影响应税利润,则所产生的资产、负债的初始确认金额如与其计税基础不同,形成应纳税暂时性差异的,交易或事项发生时不确认该差异对未来的纳税影响
2		免税合并情况下确认的合并商誉,其账面价值大于计税基础而产生应纳税暂时性差异的,该暂时性差异对未来的纳税影响不应予以确认
3		对与子公司、联营企业、合营企业投资等相关的应纳税暂时性差异,在同时满足以下两个条件时不确认该差异对未来的纳税影响:一是投资企业能够控制暂时性差异转回的时间;二是该暂时性差异在可预见的未来很可能不会转回

6.2 练习题

6.2.1 单项选择题

在下列各题的备选答案中,只有一个是符合题意的正确答案。请将选定答案的字母填入题后的括号中。

1. 下列各项中,财务会计法规和税收法规不同的是( )。

A. 确认收益实现

B. 确认费用扣减的时间

C. 确认费用的可扣减性

D. 以上三项均是

2. 下列各项中,计入税前会计利润但不作为应税利润的收益的是( )。

A. 存款利息收益

B. 股票投资收益

C. 资产处置利得

D. 国债利息收益

3. 下列各项中,属于可在税前会计利润中扣除但不可在应税利润中扣除的费用或损失是( )。

A. 固定资产报废净损失

B. 折旧费用

C. 赞助费用

D. 坏账损失

4. 在应付税款法下，本期所得税费用与本期应交所得税（　　）。

A. 前者比后者数额小

B. 前者比后者数额大

C. 两者金额相等

D. 计算依据不同

5. 现行会计准则规定的所得税会计核算方法是（　　）。

A. 递延法

B. 应付税款法

C. 利润表债务法

D. 资产负债表债务法

6. 下列有关资产的计税基础的表述中，不正确的是（　　）。

A. 资产在初始确认时，其计税基础在多数情况下与取得成本相等

B. 固定资产的计税基础是税法规定允许在未来税前扣除的折旧费

C. 没有计提坏账准备的情况下，应收账款的计税基础等于其账面价值

D. 在企业确认了公允价值变动利得的情况下，交易性金融资产的计税基础高于其账面价值

7. 甲企业 2×21 年年末交付使用一台设备，取得成本为 50 000 元，预计使用 5 年，假定预计净残值为 0，企业采用直线法计提折旧。如果税法允许企业采用双倍余额递减法在税前列支折旧费，则 2×23 年年末该固定资产的计税基础是（　　）元。

  A. 32 000

  B. 30 000

  C. 18 000

  D. 12 000

8. 甲企业 2×23 年年末因吸收合并同一控制下的乙公司而取得一项原账面价值为 850 万元（原取得成本为 1 200 万元、累计折旧为 350 万元），合并日公允价值为 900 万元的固定资产。2×23 年年末甲企业该固定资产的计税基础是（　　）万元。

  A. 1 200

  B. 900

  C. 850

  D. 350

9. 某企业 2×23 年度有关资料如下：税前会计利润 5 000 万元，发生赞助

费支出 100 万元，企业购买国债的利息收入 80 万元，各项资产计提减值准备从而确认资产减值损失 30 万元，预计产品保修费用（计入销售费用和预计负债）10 万元，长期股权投资采用权益法核算根据被投资方实现的净利润确认的投资收益 40 万元，对吸收合并取得的某项固定资产所提折旧比按税法规定应提折旧多 8 万元。本企业 2×23 年度会计利润与应纳税所得额之间的永久性差异为（　　）。

A. 100 万元（会计利润小于应税利润）

B. 80 万元（会计利润大于应税利润）

C. 20 万元（会计利润小于应税利润）

D. 20 万元（会计利润大于应税利润）

10. 某企业 2×23 年度税前会计利润为 -200 万元。根据税法规定，企业可在以后 5 年里税前补亏。假定企业预计未来 5 年里每年税前利润能达到 30 万元。所得税税率为 25%。2×23 年年末有关所得税的会计处理（金额单位：万元）应为（　　）。

A. 借：递延所得税资产　　　　　　50
　　贷：所得税费用　　　　　　　　　　　50

B. 借：所得税费用　　　　　　　　50
　　贷：递延所得税负债　　　　　　　　　50

C. 借：递延所得税资产　　　　　　37.50
　　贷：所得税费用　　　　　　　　　　　37.50

D. 借：所得税费用　　　　　　　　37.50
　　贷：递延所得税负债　　　　　　　　　37.50

11. 某企业 2×23 年 12 月已经计入费用的应付职工薪酬的余额 40 万元中，按税法规定可予以税前抵扣的合理部分为 38 万元。下列有关 2×23 年年末"应付职工薪酬"的说法中，不正确的是（　　）。

A. 账面价值与计税基础都是 40 万元

B. 这里不存在暂时性差异

C. 这里存在 2 万元的永久性差异

D. 未来可税前抵扣的金额为 2 万元

12. 某企业 2×22 年年末确认与产品质量保证有关的预计负债 50 000 元，相关产品的质保期限为 2 年。按税法规定，实际发生产品质量保证费用时才允许税前抵扣。2×23 年企业实际发生相关产品的保修费用 20 000 元。则 2×23 年年末该预计负债的账面价值、计税基础分别是（　　）。

A. 50 000 元，0

B. 30 000 元，0

C. 20 000 元，0

D. 20 000 元，20 000 元

6.2.2 多项选择题

在下列各题的备选答案中，有两个或两个以上是符合题意的正确答案。请将选定答案的字母按顺序填入题后的括号中。

1. 下列各项因素中，能够导致无形资产的账面价值小于其计税基础的有（ ）。

   A. 税法规定，企业内部研发形成的无形资产按其成本的一定比例计算每期摊销额

   B. 使用寿命不确定的无形资产，后续计量时不予摊销，但计税时按税法规定进行摊销

   C. 按会计准则规定计提的无形资产减值准备在形成实质性损失前不允许税前抵扣

   D. 非同一控制下吸收合并取得的无形资产，合并日公允价值小于原账面价值

2. 下列各项目中，产生应纳税暂时性差异的有（ ）。

   A. 资产的账面价值大于计税基础

   B. 负债的账面价值小于计税基础

   C. 资产的账面价值小于计税基础

   D. 负债的账面价值大于计税基础

3. 下列各项目中，产生可抵扣暂时性差异的有（ ）。

   A. 其他应付款中的应付罚款

   B. 可结转以后年度的未弥补亏损

   C. 本期支付的可于以后年度税前扣除的广告费用

   D. 已于本期确认销售费用和预计负债的产品保修费用

4. 下列说法中不正确的有（ ）。

   A. 企业应将暂时性差异确认为递延所得税

   B. 企业应将可抵扣暂时性差异确认为递延所得税资产

   C. 企业应将应纳税暂时性差异确认为递延所得税负债

   D. 企业应按规定将暂时性差异的纳税影响确认为递延所得税资产或递延所得税负债

5. 下列有关暂时性差异的表述中，正确的有（ ）。

   A. 应纳税暂时性差异是将增加未来应纳税所得额的暂时性差异

   B. 可抵扣暂时性差异是将减少未来应纳税所得额的暂时性差异

   C. 时间性差异是暂时性差异的一部分

   D. 企业超过税法允许税前抵扣的标准开支的管理费用不属于暂时性差异

6. 直接影响企业一定期间的所得税费用金额的因素有（　　）。

A. 当期应交所得税

B. 当期递延所得税资产报告价值

C. 当期应确认的递延所得税资产

D. 当期应确认的递延所得税负债

7. 根据企业会计准则，不允许对可抵扣暂时性差异确认相关递延所得税资产的情况应同时具备的条件包括（　　）。

A. 商誉的初始确认

B. 相关交易或事项不属于企业合并

C. 相关交易发生时既不影响会计利润也不影响应纳税所得额

D. 相关交易中产生的资产、负债的初始确认金额与其计税基础不同

8. 根据企业会计准则，某些情况下虽然产生应纳税暂时性差异，但不允许确认相关递延所得税负债，比如（　　）。

A. 免税合并时商誉的初始确认

B. 企业合并取得的按公允价值入账的资产，该资产账面价值与计税基础不同导致暂时性差异的

C. 企业合并以外的，发生时既不影响会计利润也不影响应纳税所得额的，产生的相关资产或负债的初始确认金额与其计税基础不同的交易或事项

D. 与子公司、联营企业、合营企业投资相关的应纳税暂时性差异（同时满足以下两个条件的除外：一是投资企业能够控制暂时性差异转回的时间；二是该暂时性差异在可预见的未来很可能不会转回）

9. 企业在进行确认递延所得税的会计处理时，"递延所得税资产"或"递延所得税负债"科目的对方科目可能是（　　）。

A. "所得税费用"

B. "资本公积"

C. "应交税费"

D. "商誉"

6.2.3　判断题

对下列各题的正误进行判断，并将判断结果填入题后的括号中。正确的填"√"，错误的填"×"。

1. 无论是应付税款法还是纳税影响会计法，两者对永久性差异的处理方法都是一样的。　　　　　　　　　　　　　　　　　　　　　　　　　　（　　）

2. 甲企业 2×23 年年末交付使用一台设备，取得成本为 50 000 元，预计使用 5 年，假定预计净残值为 0，企业采用直线法计提折旧。如果税法允许企业采用双倍余额递减法在税前列支折旧费，则 2×23 年年末该固定资产的计税基础

是 50 000 元。（　　）

3. 对于确认时涉及费用或损失的负债而言，其计税基础等于其账面价值减去未来偿还时按税法规定可以税前扣除的相关费用或损失。（　　）

4. 对于确认或偿还时涉及收入的负债而言，其计税基础等于其账面价值减去未来偿还时的不计税收入。（　　）

5. 某企业 2×22 年预收销货款 80 万元，按合同规定，2×23 年 2 月销售相关产品，则 2×22 年年末该预收账款的账面价值为 80 万元、计税基础为 0。（　　）

6. 只有资产、负债项目才有可能产生暂时性差异。（　　）

7. 企业对所有暂时性差异对未来的纳税影响都要予以确认。（　　）

8. 根据现行会计准则，企业合并确认的商誉的账面价值与其计税基础之间存在应纳税暂时性差异，对该差异的纳税影响应该确认递延所得税负债。（　　）

9. 应纳税暂时性差异对未来的纳税影响应确认为递延所得税负债或递延所得税资产。（　　）

10. 某企业 2×23 年"递延所得税资产"年初余额 60 000 元，"递延所得税负债"年初余额 4 000 元。本年度持有的成本为 200 000 元的交易性金融资产年末公允价值为 210 000 元。所得税税率为 25%。2×23 年度资产负债表中"递延所得税资产"项目的报告价值应为 62 500 元。（　　）

11. 递延所得税资产不要求折现。（　　）

12. 在确认递延所得税资产时，不必考虑未来期间很可能取得的用来抵扣可抵扣暂时性差异的应纳税所得额。（　　）

13. 资产负债表债务法下，即使适用税率发生变化，也不需要对原已确认的递延所得税进行调整。（　　）

14. 某企业 2×23 年年末"递延所得税资产"账面余额 80 000 元，"递延所得税负债"账面余额 30 000 元，资产负债表中可将两者之差 50 000 元列示于"递延所得税资产"项目。（　　）

15. 资产负债表日，企业应对递延所得税资产的账面价值进行复核，如果未来期间很可能无法取得足够的应纳税所得额用以利用可抵扣暂时性差异带来的经济利益，应当计提递延所得税资产减值准备。（　　）

16. 在对递延所得税资产和递延所得税负债进行计量时，应采用与收回资产或清偿负债的预期方式相一致的税率和计税基础。（　　）

17. 递延所得税负债的确认同递延所得税资产一样，也有金额限制。（　　）

6.2.4 业务题

1. 甲公司 2×22 年度有关资料如下：税前会计利润 5 000 万元，发生赞助费支出 100 万元，企业购买国债的利息收入 80 万元，各项资产计提减值准备从而确认资产减值损失 30 万元，预计产品保修费用（计入销售费用和预计负债）10 万元，长期股权投资采用权益法核算根据被投资方实现的净利润确认的投资收益 40 万元，对吸收合并取得的某项固定资产所提折旧比按税法规定应提折旧多 8 万元。

要求：根据上述资料，计算甲公司 2×22 年度的应纳税所得额。

2. 乙公司 2×22 年为开发新技术发生研究开发支出 5 000 万元，其中，研究阶段支出 200 万元，开发阶段支出 4 800 万元（其中符合资本化条件之前的开发支出 1 800 万元）。年末开发形成的无形资产达到预定可使用状态。税法规定，研发费用，未形成无形资产计入当期损益的，按照研发费用的 50% 加计扣除；形成无形资产的，按照无形资产成本的 150% 摊销。

乙公司该无形资产拟按 10 年进行摊销。乙公司 2×22 年的税前会计利润为 9 000 万元。2×22 年年末已知乙公司适用的企业所得税税率将从 2×23 年起由 33% 改为 25%。2×23 年乙公司实现的税前会计利润为 8 000 万元，2×24 年乙公司实现的税前会计利润为 6 000 万元。其他资料略。

要求：根据上述资料，按照现行所得税准则的要求：

(1) 分别计算 2×22 年、2×23 年、2×24 年的如下指标：

1) 本年应交所得税金额；
2) 年末可抵扣或应纳税暂时性差异；
3) 年末递延所得税资产或递延所得税负债的应有余额；
4) 本年应确认递延所得税资产或递延所得税负债金额；
5) 本年应负担的所得税费用金额；
6) 本年净利润。

(2) 编制 2×22 年、2×23 年、2×24 年各年年末确认所得税的有关会计分录。

3. 2×22 年年末丙企业支付 750 万元资金吸收合并非同一控制下的丁企业，取得的有关资产原账面价值为 800 万元，公允价值为 900 万元（固定资产评估增值 100 万元），承担的有关负债原账面价值等于公允价值为 300 万元。所得税税率为 25%。此项企业合并交易不符合税法规定的免税合并条件。假定税法规定商誉价值按 10 年期在税前抵扣。

要求：根据上述资料，进行如下会计处理（金额单位：万元）：

(1) 计算丙企业 2×22 年年末、2×23 年年末与合并商誉有关的暂时性差异金额（注明是可抵扣暂时性差异还是应纳税暂时性差异）；

(2) 计算丙企业 2×22 年年末确认吸收合并的会计处理中应确认的递延所得税金额（注明是递延所得税资产还是递延所得税负债）；

(3) 编制丙企业 2×22 年年末确认此项吸收合并的会计分录；

(4) 编制丙企业 2×23 年年末确认与合并商誉有关的递延所得税的会计分录。

4. 某企业 2×22 年"递延所得税资产"年初余额为 0,"递延所得税负债"年初余额为 0。本年度持有的成本为 60 万元的其他权益工具投资年末公允价值为 40 万元;本年资产负债表中"存货"项目的报告价值为 70 万元,当年计提存货跌价准备 10 万元;税前会计利润为 90 万元。所得税税率为 25%。其他资料略。

要求:根据上述资料,计算如下项目(金额单位:万元):
(1) 2×22 年应交所得税;
(2) 2×22 年年末可抵扣暂时性差异;
(3) 2×22 年资产负债表中"递延所得税资产"项目的"期末数";
(4) 2×22 年度利润表中的"净利润"。

5. ABC 公司 2×22 年至 2×24 年三年免缴所得税。2×22 年已知三年免税后的以后各年将按 25% 的税率缴纳所得税。2×22 年至 2×25 年各年年末应纳税时间性差异分别为 100 万元、800 万元、900 万元、600 万元,可抵扣暂时性差异分别为 0、200 万元、500 万元、100 万元,各年的利润总额分别为 1 000 万元、2 000 万元、1 800 万元、3 000 万元。无其他差异。其他资料略。

要求:根据上述资料,分别编制 2×22 年至 2×25 年各年确认应交所得税、递延所得税和所得税费用的会计分录。

6.2.5 实务分析

基于《企业会计准则解释第 16 号》
看递延所得税会计政策变更及其对公司财务信息的影响

一、《企业会计准则解释第 16 号》关于递延所得税不适用初始确认豁免的相关规定

2022 年 11 月 30 日,财政部发布了《企业会计准则解释第 16 号》,其中就"单项交易产生的资产和负债相关的递延所得税不适用初始确认豁免的会计处理"作了专门规定,并要求该内容自 2023 年 1 月 1 日起施行。以下是对相关内容的摘编:

一、关于单项交易产生的资产和负债相关的递延所得税不适用初始确认豁免的会计处理

该问题主要涉及《企业会计准则第 18 号——所得税》等准则。

(一) 相关会计处理。

对于不是企业合并、交易发生时既不影响会计利润也不影响应纳税所得额(或可抵扣亏损),且初始确认的资产和负债导致产生等额应纳税暂时性差异和可抵扣暂时性差异的单项交易(包括承租人在租赁期开始日初始

确认租赁负债并计入使用权资产的租赁交易，以及因固定资产等存在弃置义务而确认预计负债并计入相关资产成本的交易等，以下简称适用本解释的单项交易），不适用《企业会计准则第 18 号——所得税》第十一条（二）、第十三条关于豁免初始确认递延所得税负债和递延所得税资产的规定。企业对该交易因资产和负债的初始确认所产生的应纳税暂时性差异和可抵扣暂时性差异，应当根据《企业会计准则第 18 号——所得税》等有关规定，在交易发生时分别确认相应的递延所得税负债和递延所得税资产。

（二）新旧衔接。

对于在首次施行本解释的财务报表列报最早期间的期初至本解释施行日之间发生的适用本解释的单项交易，企业应当按照本解释的规定进行调整。对于在首次施行本解释的财务报表列报最早期间的期初因适用本解释的单项交易而确认的租赁负债和使用权资产，以及确认的弃置义务相关预计负债和对应的相关资产，产生应纳税暂时性差异和可抵扣暂时性差异的，企业应当按照本解释和《企业会计准则第 18 号——所得税》的规定，将累积影响数调整财务报表列报最早期间的期初留存收益及其他相关财务报表项目。企业进行上述调整的，应当在财务报表附注中披露相关情况。

本解释内容允许企业自发布年度提前执行，若提前执行还应在财务报表附注中披露相关情况。

二、所得税准则应用案例

2023 年 4 月 4 日，财政部发布《所得税准则应用案例——单项交易产生的资产和负债相关的递延所得税不适用初始确认豁免的会计处理》。有关内容摘编如下：

（1）资料：2×22 年 1 月 1 日，承租人甲公司与出租人乙公司签订了为期 7 年的商铺租赁合同。每年的租赁付款额为 450 000 元（不含税），在每年年末支付。甲公司无法确定租赁内含利率，其增量借款利率为 5.04%。在租赁期开始日（即 2×22 年 1 月 1 日，下同），甲公司按租赁付款额的现值所确认的租赁负债为 2 600 000 元，甲公司已支付与该租赁相关的初始直接费用 50 000 元。甲公司在租赁期内按照直线法对使用权资产计提折旧。假定按照适用税法规定，该交易属于税法上的经营租赁，甲公司支付的初始直接费用于实际发生时一次性税前扣除，每期支付的租金允许在支付当期进行税前抵扣，甲公司适用的所得税税率为 25%。假设甲公司未来期间能够取得足够的应纳税所得额用以抵扣可抵扣暂时性差异，不考虑其他因素。

（2）分析：本例中，在租赁期开始日，甲公司租赁负债的账面价值为 2 600 000 元，计税基础（即账面价值减去未来期间计算应纳税所得额时按照税法规定可予抵扣的金额）为 0，产生可抵扣暂时性差异 2 600 000 元；甲公司使用权资产的账面价值为 2 650 000 元（2 600 000＋50 000），其中按照与租赁负债等额确认的使用权资产部分（2 600 000 元）的计税基础（即收回资产账面价值过程中计算应纳税所得额时按照税法规定可以自应税经济利益中抵扣的金额）为 0，产生应纳税暂时性差异 2 600 000 元。

根据《企业会计准则解释第 16 号》第一项内容的相关规定，对于不是企业合并、交易发生时既不影响会计利润也不影响应纳税所得额（或可抵扣亏损）、且初始确认的资产和负债导致产生等额应纳税暂时性差异和可抵扣暂时性差异的单项交易，不适用《企业会计准则第 18 号——所得税》第十一条（二）、第十三条关于豁免初始确认递延所得税负债和递延所得税资产的规定。企业对该交易因资产和负债的初始确认所产生的应纳税暂时性差异和可抵扣暂时性差异，应当根据《企业会计准则第 18 号——所得税》等有关规定，在交易发生时分别确认相应的递延所得税负债和递延所得税资产。按照上述规定，甲公司在上述租赁交易中，租赁负债及按照与租赁负债等额确认的使用权资产部分，其账面价值与计税基础之间的暂时性差异，均满足递延所得税确认条件，因此应当分别确认递延所得税资产及递延所得税负债。

本例中，计入甲公司使用权资产的租赁初始直接费用的账面价值为 50 000 元，计税基础为 0（根据税法规定初始直接费用已从支付当年应纳税所得额中全额扣除，因此未来收回资产账面价值过程中计算应纳税所得额时按照税法规定可以自应税经济利益中进一步抵扣的金额为 0），产生应纳税暂时性差异 50 000 元。同时，由于该初始直接费用影响交易发生时的应纳税所得额，因此不适用《企业会计准则第 18 号——所得税》第十一条（二）豁免初始确认递延所得税负债的规定，甲公司应当就该初始直接费用相关的暂时性差异确认相应的递延所得税负债。

租赁期开始日，甲公司确认的使用权资产与租赁负债及其递延所得税情况如表 6-7 所示。

表 6-7　　　　　　　　　　　　　　　　　　　　　　　　单位：元

项目	账面价值	计税基础	可抵扣暂时性差异/（应纳税暂时性差异）	递延所得税资产/（递延所得税负债）
使用权资产：	2 650 000	0	（2 650 000）	（662 500）
租赁负债等额部分	2 600 000	0	（2 600 000）	（650 000）
初始直接费用	50 000	0	（50 000）	（12 500）
租赁负债：	2 600 000	0	2 600 000	650 000

（3）有关账务处理：

1）租赁期开始日，甲公司关于递延所得税影响的账务处理为：

借：递延所得税资产（2 600 000×25%）　　　　　650 000
　　　所得税费用　　　　　　　　　　　　　　　　12 500

贷：递延所得税负债（(2 600 000＋50 000)×25%）　　662 500
　　注：甲公司关于租赁交易等的账务处理略，下同。

　2）租赁期第1年，甲公司计提租赁负债利息131 040元（2 600 000×5.04%），甲公司向乙公司支付第一年的租赁付款额450 000元，甲公司租赁期第1年年末租赁负债账面价值为2 281 040元（2 600 000＋131 040－450 000），与年初相比，租赁负债账面价值减少318 960元，相关的可抵扣暂时性差异亦减少318 960元。甲公司相应调整递延所得税资产的账面价值，账务处理为：

　　借：所得税费用（318 960×25%）　　79 740
　　　贷：递延所得税资产　　79 740

　　同时，甲公司使用权资产在初始确认时的账面价值（未计提折旧前）为2 650 000元，按直线法在7年内计提折旧，年折旧费为378 571元（2 650 000÷7）。租赁期第1年年末，使用权资产的账面价值减少378 571元，相关的应纳税暂时性差异亦减少378 571元。甲公司相应调整递延所得税负债的账面价值，账务处理为：

　　借：递延所得税负债（378 571×25%）　　94 643
　　　贷：所得税费用　　94 643

　3）租赁期第2年及以后年度，甲公司比照第1年进行账务处理，具体账务处理略。

　　甲公司关于该租赁交易产生的所得税相关项目应当按照《企业会计准则第18号——所得税》等有关规定在财务报表中进行列示和披露。

　　注：$450\,000×(P/A, 5.04\%, 7)=2\,600\,098$元，为便于计算，本例中作尾数调整，取2 600 000元。

三、上市公司实务

　　《企业会计准则解释第16号》出台以后，许多上市公司在2023年年度报告中披露了与之相关的信息。下面摘编的是新天然气2023年年度报告中"重要会计政策和会计估计的变更"部分披露的相关内容：

　（1）会计政策变更的内容和原因。

　　财政部于2022年12月13日发布了《企业会计准则解释第16号》（以下简称"解释16号"）。根据解释16号问题一：对于不是企业合并、交易发生时既不影响会计利润也不影响应纳税所得额（或可抵扣亏损）、且初始确认的资产和负债导致产生等额应纳税暂时性差异和可抵扣暂时性差异的单项交易，不再豁免初始确认递延所得税负债和递延所得税资产。本集团对该类交易因资产和负债的初始确认所产生的应纳税暂时性差异和可抵扣暂时性差异，在交易发生时分别确认相应的递延所得税负债和递延所得税资产。根据解释16号的规定，本集团决定于2023年1月1日执行上述规定，并在2023年度财务报表中对2022年1月1日之后发生的该等单项交易进行追溯应用。对于2022年1月1日之前发生的该等单项交易，如果导致 2022 年 1 月 1 日相关资产、负债仍然存在暂时性差异的，本集团在 2022 年 1 月 1 日确认递延所得税资产和递延所得税负债，并将差额（如有）调整 2022 年 1 月 1 日的留存收益。

（2）该变更对 2022 年 12 月 31 日及 2022 年度财务报表的影响如表 6-8 所示。

表 6-8　　　　　　　　　　　　　　　　　　单位：元　币种：人民币

报表项目	2022 年 12 月 31 日（变更前）金额		2023 年 1 月 1 日（变更后）金额	
	合并报表	公司报表	合并报表	公司报表
递延所得税资产	21 216 795.73	—	21 208 664.65	—
递延所得税负债	322 398 871.63	—	319 572 810.11	—
资本公积	2 120 592 483.79	1 699 814 664.26	2 120 592 201.18	1 699 814 664.26
盈余公积	188 497 569.93	183 369 957.81	188 497 569.93	183 369 957.81
未分配利润	2 550 675 461.69	320 215 810.09	2 552 273 037.80	320 215 810.09
所得税费用	408 732 556.98	—	408 337 397.28	—

（3）调整当年年初财务报表的原因说明。

根据解释 16 号的规定，本集团决定于 2023 年 1 月 1 日执行该项规定。

对合并资产负债表的调整如表 6-9 所示。

表 6-9　合并资产负债表

编制单位：新疆鑫泰天然气股份有限公司　　　　　　单位：元　币种：人民币

项目	2022 年 12 月 31 日	2023 年 1 月 1 日	调整数
流动资产：			
⋮	⋯	⋯	—
非流动资产：			
⋮	⋯	⋯	—
递延所得税资产	21 216 795.73	21 208 664.65	−8 131.08
⋮	⋯	⋯	
资产总计	12 633 998 327.11	12 633 990 196.03	−8 131.08
流动负债：			
⋮	⋯	⋯	
非流动负债：			
⋮	⋯	⋯	
递延所得税负债	322 398 871.63	319 572 810.11	−2 826 061.52
⋮	⋯	⋯	
负债合计	3 794 335 511.81	3 791 509 450.29	−2 826 061.52

续表

项目	2022年12月31日	2023年1月1日	调整数
所有者权益：			
⋮	…	…	—
资本公积	2 120 592 483.79	2 120 592 201.18	−282.61
未分配利润	2 550 675 461.69	2 552 273 037.80	1 597 576.11
归属于母公司所有者权益合计	5 198 824 185.73	5 200 421 479.23	1 597 293.50
少数股东权益	3 640 838 629.57	3 642 059 266.51	1 220 636.94
所有者权益合计	8 839 662 815.30	8 842 480 745.74	2 817 930.44
负债和所有者权益总计	12 633 998 327.11	12 633 990 196.03	−8 131.08

资料来源：①《企业会计准则解释第16号》。
②《所得税准则应用案例——单项交易产生的资产和负债相关的递延所得税不适用初始确认豁免的会计处理》。
③新天然气2023年年度报告。

[要求]

仔细阅读上述资料，并结合上述资料思考下列问题：

（1）在《企业会计准则解释第16号》发布之前，所得税会计准则对某些特殊情况豁免了递延所得税的初始确认。而《企业会计准则解释第16号》中的第一条，明确了不适用所得税会计准则关于豁免初始确认递延所得税负债和递延所得税资产的某些情形，并规定了相应的会计处理原则。阅读准则解释第16号，了解什么样的情形不再适用豁免初始确认递延所得税，思考对其解除相关豁免的合理性？

（2）阅读新天然气2023年年度报告中的相关信息，尝试了解该公司根据准则解释第16号调整了合并资产负债表报告期初哪些项目以及调整金额之间的关系。

6.3 练习题参考答案

6.3.1 单项选择题

1. D 2. D 3. C
4. C 5. D 6. D
7. C 8. C 9. C
10. C 11. D 12. B

6.3.2 多项选择题

1. ACD 2. AB 3. BCD

4. ABC 5. ABCD 6. ACD
7. BCD 8. ACD 9. ABD

6.3.3 判断题

1. √ 2. √ 3. √
4. √ 5. × 6. ×
7. × 8. × 9. ×
10. × 11. √ 12. ×
13. × 14. × 15. ×
16. √ 17. ×

6.3.4 业务题

1. 甲公司 2×22 年度的应纳税所得额 = 5 000 + 100 − 80 + 30 + 10 − 40 + 8
   = 5 028(万元)

2.
(1) 有关指标计算如下：

2×22 年度：

本年应交所得税金额 = 应税利润 × 现行税率
= (9 000 − 100 − 900) × 33%
= 2 640(万元)

年末可抵扣暂时性差异 = 4 500 − 3 000 = 1 500(万元)

年末递延所得税资产的应有余额 = 0

本年应确认递延所得税资产金额 = 0

本年应负担的所得税费用金额 = 2 640(万元)

本年净利润 = 9 000 − 2 640 = 6 360(万元)

2×23 年度：

本年应交所得税金额 = 应税利润 × 现行税率
= (8 000 − 150) × 25%
= 1 962.5(万元)

年末可抵扣暂时性差异 = (4 500 − 450) − (3 000 − 300)
= 1 350(万元)

年末递延所得税资产的应有余额 = 1 350 × 25% = 337.5(万元)

本年应确认递延所得税资产金额 = 337.5(万元)

本年应负担的所得税费用金额 = 1 962.5 − 337.5 = 1 625(万元)

本年净利润 = 8 000 − 1 625 = 6 375(万元)

2×24年度：

  本年应交所得税金额＝应税利润×现行税率
        ＝(6 000－150)×25％
        ＝1 462.5(万元)

  年末可抵扣暂时性差异＝(4 500－450－450)－(3 000－300－300)
        ＝1 200(万元)

  年末递延所得税资产的应有余额＝1 200×25％＝300(万元)

  本年应确认递延所得税资产金额＝300－337.5＝－37.5(万元)

  本年应负担的所得税费用金额＝1 462.5＋37.5＝1 500(万元)

  本年净利润＝6 000－1 500＝4 500(万元)

(2) 有关会计分录（金额单位：万元）。

2×22年年末：

  借：所得税费用   2 640
    贷：应交税费   2 640

2×23年年末：

  借：所得税费用   1 625.00
    递延所得税资产   337.50
    贷：应交税费   1 962.50

2×24年年末：

  借：所得税费用   1 500.00
    贷：应交税费   1 462.50
      递延所得税资产   37.50

3.

(1) 2×22年年末与合并商誉有关的暂时性差异＝150－150＝0

  2×23年年末与合并商誉有关的暂时性差异＝150－(150－15)
            ＝15(万元)(应纳税暂时性差异)

(2) 2×22年年末应确认的递延所得税负债＝(900－900)×25％＝0

(3) 2×22年年末丙企业确认此项吸收合并的会计分录（金额单位：万元）：

  借：有关资产   900
    商誉（750－(900－300)）   150
    贷：有关负债   300
      银行存款   750

(4) 2×23年年末确认与合并商誉有关的递延所得税：

  借：所得税费用   3.75
    贷：递延所得税负债   3.75

4.

(1) 2×22年应交所得税＝(90＋10)×25%＝25(万元)

(2) 2×22年年末可抵扣暂时性差异＝(60－40)＋10＝30(万元)

(3) 2×22年资产负债表中"递延所得税资产"项目的"期末数"＝7.5(万元)

(4) 2×22年度利润表中的"净利润"项目＝90－25＋7.5＝72.5(万元)

5. 有关会计分录如下(金额单位：万元)：

2×22年：

　　借：所得税费用　　　　　　　　　　　　　　　　25
　　　　贷：递延所得税负债 (100×25%)　　　　　　　　　25

2×23年：

　　借：所得税费用 (175－50)　　　　　　　　　　　125
　　　　递延所得税资产 (200×25%)　　　　　　　　　50
　　　　贷：递延所得税负债 ((800－100)×25%)　　　　　175

2×24年：

　　借：递延所得税资产 ((500－200)×25%)　　　　　75
　　　　贷：递延所得税负债 ((900－800)×25%)　　　　　25
　　　　　　所得税费用 (75－25)　　　　　　　　　　　50

2×25年：

　　借：递延所得税负债 ((900－600)×25%)　　　　　75
　　　　所得税费用　　　　　　　　　　　　　　　　25
　　　　贷：递延所得税资产 ((500－100)×25%)　　　　　100

6.3.5 实务分析

(1) 思考这个问题的一个关键思路是：首先要了解所得税会计准则为什么对某些特殊情况豁免递延所得税的初始确认；其次，搞清楚准则解释第16号中规定的不再适用豁免初始确认递延所得税的情形有哪些，然后比较这些情形下的递延所得税进行初始确认与否对财务信息会有什么不同影响，并在此基础上梳理自己对所得税会计准则和准则解释相关条款的见解。

(2) 仅从新天然气年报的上述资料中，无法确知该公司适用《企业会计准则解释第16号》的"单项交易"是什么，也无法确知与之相关的暂时性差异的具体情况，从而无法确知对原为豁免初始确认的递延所得税进行调整的具体账务处理。但是，根据上述资料，至少可以理清该公司所做的调整结果对报告期初有关项目的影响及其内在关系：调整减少递延所得税负债 2 826 061.52 元，调整减少递延所得税资产 8 131.08 元，两者之差 2 817 930.44 元即为所有者权益的调减金额——其中归属于母公司所有者权益合计数被调整减少了 1 597 293.50 元 (未分配利润的调增金额 1 597 576.11 元与资本公积的调减金额

282.61元之差),少数股东权益被调整减少了1 220 636.94元。

6.4 教材习题参考答案

6.4.1 练习题

说明:各题的会计分录金额单位为万元。

习题一

(1) A公司2×17年应交所得税=(9 000-100-900)×33%=2 640(万元)

(2) A公司2×17年年末应确认的递延所得税资产=0

(3) A公司2×17年应负担的所得税费用=2 640(万元)

(4) A公司2×17年利润表中"净利润"=9 000-2 640=6 360(万元)

(5) A公司2×18年年末确认递延所得税的账务处理为:

借:递延所得税资产 ((3 000×150%-3 000)÷10×9×25%)
　　　　　　　　　　　　　　　　　　　　337.50
　　贷:所得税费用　　　　　　　　　　　　337.50

习题二

(1) B公司2×22年的相关会计分录。

投资时:

　　借:长期股权投资　　　　　　　　　　7 600
　　　　贷:银行存款　　　　　　　　　　　7 600

调整初始成本时:

　　借:长期股权投资　　　　　　　　　　　400
　　　　贷:营业外收入　　　　　　　　　　　400

确认投资收益时:

　　借:长期股权投资　　　　　　　　　　2 000
　　　　贷:投资收益　　　　　　　　　　　2 000

确认应享有的其他权益变动时:

　　借:长期股权投资　　　　　　　　　　　120
　　　　贷:其他综合收益　　　　　　　　　　120

(2) B公司2×22年年末与该项投资相关的暂时性差异。

　　账面价值=7 600+400+2 000+120=10 120(万元)
　　计税基础=7 600(万元)
　　应纳税暂时性差异=10 120-7 600=2 520(万元)

(3) 如果B公司拟长期持有该投资,则不确认上述暂时性差异对未来的纳税影响；如拟近期出售该投资，则应予以确认。如果确认，应作如下账务处理：

借：所得税费用　　　　　　　　　　　　　　　　　　　600
　　其他综合收益　　　　　　　　　　　　　　　　　　 30
　贷：递延所得税负债　　　　　　　　　　　　　　　　630

6.4.2　财报精选读后感

主题一

1. 花旗集团积累递延所得税资产的主要原因可能是什么？

递延所得税是暂时性差异对未来的纳税影响。企业确认的递延所得税资产，代表了企业根据可抵扣暂时性差异确认的未来可以少缴纳所得税的权利，这也就意味着企业在相关可抵扣暂时性差异得以转回的未来期间可以少缴纳所得税。确认递延所得税资产无疑会增加企业资产负债中资产和所有者权益的报告价值。所以，基于谨慎性原则，企业预计在可抵扣暂时性差异转回的未来期间能够产生足够的应税利润进而能利用可抵扣暂时性差异少交所得税，才可以对本期产生的可抵扣暂时性差异确认其对未来的纳税影响——递延所得税资产。这也正是为什么会计准则规定企业确认的递延所得税资产金额应以未来期间很可能取得的用来抵扣可抵扣暂时性差异的应税利润为上限。如有证据表明在可抵扣暂时性差异转回的未来期间不能够产生足够的应税利润从而不能利用可抵扣暂时性差异少交所得税，企业就应该对递延所得税资产计提减值准备。

根据文中的描述，花旗集团不对递延所得税资产计提减值准备是"认为该集团未来能获得足够收益，证明公司有理由将此类资产记录在资产负债表上"。基于这个表述，花旗集团不对其递延所得税资产计提减值准备的原因是花旗集团认为其在未来能够产生足够的应税利润。

至于花旗集团未来是否能产生足够的应税利润、花旗集团随后的会计期间是否确实产生了足够的应税利润，诸如此类的问题，最好能进一步跟踪相关信息以便进行深入思考。

2. 如何解读花旗集团高额递延所得税资产背后的信息？

不同的人站在不同的立场凭借不同的依据对花旗集团高额递延所得税资产背后的信息会有不同的解读，但至少有一条解读线索不可忽略，那就是：应从分析花旗集团可抵扣暂时性差异情况入手，因为递延所得税资产是企业确认的可抵扣暂时性差异对未来的纳税影响。从本篇财报可以看到，花旗集团 2008 年和 2009 年的税前亏损达到 600 亿美元。如果花旗集团预计其依法可进行税前弥补亏损的未来期间能够产生足够的应税利润从而将巨额亏损作为可抵扣暂时性差异确认了高额递延所得税资产，读者就应该首先关注花旗集团的预计是否有客观、合理、可靠的依据。

主题二

1. 关于企业确认递延所得税的原因及其影响。关于原因：在存在暂时性差异的情况下，为了在资产负债表中报告相关暂时性差异对未来的纳税影响（即暂时性差异转回期间企业承担的应交所得税义务或企业享有的应少交所得税的权利），企业应确认递延所得税负债或递延所得税资产（准则豁免确认的除外）。这是资产负债表债务法的要求。关于影响：递延所得税的确认，不仅影响到资产负债表中关于"递延所得税负债""递延所得税资产"项目的报告价值，而且影响到利润表中"所得税费用"的报告价值从而对企业的净利润金额产生影响。个别情况下，递延所得税的确认还会影响到"商誉""其他综合收益"等项目的列报价值。

2. 关于企业终止确认递延所得税的原因及其影响。关于原因：一般来说，随着应纳税暂时性差异、可抵扣暂时性差异的转回或减少，与之相关的企业未来的应多交税义务、应少交税权利也随之减少，从而企业应终止确认相关的递延所得税负债、递延所得税资产。关于影响：从账务处理来看，企业终止确认递延所得税的当期，资产负债表、利润表相关项目自然会受到相应的影响，从而对企业所列报的财务状况、经营成果带来一定影响。

3. 由于递延所得税的确认与终止确认涉及财务报表诸多项目的列报从而涉及向读者提供什么样的会计信息，所以，企业应严格按照企业会计准则的要求进行相关会计处理。至于企业能否做出正确的会计处理，一方面取决于相关人员对会计准则的把握程度，另一方面取决于相关人员的职业判断能力，还有很重要的一个方面就是取决于相关人员能否坚守会计职业道德。

第 7 章

企业合并会计

7.1 学习指导

7.1.1 本章内容框架

本章主要内容是企业合并会计确认、计量与报告的原理与方法，见图 7-1。

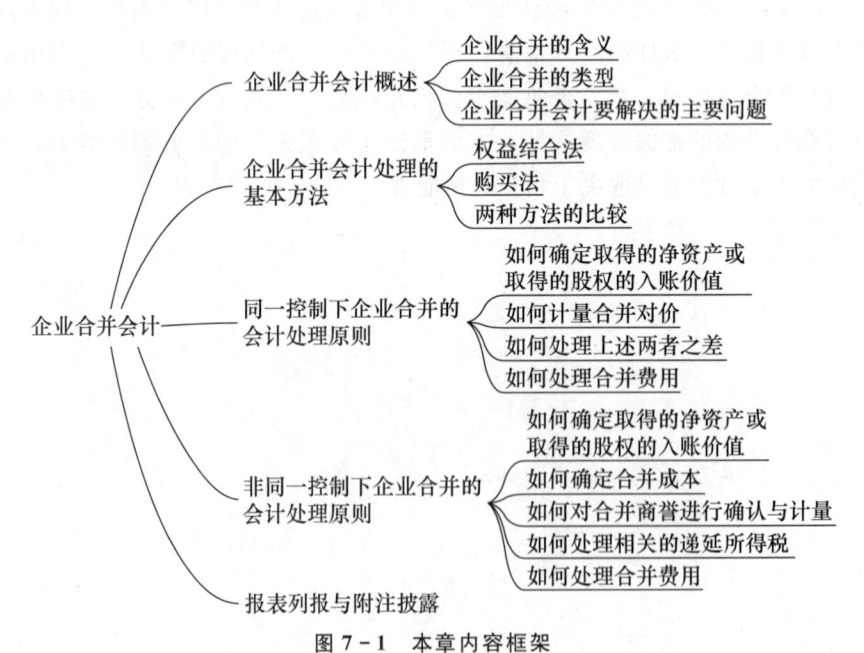

```
企业合并会计 ┬── 企业合并会计概述 ┬── 企业合并的含义
             │                    ├── 企业合并的类型
             │                    └── 企业合并会计要解决的主要问题
             │
             ├── 企业合并会计处理的 ┬── 权益结合法
             │   基本方法          ├── 购买法
             │                    └── 两种方法的比较
             │
             ├── 同一控制下企业合并的 ┬── 如何确定取得的净资产或
             │   会计处理原则        │   取得的股权的入账价值
             │                      ├── 如何计量合并对价
             │                      ├── 如何处理上述两者之差
             │                      └── 如何处理合并费用
             │
             ├── 非同一控制下企业合并的 ┬── 如何确定取得的净资产或
             │   会计处理原则          │   取得的股权的入账价值
             │                        ├── 如何确定合并成本
             │                        ├── 如何对合并商誉进行确认与计量
             │                        ├── 如何处理相关的递延所得税
             │                        └── 如何处理合并费用
             │
             └── 报表列报与附注披露
```

图 7-1 本章内容框架

7.1.2 本章重点与难点

1. 如何理解企业合并与长期股权投资的关系？

企业合并与股权投资的关系简示如图 7-2 所示。

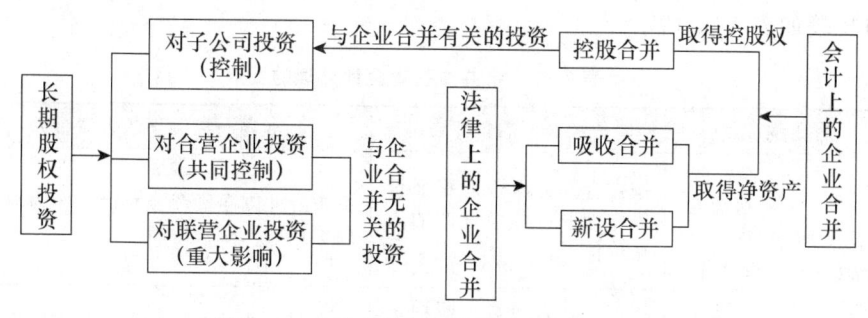

图 7-2　企业合并与长期股权投资关系简示

2. 如何辨析企业合并两种分类之间的关系？

企业合并的两种主要分类方法是：按合并双方合并前后法律主体形式是否变化进行分类和按合并双方合并前后最终控制方是否变化进行分类，两种分类方法形成的各种企业合并类型关系如图 7-3 所示。

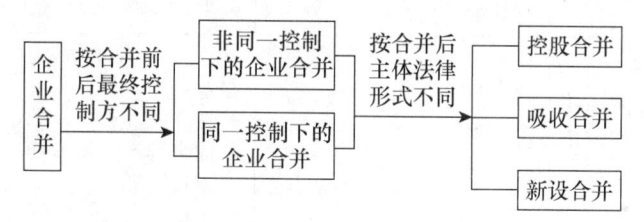

图 7-3　企业合并两种分类关系图

3. 如何区分同一控制下的企业合并与非同一控制下的企业合并？

同一控制下的企业合并与非同一控制下的企业合并的要点比较见表 7-1。

表 7-1　同一控制下的企业合并与非同一控制下的企业合并的要点比较

对比的项目		同一控制下的企业合并	非同一控制下的企业合并
概念		参与合并的企业在合并前后均受同一方或相同的多方最终控制且该控制并非暂时性的	参与合并的各方在合并前后不属于同一方或相同的多方最终控制
实质		企业合并是一个"事项"	企业合并是一桩"交易"
参与各方的称谓	取得控制权方	合并方	合并方（购买方）
	参与合并的其他方	被合并方	被合并方（被购买方）
取得控制权日的称谓		合并日	合并日（购买日）
合并对价的形式		● 支付现金或非现金资产 ● 承担负债 ● 发行权益性证券	
会计处理方法（原理）		权益结合法	购买法

4. 同一控制下的企业合并与非同一控制下的企业合并的会计处理的要点比较。

同一控制下的企业合并与非同一控制下的企业合并基本内容的会计处理要

点比较如表 7-2 所示。

表 7-2 合并方基本会计处理的要点

对比的项目		同一控制下的企业合并	非同一控制下的企业合并
取得的净资产或股权	净资产（吸收合并、新设合并）	按被合并方净资产账面价值作为取得的净资产的入账价值	按被合并方净资产公允价值作为取得的净资产的入账价值
	控股权（控股合并）	按被合并方净资产账面价值中合并方享有的份额作为取得的股权的入账价值	按支付的合并成本作为合并方取得的股权的入账价值
支付的合并对价	计量	• 支付资产：按账面价值转出 • 发行债券：按票面价值计量 • 发行股票：按票面价值计量	• 支付资产： —按账面价值转出 —按公允价值计量合并对价，所以确认资产出让损益 • 发行债券：按公允价值计量 • 发行股票：按公允价值计量
	是否确认资产出让损益	否	是，并通过下列科目确认资产出让损益： • 存货："主营业务收入""主营业务成本" • 固定资产、无形资产等："资产处置损益"等 • 债权投资等："投资收益"
合并成本		不涉及合并成本	合并成本的确定： • 基本组成：合并日支付的合并对价的公允价值 • 难点问题：或有对价的公允价值
合并商誉		不涉及合并商誉	• 计量：合并方支付的合并成本与合并方在被合并方可辨认净资产公允价值中所占份额进行比较，两者之差 —前者大于后者之差，为商誉 —前者小于后者之差，可理解为负商誉 • 商誉的确认： —吸收合并和新设合并时，以"商誉"单独确认，并单项报告在合并方的个别资产负债表中 —控股合并时，合并商誉包含在合并方确认的"长期股权投资"项目中，将单项列示于合并方的合并资产负债表中 • 负商誉的确认： —吸收合并和新设合并时，以"营业外收入"单独确认，并报告在合并方的个别利润表中 —控股合并时，包含在合并方确认的"长期股权投资"项目中，将影响合并利润表中的"营业外收入"项目和合并资产负债表中的"未分配利润"项目

续表

对比的项目	同一控制下的企业合并	非同一控制下的企业合并
是否涉及对股东权益的调整	• 支付合并对价的面值或账面价值与取得被合并方净资产或股权的账面价值之间的差额，调整股东权益 • 将被合并方合并前留存收益按持股比例并入合并后留存收益*	不需要调整股东权益
合并费用的处理	• 合并方为企业合并而发生的审计费用、评估费用、法律服务费用，应当于发生时通过"管理费用"科目计入当期损益 • 合并方为企业合并而发行债券或承担其他债务所支付的手续费、佣金等，应当计入所发行债券或其他债务的初始计量金额，即构成有关债务的入账价值的组成部分 • 合并方为企业合并而发行权益性证券所发生的手续费、佣金等费用，应当冲减资本公积（股本溢价）；资本公积不足冲减的，冲减盈余公积和未分配利润	

*吸收合并的合并方，进行此项调整的账务处理并影响其个别报表相关项目；控股合并的合并方，在合并报表编制过程中进行此项调整处理并影响合并报表相关项目。

5. 与企业合并有关的递延所得税问题主要有哪些？

在对企业合并进行会计确认的过程中，可能涉及递延所得税的会计处理问题，对这些问题主要内容的梳理见表7-3。

表7-3 与企业合并有关的递延所得税问题一览表

问题		是否确认相关递延所得税	如何确认相关递延所得税
1. 与确认的合并商誉有关	免税合并	• 账面价值大于计税基础（计税基础为0），存在暂时性差异 • 会计准则不允许确认与该商誉的暂时性差异有关的递延所得税负债	
	非免税合并	合并日，账面价值=计税基础，不确认递延所得税	
		合并日后相关期末，如果税法允许税前抵扣商誉价值，会产生应纳税暂时性差异，应确认相关的递延所得税负债	按各期应确认金额： 借：所得税费用 贷：递延所得税负债

2. 与合并进来的净资产有关	免税合并	购买方在免税合并中取得的被购买方有关资产、负债应维持其原计税基础不变，按照会计准则规定将取得的被购买方可辨认净资产按公允价值进行初始计量。由此导致的暂时性差异的纳税影响要予以确认	按应确认金额：
			借：商誉
			    贷：递延所得税负债
			或者，
			借：递延所得税资产
			    贷：商誉

	非免税合并	合并中取得的被购买方有关资产、负债按照会计准则规定以合并日公允价值进行计量之后，合并日账面价值与计税基础应无差异，所以，不涉及相关递延所得税的确认	

续表

问题	是否确认相关递延所得税	如何确认相关递延所得税
3. 与合并前合并方已经存在的可抵扣暂时性差异有关	企业合并发生后，合并方对于合并前本企业已经存在的可抵扣暂时性差异及未弥补亏损等，可能因为企业合并后估计很可能产生足够的应税利润利用可抵扣暂时性差异，从而确认相关的递延所得税资产	该递延所得税资产的确认不应成为企业合并的组成部分。所以，确认的会计处理为： 借：所得税费用等 　　贷：递延所得税资产

7.2 练习题

7.2.1 单项选择题

在下列各题的备选答案中，只有一个是符合题意的正确答案。请将选定答案的字母填入题后的括号中。

1. 下列有关企业合并的说法中，正确的是（　　）。

   A. 企业合并必然形成长期股权投资

   B. 同一控制下的企业合并就是吸收合并

   C. 控股合并的结果是形成母子公司关系

   D. 企业合并的结果是取得被合并方的净资产

2. 下列各项企业合并示例中，无疑属于同一控制下的企业合并的是（　　）。

   A. 合并双方合并前分属不同的主管单位

   B. 合并双方合并前分属不同的母公司

   C. 合并双方合并后不形成母子公司关系

   D. 合并双方合并后仍同属于原企业集团

3. 假定甲公司与乙公司合并，则下列有关此项合并的阐述中，不正确的是（　　）。

   A. 通过合并，甲公司有可能取得了乙公司的有关资产和负债

   B. 通过合并，甲公司有可能取得了乙公司的大部分股权

   C. 通过合并，甲公司有可能需要确认长期股权投资

   D. 通过合并，甲公司必然成为乙公司的控股股东

4. 同一控制下的企业合并中所称的"控制非暂时性"，是指参与合并各方在合并前后较长的时间内受同一方或多方控制的时间通常在（　　）。

   A. 3个月以上

   B. 6个月以上

   C. 12个月以上

D. 12 个月以上（含 12 个月）

5. 下列有关合并商誉的阐述中，正确的是（　　）。

A. 只要采用购买法处理企业合并，就一定要确认合并商誉

B. 确认合并商誉的前提是采用购买法实施企业合并

C. 合并商誉完全是被并企业自创商誉的市场外化

D. 合并商誉与被并企业的净资产毫无关联

6. 下列有关企业合并中合并方确认的合并商誉的阐述中，正确的是（　　）。

A. 可能产生暂时性差异

B. 应该单独列示在合并方的资产负债表中

C. 在合并日应确认相关的递延所得税

D. 其金额中包含少数股东应享有的商誉部分

7.2.2 多项选择题

在下列各题的备选答案中，有两个或两个以上是符合题意的正确答案。请将选定答案的字母按顺序填入题后的括号中。

1. 按照企业合并后主体的法律形式不同，企业合并的方式包括（　　）。

A. 吸收合并

B. 新设合并

C. 控股合并

D. 同一控制下的企业合并

E. 非同一控制下的企业合并

2. 下列关于购买法的说法中，正确的有（　　）。

A. 购买法将一企业合并另一企业的行为视作一项交易

B. 购买法下要确定购买方的购买成本

C. 购买法下购买方必然确认合并商誉

D. 购买法仅适用于控股合并的情形

3. 下列关于企业合并与长期股权投资两者之间关系的表述中，正确的有（　　）。

A. 甲企业吸收合并丙企业，则甲不需要确认对丙的长期股权投资

B. 甲企业控股合并丙企业，则甲须确认对丙的长期股权投资

C. 甲企业与乙企业合营丙企业，则甲须确认对丙的长期股权投资

D. 甲企业是丙企业的联营方之一，则甲须确认对丙的长期股权投资

E. 甲企业持丙企业 15% 的股权，则甲必须确认对丙的长期股权投资

4. 甲企业与乙企业合并前分属于两个不同的企业集团。甲企业在与乙企业的吸收合并交易中所确定的合并成本为 1 150 万元，乙企业当时的可辨认净资产的账面价值为 1 300 万元、公允价值为 1 200 万元。则下列说法中不正确的有

( )。

  A. 甲企业确认合并业务时,应确认 50 万元的负商誉
  B. 甲企业确认合并业务时,应确认 150 万元的负商誉
  C. 甲企业确认合并业务时,应将 50 万元计入当期收益
  D. 甲企业确认合并业务时,应将 150 万元计入当期收益

  5. 根据现行企业合并会计准则,一企业对另一企业控制权的转移即购买日的形成,需要同时满足规定的若干条件,这些条件包括(　　)。

  A. 企业合并合同或协议已经获得股东会等内部权力机构通过
  B. 按规定合并事项需要经过国家有关主管部门审批的,已获得相关部门的批准
  C. 参与合并各方已办理了必要的财产权交接手续
  D. 购买方已经支付了购买价款的大部分,并且有能力、有计划支付余款
  E. 购买方实际上已经控制了被购买方的财务和经营政策,享有相应的收益并承担相应的风险

  6. 企业间股权投资的"交易日"与企业合并的"购买日"的区分很重要。例如,甲公司于 2×22 年 7 月 1 日用银行存款 2 500 万元取得乙公司 20% 的股份;2×22 年 11 月 1 日,甲公司又以 6 800 万元的价格进一步购入乙公司 40% 的股份,至此,甲公司获得了对乙公司的控制权。则下列说法中正确的有(　　)。

  A. 2×22 年 7 月 1 日是"交易日",不是"购买日"
  B. 2×22 年 7 月 1 日、11 月 1 日都是"交易日",不是"购买日"
  C. 2×22 年 7 月 1 日、11 月 1 日都可看作"购买日"
  D. 2×22 年 11 月 1 日既是"交易日",也是"购买日"

  7. A 企业在与 B 企业的合并交易中,用账面价值 500 万元、公允价值 600 万元的库存商品和 300 万元的货币资金购买 B 企业 100% 的控制权,另外 A 企业还用现金支付 3 万元的评估费用等直接合并费用。则下列表述中正确的有(　　)。

  A. 根据资料可以判断,这是一项非同一控制下的企业合并
  B. 此项合并中 A 企业的合并成本为 903 万元
  C. 此项合并使得 A 企业确认的"长期股权投资"初始入账金额为 903 万元
  D. 此项合并使得 A 企业应确认营业收入 600 万元、营业成本 500 万元

7.2.3　判断题

  对下列各题的正误进行判断,并将判断结果填入题后的括号中。正确的填"√",错误的填"×"。

  1. 如果企业合并业务中合并方确认了取得的有关资产和负债,则该合并必然是吸收合并或新设合并。(　　)

  2. 购买法下,购买方在吸收合并中取得的被购买方的各项可辨认资产、负债,应当按其公允价值入账。(　　)

3. 根据我国企业合并准则，非同一控制下的控股合并中，合并方应当按所确定的合并成本和支付的直接合并费用之和对取得的对被购买方的长期股权投资进行初始计量。（   ）

4. 根据我国企业合并准则，非同一控制下的吸收合并中，购买方确认企业合并的会计处理中如果涉及损益的确认，则所确认的损益既有可能是出让资产损益，也有可能是合并成本低于取得的可辨认净资产公允价值的差额。（   ）

5. 同一控制下的控股合并中，合并方应当按所支付的合并对价的账面价值对取得的对被合并方的长期股权投资进行初始计量。（   ）

6. A、B为非同一母公司控制下的两个企业。A企业出资650万元给B企业的母公司实现对B企业（各项可辨认净资产账面价值600万元、公允价值620万元）的吸收合并。合并当日B企业各项可辨认资产、负债在A企业的资产负债表中以650万元列报。（   ）

7.2.4　业务题

甲公司拥有B公司60%的控股权。2×22年2月，A公司增发股份1 500万股，每股面值1元。A公司用增发股份中的1 000万股与甲公司换取其持有的B公司的全部股权，另500万股按每股1.5元的价格出售。当时，B公司净资产的账面价值为2 000万元（其中，股本1 800万元，资本公积100万元，盈余公积和未分配利润分别为40万元和60万元），经评估公允价值为2 300万元（300万元为固定资产的评估增值）。A公司增发股份的有关费用中与合并B公司有关的部分为9万元，以银行存款支付。此项企业合并之前，A、B两公司之间没有发生任何交易。其他因素略。

要求：根据上述资料，进行如下会计处理（金额单位：万元）：

（1）假定A、B两公司在此项企业合并之前同属一个最终控制方所控制，编制A公司进行企业合并的会计分录；

（2）假定A、B两公司在此项企业合并之前不属于同一个最终控制方所控制，编制A公司进行企业合并的会计分录。

7.2.5　实务分析

基于中航机载"换股合并"中航机电
看企业合并的分类及其对商誉报告价值的影响

2023年，中航电子完成了与中航机电的换股吸收合并，并募集了配套资金。

一、本次换股合并双方概况

本次换股合并的合并方为中航航空电子系统股份有限公司（以下简称"中航电子"，股票代码：600372），被合并方为中航工业机电系统股份有限公司（以下简称"中航机电"，股票代码：002013）。

中航电子和中航机电的最终控制方均为中国航空工业集团有限公司（以下简称"航空工业"）。

二、本次换股合并的目的

本次合并前，中航电子是航空工业旗下航空电子系统的专业化整合和产业化发展平台，多年来为国内外众多航空主机厂所及其他军工产品平台提供配套系统产品，形成了国内领先的航空电子产品研发、生产、制造能力。

本次合并前，中航机电是航空工业旗下航空机电系统的专业化整合和产业化发展平台，承担航空机电产品的市场开拓、设计研发、生产制造、售后服务、维修保障的全价值链管理，为航空装备提供专业配套系统产品，在国内航空机电领域处于领先地位。

本次合并实施后，中航电子将承继中航机电的全部资产、负债、业务、人员、合同及其他一切权利与义务，中航电子作为存续公司将整合吸收合并双方资源，优化航空工业机载板块的产业布局，发挥规模效应，实现优势互补，有效提升存续公司核心竞争力，顺应全球航空机载产业系统化、集成化、智能化发展趋势，打造具有国际竞争力的航空机载产业，在协同发展、产业拓展上实现新跨越，支撑国家航空事业健康发展。

三、本次换股合并的方案

本次合并的方案为：中航电子向中航机电的换股股东发行A股股票，交换该等股东所持有的中航机电股票。自本次合并交割日（即2023年4月13日）起，中航机电所有资产的所有权和与之相关的权利、利益、负债和义务，均由中航电子享有和承担；换股合并完成后，中航机电所持子公司的股权以及中航机电的分公司，都归属于存续公司，并变更登记为中航电子的子公司和分公司。另外，中航电子采用询价方式向包括中航科工、航空投资、中航沈飞、航空工业成飞在内的不超过35名特定投资者非公开发行A股股票募集配套资金不超过50亿元。

四、本次换股合并的实施情况

2023年4月1日，中航电子按1∶0.664 7的换股比例（即每1股中航机电股票可以换得0.664 7股中航电子股票），向截至换股股权登记日下午3∶00收市后登记在册的中航机电全体股东发行了无限售条件的A股流通股2 567 240 755股。中航电子作为存续公司，公司股份总数由1 928 214 265股增至4 838 896 630股。公司总资产735.23亿元，比公司调整前2022年度的总资产284.02亿元增加158.86%；负债总额358.28亿元，比公司调整前2022年度的总负债157.78亿元增加127.08%；净资产376.95亿元，比公司调整前2022年度的净资产126.24亿元增加198.59%。

2023年7月17日，中航电子以每股14.13元的价格向18家特定对象发行有限售条件的A股流通股353 857 040股。

2023年9月5日，中航电子的证券简称变更为"中航机载"，公司名称由

"中航航空电子系统股份有限公司"变更为"中航机载系统股份有限公司"。公司股票代码不变。

2023年12月29日,中航机电完成注销。

五、年报相关财务数据

中航机载2023年年度报告中的商誉账面原值数据如表7-4所示。

表7-4 中航机载2023年年度报告中的商誉账面原值

单位:元 币种:人民币

被投资单位名称或形成商誉的事项	期初余额	本期增加 企业合并形成	本期减少 处置	期末余额
西安庆安航空电子有限公司	9 506 215.98			9 506 215.98
厦门中航秦岭宇航有限公司	59 487 100.22			59 487 100.22
湖北航嘉麦格纳座椅系统有限公司昆山分公司	262 329 082.49			262 329 082.49
合计	331 322 398.69			331 322 398.69

资料来源:①《中航航空电子系统股份有限公司关于公司换股吸收合并中航工业机电系统股份有限公司的换股实施公告》(公告编号:临2023-020)。

②中航电子2022年年度报告。

③中航机载2023年年度报告。

④中航机电2022年半年度报告。

⑤《中航机载系统股份有限公司公司证券简称变更实施公告》(公告编号:临2023-056)。

[要求]

仔细阅读上述信息,并参阅其他相关资料,思考如下问题:

(1) 本次换股吸收合并属于同一控制下的企业合并还是非同一控制下的企业合并?

(2) 从中航机载2023年年度报告中"商誉"项目的年初余额、年末余额可以看出,公司的商誉账面原值似乎并没有受到2023年实施的这次换股合并的影响。那么,此番换股合并究竟是否影响到中航机载2023年度的商誉报告价值?

7.3 练习题参考答案

7.3.1 单项选择题

1. C   2. D   3. D
4. D   5. B   6. A

7.3.2 多项选择题

1. ABC   2. AB   3. ABCD
4. ABD   5. ABCDE   6. AD
7. AD

7.3.3 判断题

1. √   2. √   3. ×
4. √   5. ×   6. ×

7.3.4 业务题

（1）合并方进行企业合并的会计分录如下（金额单位：万元）：

借：长期股权投资　　　　　　　　　　　　　　　　1 200
　　贷：股本　　　　　　　　　　　　　　　　　　1 000
　　　　银行存款　　　　　　　　　　　　　　　　　　9
　　　　资本公积　　　　　　　　　　　　　　　　　191

（2）合并方进行企业合并的会计分录如下（金额单位：万元）：

借：长期股权投资　　　　　　　　　　　　　　　　1 500
　　贷：股本　　　　　　　　　　　　　　　　　　1 000
　　　　资本公积　　　　　　　　　　　　　　　　　491
　　　　银行存款　　　　　　　　　　　　　　　　　　9

7.3.5 实务分析

（1）判断一项企业合并是同一控制下的企业合并还是非同一控制下的企业合并，应主要以合并前、后合并双方的最终控制方是否发生变化为依据。

（2）关于"商誉"的问题。

首先，与年初余额相比，中航机载2023年商誉账面原值的期末余额并未因2023年内实施的这次换股合并而发生变化。也就是说，从本期变动栏看，本期未因期中的合并业务而增加商誉。那么，是否可以说：2023年4月份实施的换股合并对中航机载2023年报告的商誉账面原值信息没有影响？

由于此番换股合并系同一控制下的企业合并，所以，还要进一步观察"商誉"项目的年初余额与上年年末余额是否一致，也就是说，是否存在对比较报表期初余额的调整问题。如果不存在调整，就可以明确：2023年4月份实施的换股合并对中航机载2023年报告的商誉账面原值信息没有影响。

按照现行企业会计准则，作为合并商誉，合并资产负债表中"商誉"项目的金额通常产生于两类情况：一是吸收合并时确认入账的合并商誉；二是控股合并时确认于"长期股权投资"中并在合并报表中通过编制抵销分录后列报于"商誉"项目的金额。这两种情况的一个共同前提是：相关企业合并是非同一控制下的企业合并。

值得一提的是，就某项企业合并而言，如果被合并方此前曾作为非同一控制下企业合并的合并方确认了商誉，那么，无论此番企业合并是同一控制下的企业合并还是非同一控制下的企业合并，合并方都有可能在其个别报表（吸收合并的话）或合并报表（控股合并的话）中确认合并商誉。

本案例中，中航机载换股合并中航机电属于同一控制下的吸收合并，单就这个合并环节不会导致合并商誉的确认。但值得注意的是，此番吸收合并之后，中航机电原有的所有子公司都归为中航机载的子公司；而此番吸收合并之前，被合并方中航机电账上就存在之前曾作为非同一控制下企业合并的合并方所确认的商誉（参见中航机电2022年半年度报告）。

请将中航机电2022年半年度报告中的商誉信息与中航机载2023年年度报告中的商誉信息进行比较，再做进一步的思考。

7.4 教材习题参考答案

7.4.1 练习题

习题一

（1）甲公司的合并成本为19 210.20万元。

(500＋4 000＋4 000×13％＋7 000＋5 000＋2 000)×(1＋1％)
＝19 210.20(万元)

（2）此项企业合并对甲公司合并日个别资产负债表中有关项目的影响金额分别为：

对"长期股权投资"项目的影响金额：－1 800万元。

19 210.20－19 000＝210.20(万元)

对"商誉"项目的影响金额：210.20万元。

4 000－3 000＋200＋100－300－2＝998(万元)

对股东权益的影响金额：998万元。

（3）此项企业合并对甲公司合并日个别资产负债表中有关项目的影响金额分别为：

19 210.20－1 800＝17 410.20(万元)

对"长期股权投资"项目的影响金额：17 410.20 万元。

对"商誉"项目的影响金额：0。

4 000－3 000＋200＋100－300－2＝998（万元）

对股东权益的影响金额：998 万元。

（4）如果此项企业合并使甲公司取得乙公司 70％控股权，甲公司确认此项合并交易的账务处理为：

借：长期股权投资　　　　　　　　　　　　　19 210.20
　　资产处置损益　　　　　　　　　　　　　　　200.00
　　贷：银行存款　　　　　　　　　　　　　　　500.00
　　　　主营业务收入　　　　　　　　　　　　4 000.00
　　　　应交税费——应交增值税（销项税额）　　520.00
　　　　固定资产清理　　　　　　　　　　　　7 300.00
　　　　无形资产　　　　　　　　　　　　　　4 900.00
　　　　长期股权投资　　　　　　　　　　　　1 800.00
　　　　投资收益　　　　　　　　　　　　　　　200.00
　　　　预计负债　　　　　　　　　　　　　　　190.20

甲公司取得乙公司 70％控股权的账务处理与取得 100％控股权的账务处理相同。

（5）甲公司取得 100％控股权和 70％控股权两种情况下，合并日合并报表中的"商誉"金额分别为 210.20 万元和 5 910.20 万元。

习题二

（1）此项企业合并对甲公司合并日个别资产负债表中有关项目的影响金额分别为：

对"长期股权投资"项目的影响金额：－1 800 万元。

对"商誉"项目的影响金额：0。

18 000－17 500＝500（万元）

对股东权益的影响金额：500 万元。

（2）此项企业合并对甲公司合并日个别资产负债表中有关项目的影响金额分别为：

18 000－1 800＝16 200（万元）

对"长期股权投资"项目的影响金额：16 200 万元。

对"商誉"项目的影响金额：0。

18 000－17 500＝500（万元）

对股东权益的影响金额：500万元。

（3）如果此项企业合并使甲公司取得乙公司70％控股权，甲公司确认此项合并交易的账务处理为：

  借：长期股权投资   12 600
    资本公积   5 420
   贷：银行存款   500
     库存商品   3 000
     应交税费——应交增值税（销项税额）   520
     固定资产清理   7 300
     无形资产   4 900
     长期股权投资   1 800

甲公司取得乙公司70％控股权的账务处理与取得100％控股权的账务处理有所不同，同样支付合并对价18 180万元，但确认的长期股权投资价值不同，从而对资本公积的调整金额不同。取得100％股权时：

  借：长期股权投资   18 000
    资本公积   20
   贷：银行存款   500
     库存商品   3 000
     应交税费——应交增值税（销项税额）   520
     固定资产清理   7 300
     无形资产   4 900
     长期股权投资   1 800

7.4.2 年报分析

（1）为什么说此项合并是吸收合并？

思考这个问题的主要线索：判断一项企业合并是吸收合并还是新设合并抑或是控股合并，关键看被合并方在合并后是否保留其独立的法人地位。

（2）尝试通过查阅相关资料来判断此项企业合并是同一控制下的企业合并还是非同一控制下的企业合并。

思考这个问题的主要线索是：判断一项企业合并是同一控制下的企业合并还是非同一控制下的企业合并，应主要以合并前、后合并双方的最终控制方是否发生变化为依据。

第 8 章

合并财务报表的编制：基础

8.1 学习指导

8.1.1 本章内容框架

本章主要内容是合并财务报表的基本内容以及合并财务报表的编制程序，是学习第 9 章和第 10 章的基础，见图 8-1。

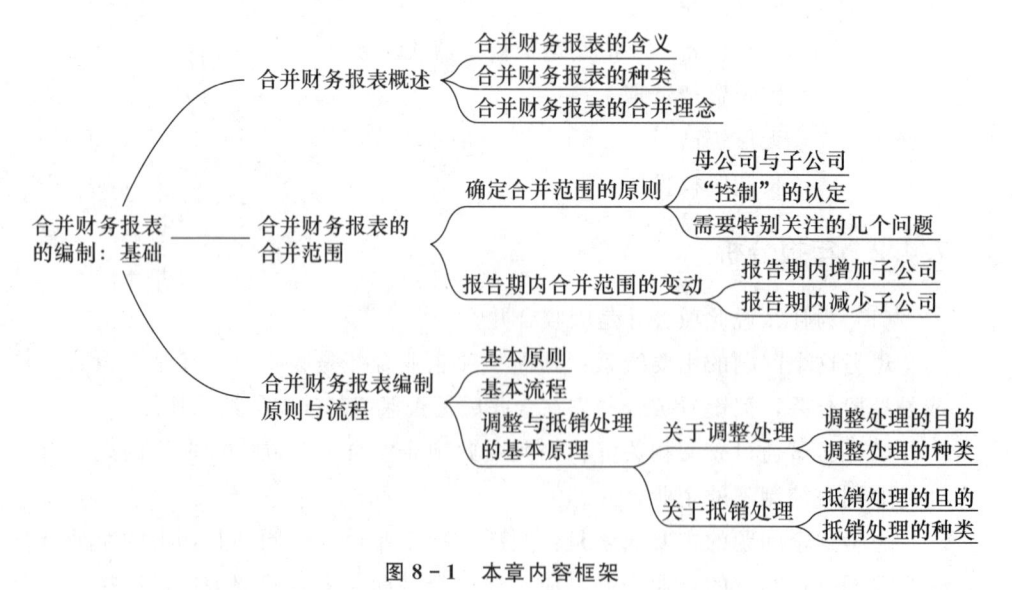

```
                           ┌─ 合并财务报表的含义
              合并财务报表概述 ─┼─ 合并财务报表的种类
                           └─ 合并财务报表的合并理念

                                              ┌─ 母公司与子公司
                           ┌─ 确定合并范围的原则 ─┼─ "控制"的认定
合并财务报表   合并财务报表的 │                    └─ 需要特别关注的几个问题
的编制：基础 ─┤   合并范围    │
                           └─ 报告期内合并范围的变动 ┬─ 报告期内增加子公司
                                                 └─ 报告期内减少子公司

                           ┌─ 基本原则
              合并财务报表编制 ├─ 基本流程
              原则与流程      │                   ┌─ 调整处理的目的
                           └─ 调整与抵销处理 ┬─ 关于调整处理 ─┤
                              的基本原理    │             └─ 调整处理的种类
                                          │             ┌─ 抵销处理的目的
                                          └─ 关于抵销处理 ─┤
                                                        └─ 抵销处理的种类
```

图 8-1 本章内容框架

8.1.2 本章重点与难点

1. 如何把握合并财务报表的基本内涵？

对合并财务报表基本内涵的梳理见表 8-1。

表 8-1 合并财务报表基本内涵的把握要点

要点	描述		
定义	合并财务报表是指反映母公司和其全部子公司形成的企业集团整体的财务状况、经营成果和现金流量情况的财务报表		
编制者	企业集团的母公司		
会计主体	母公司和其全部子公司形成的企业集团		
特点（与个别财务报表相比）	反映的对象不同		
	编制主体不同		
	编制基础不同		
	编制方法不同		
合并财务报表与投资的关系	债权性的投资		不涉及合并财务报表
	短期持有的权益性投资		
	长期股权投资	是被投资方的共同控制方之一	
		能够对被投资方施加重大影响	
		能够对被投资方实施控制	需要编制合并财务报表
合并财务报表与企业合并的关系	吸收合并	不存在母子公司关系	不需要编制合并财务报表
	新设合并		
	控股合并		需要编制合并财务报表

2. 如何理解合并财务报表的种类？

合并财务报表的种类有不同的观察角度，见表 8-2。

表 8-2 合并财务报表的种类

种类	合并日后各期期末需要编制的合并财务报表	合并日需要编制的合并财务报表	
		同一控制下的企业合并	非同一控制下的企业合并
合并资产负债表	√	√	√
合并利润表	√	√	—
合并现金流量表	√	√	—
合并所有者权益变动表	√	—	—

3. 如何理解合并财务报表的合并理念？

与合并财务报表有关的合并理念，其内涵是什么？其种类有哪些？其实际意义如何？这些问题直接关系到我们对合并财务报表编制流程的把握，直接关系到我们对合并范围的确定，直接关系到对合并商誉、少数股东权益等重要合并信息的确认与计量，更是正确理解现行合并财务报表会计准则的基础，见表 8-3。

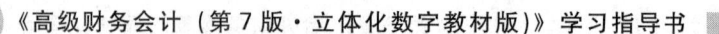

表 8-3 与合并财务报表有关的合并理念的主要内容一览表

对合并理念的简要描述	
合并理念的核心	关乎合并财务报表目标的描述，关乎合并财务报表服务对象的界定，并由此决定： ● 子公司可辨认资产、负债在合并财务报表中如何计量？ ● 少数股东权益及少数股东损益在合并财务报表中如何报告？如何计量？ ● 合并商誉属于全体股东还是仅属于母公司？
比较传统的合并理念	母公司观、实体观、所有权观
比较具有创新意义的合并理念	当代观、公共理论等
现行会计准则所倾向的合并理念	实体观

三种传统合并理念的要点比较			
要点	母公司观	实体观	所有权观
1. 合并财务报表如何计量子公司净资产	母公司股权部分按公允价值计价；少数股权部分按账面价值计价	全部按公允价值计价	母公司股权部分按公允价值计价；少数股权部分不予列示
2. 合并财务报表如何计量合并商誉	按母公司持股比例计算，与少数股权无关	按子公司净资产全部公允价值确定，属于全体股东	按母公司持股比例计算，与少数股权无关
3. 合并财务报表中如何反映子公司各会计要素	全部合并	全部合并	按持股比例合并
4. 合并财务报表中如何抵销未实现内部交易损益	逆销按持股比例抵销；顺销百分之百抵销	百分之百抵销	按持股比例抵销
5. 合并财务报表中如何列报少数股东权益	在负债部分单项列示	在股东权益部分单项列示	不予列示
6. 合并财务报表中如何列报少数股东损益	在合并净收益前列作减项	列作合并净收益的组成部分	不予列示

4. 如何把握合并范围的主要内容？

概念：这里所说的合并范围是指可纳入合并财务报表的企业范围。

意义：正确界定合并范围是编制合并财务报表的重要前提，因为合并范围的大小直接关系到合并财务报表的信息数量与质量。

确定原则：合并财务报表的合并范围应当以控制为基础加以确定。如何理解并掌握"控制"标准的含义与应用，直接关乎合并范围的确定。所以，在理解这个原则时，要注意以下三个方面的问题：

第一，"控制"的概念及其蕴含的三要素是理解控制的判断标准及其应用的关键。

第二,"以控制为基础"的具体应用表现在:母公司应将其控制的主体纳入合并范围,这些"主体"可能是企业,也可能是企业中可分割的部分,还可能仅仅是结构化主体。

第三,"以控制为基础"的具体应用还表现在:当母公司是投资性主体时,母公司也有可能并不需要将其全部子公司纳入合并范围。

5. 报告期内增加或减少子公司,对合并财务报表有何影响?

要掌握报告期内新增的子公司或减少的子公司,是否纳入报告期末编制的合并财务报表的合并范围,在报告期末编制的合并财务报表中如何反映相关信息,请注意表8-4对有关要点的概括。

表8-4 报告期内增减子公司对合并财务报表的影响要点梳理

项目	报告期内增加的子公司	报告期内减少的子公司
是否纳入合并范围	自合并日起纳入合并范围	不再纳入合并范围
关于合并资产负债表	不需要对合并资产负债表期初数进行调整	不需要对该被出售或处置股份的原子公司的资产负债表进行合并
关于合并利润表	自合并日至报告期末的收入、费用、利润纳入合并利润表	将该子公司期初至丧失控制权日的利润表要素纳入合并利润表
关于合并现金流量表	自合并日至报告期末的现金流量纳入合并现金流量表	将该子公司期初至丧失控制权日的现金流量信息纳入合并现金流量表

6. 如何把握合并财务报表的编制步骤?

合并财务报表的编制过程主要由五个步骤组成,每一步骤的重要提示见表8-5。

表8-5 合并财务报表的编制步骤速览

步骤	重要提示
第一步: 开设工作底稿	合并现金流量表工作底稿可以单独设置,其他三张合并财务报表的工作底稿必须合并设置
第二步: 将个别财务报表数据过入工作底稿,并加计合计数	以个别财务报表为基础
第三步: 编制调整分录、抵销分录	注意:关于调整分录与抵销分录: 有哪些? 为什么编制? 如何编制?
第四步: 计算合并数	注意:用"合计数"加减"调整与抵销分录"栏数字时:是加借减贷还是加贷减借?
第五步: 将合并数抄入有关合并财务报表	

7. 如何理解合并财务报表工作底稿中的调整分录？

关于在合并财务报表工作底稿中编制调整分录的原因，要从调整分录的内容说起。我们将调整分录的内容有哪些、为什么要进行相应的调整以及如何进行相应的调整处理整理如表 8-6 所示。

表 8-6 合并财务报表工作底稿中的调整分录

有哪些调整	为什么要调整	怎样调整	备注
1. 为统一会计政策、统一会计期间所作的调整	实现抵销处理前的数据基础可比性	根据具体情况进行相应调整。比如：假定子公司的会计期间与母公司的会计期间不一致，子公司报告期的营业收入为 900 万元，如果按母公司的会计期间计算，子公司的营业收入应该是 920 万元。对此，应编制的调整分录为： 借：应收账款等　　200 000 　贷：营业收入　　　200 000	这类调整分录一般不需要编制，因为合并财务报表的基础工作中就要求母、子公司的会计期间要一致，会计政策也要一致
2. 对非同一控制下的企业合并取得的子公司，要对子公司可辨认净资产按合并日公允价值为报告基础进行调整	满足现行会计准则所选择的实体观这一合并理念的要求	如果有关资产公允价值高于账面价值，按其差额： 借：有关资产 　贷：资本公积 如果有关资产公允价值低于账面价值，按其差额： 借：资本公积 　贷：有关资产	对于负债项目，比照该原理进行相应调整处理
3. 将母公司对子公司长期股权投资的成本法结果按权益法进行调整	满足了会计实务工作者长期以来对抵销分录编制基础的惯性思维	根据权益法的应有余额与成本法的现有余额之差，调整"长期股权投资"项目；根据权益法下的应有发生额与成本法下的现有发生额之差，调整"投资收益"项目；根据上期对"投资收益"项目的调整金额，调整本期"未分配利润"项目期初数。即： 借：长期股权投资 　贷：投资收益 　　　未分配利润 （或借、贷方的方向相反）	也可以不编制这一类调整分录。当然，调整与否导致随后的与股权投资有关的抵销分录的编制方法有所不同

8. 如何理解合并财务报表工作底稿中的抵销分录？

为了正确理解抵销分录的有关内容，以下几个问题值得关注：

第一，为什么要编制抵销分录？从合并财务报表的立场来看，会计主体是纳入合并范围的成员企业构成的一个经济整体。在此前提下，编制合并财务报表的过程中，就需要将成员企业互相之间的内部交易对会计信息的影响进行抵销，以便整理出能够反映作为一个报告主体的这个经济整体的财务状况、经营成果和现金流量信息。

第二,有哪些抵销分录?在合并财务报表的编制过程中,抵销分录的种类和具体内容取决于纳入合并范围的成员企业之间的内部交易种类及具体内容。从母、子公司控股关系的形成来看,首要的内部交易就是股权投资。当然,成员企业之间的股权投资,除了母公司对子公司的投资之外,还可能包括子公司对母公司的股权投资、子公司互相之间的股权投资。除此之外,成员企业之间还可能因商品购销、劳务供应、资金筹措等各种交易导致内部债权债务,导致与存货、固定资产等资产有关的未实现内部交易损益。另外,对境外经营的外币财务报表进行折算产生的外币财务报表折算差额、涉及成员企业之间现金流动的有关内容等,都需要编制必要的抵销分录。常见的抵销分录种类见表8-7。

表8-7 常见的抵销分录

抵销分录种类	抵销处理的内容
1. 与内部股权投资有关的抵销	(1) 抵销投资方对被投资方的长期股权投资与被投资方的股东权益,并确认少数股东权益 (2) 抵销投资方的股权投资收益与被投资方的利润分配,并确认少数股东享有的损益 (3) 抵销内部股权投资有关的减值准备
2. 与内部债权债务有关的抵销	(1) 抵销内部债权债务 (2) 调整与抵销内部应收款项已计提的坏账准备或减值准备 (3) 调整相关递延所得税
3. 与内部资产交易有关的抵销	(1) 抵销相关资产价值中包含的未实现损益 (2) 抵销按未实现内部交易损益计提的折旧或摊销 (3) 调整与抵销内部交易资产已计提的跌价准备或减值准备 (4) 调整相关递延所得税
4. 与外币财务报表折算差额有关的调整与抵销	确认归属于少数股东权益的外币财务报表折算差额
5. 与内部现金流动有关的抵销	

第三,如何编制抵销分录?编制抵销分录时要注意以下几个要点:

首先,抵销分录是在合并财务报表工作底稿中编制的。

其次,抵销分录的借、贷方所对应的不是会计科目而是报表项目。

再次,抵销分录的编制只是关系到合并数据的生成,只能在个别财务报表数的基础上编制,不会影响个别财务报表的已有数据。

最后,每个抵销分录的借、贷方涉及的项目可能同时涉及资产负债表、利润表甚至所有者权益变动表等几个报表的相关项目。

8.2 练习题

8.2.1 单项选择题

在下列各题的备选答案中，只有一个是符合题意的正确答案。请将选定答案的字母填入题后的括号中。

1. 下列有关合并财务报表的阐述中，不正确的是（　　）。

   A. 合并财务报表由母公司编制

   B. 合并财务报表与个别财务报表的报告主体不同

   C. 股权投资并不一定必须编制合并财务报表

   D. 只要是企业合并，就要编制合并财务报表

2. 根据我国企业合并会计准则，企业合并的合并日（　　）。

   A. 需要编制合并日的合并资产负债表

   B. 需要编制报告期初至合并日的合并利润表

   C. 需要编制报告期初至合并日的合并现金流量表

   D. 需要编制报告期初至合并日的合并所有者权益变动表

3. 作为合并财务报表编制程序的概念依据，合并理念至关重要。下列关于合并理念的所有权观的表述中，不正确的是（　　）。

   A. 能解决同时隶属于两个或两个以上企业集团的企业的合并财务报表的编制问题

   B. 合并财务报表应从母公司股东及企业集团少数股东的观点来编制

   C. 对合营企业的权益信息，采用比例合并法进行披露

   D. 合并资产负债表中没有"少数股东权益"项目

4. 甲公司向乙公司的母公司支付 8 000 万元收购乙公司 70% 的股份，从而取得乙公司的控股权。收购日乙公司可辨认净资产的账面价值为 10 000 万元，公允价值为 11 000 万元。其他资料略。其他事项与交易略。如果采用所有权观，合并日合并财务报表中的合并商誉报告价值应为（　　）万元。

   A. −3 000

   B. −2 000

   C. 300

   D. 1 000

5. 下列有关少数股东权益的说法中，不正确的是（　　）。

   A. 少数股东权益就是指持有子公司非控制性权益的股东拥有的子公司权益

   B. 并非任何合并理念都要求在合并财务报表中列报少数股东权益

C. 少数股东权益的金额多少与所采用的具体合并理念有关

D. 少数股东权益与少数股东损益无关

8.2.2 多项选择题

在下列各题的备选答案中，有两个或两个以上是符合题意的正确答案。请将选定答案的字母按顺序填入题后的括号中。

1. 由母公司编制的合并财务报表与由单独的企业编制的个别财务报表相比，存在某些不同之处，包括（　　）。

　　A. 反映的对象不同

　　B. 编制主体不同

　　C. 编制依据不同

　　D. 编制方法不同

2. 合并财务报表的合并理念表达了合并财务报表为谁服务的观点，从而关系到（　　）。

　　A. 少数股东权益如何列报

　　B. 少数股东损益如何列报

　　C. 合并商誉如何计量

　　D. 提供哪些合并报表

3. 按现行企业会计准则的要求，在合并财务报表中（　　）。

　　A. 少数股东权益在负债与股东权益之间单项列报

　　B. 少数股东损益在合并净利润前作减项单独列报

　　C. 合并商誉中不包括少数股东享有的部分

　　D. 基本上采用的是实体观的合并理念

4. 下列有关少数股东损益的表述中，不正确的有（　　）。

　　A. 少数股东损益是指子公司的少数股东当年实现的净损益

　　B. 少数股东损益是损益，其金额大小只影响合并利润表

　　C. 母公司观下，少数股东损益作为合并净利润的减项报告

　　D. 如何确定少数股东损益的金额，与所采用的合并理念相关

5. 下列有关合并财务报表的合并范围的阐述中，不正确的有（　　）。

　　A. 确定合并范围的关键是控制关系存在与否

　　B. 合并范围是指可纳入合并财务报表的企业范围

　　C. 母公司的所有被投资方都要纳入合并范围

　　D. 合并范围的年初数与年末数应保持一致

6. 下列有关合并财务报表编制过程中编制的抵销分录的说法中，正确的有（　　）。

　　A. 抵销分录的借、贷方所对应的不是会计科目，而是报表项目

B. 债权债务的抵销分录并不意味着债权债务的消除

C. 抵销分录不会改变个别财务报表有关项目的报告价值

D. 编制抵销分录体现了一体性原则的要求

7. 合并财务报表工作底稿中需要编制有关的调整分录，下列与调整分录有关的阐述中，不正确的有（　　）。

A. 调整分录的借、贷方所对应的不是会计科目，而是报表项目

B. 必须将对子公司的长期股权投资的成本法结果按权益法进行调整

C. 必须对子公司的资产、负债报告价值按资产负债表日的公允价值进行调整

D. 实务中一般情况下不会涉及为统一会计政策和统一会计期间所作的调整

8.2.3 判断题

对下列各题的正误进行判断，并将判断结果填入题后的括号中。正确的填"√"，错误的填"×"。

1. 根据现行企业会计准则，无论是同一控制下的企业合并还是非同一控制下的企业合并，合并日的合并财务报表中都不包括合并所有者权益变动表。
（　　）

2. 作为投资性主体的某个企业，要将其下属的子公司全部纳入合并范围。
（　　）

3. 潜在表决权是指可能赋予一企业对另一企业在财务和经营上的表决权的认股权证、股票买入期权、可转换债券和可转换股票等工具。由于这些表决权尚未成为实际表决权，因此，企业在确定合并范围时，不需要考虑潜在表决权因素。
（　　）

4. 企业在开设合并财务报表工作底稿时，关于合并现金流量表的工作底稿，可以与合并资产负债表、合并利润表、合并所有者权益变动表的工作底稿合并在一起设置，也可单独设置。
（　　）

5. 企业在合并财务报表工作底稿中编制调整与抵销分录时，不会涉及对本期"未分配利润"的期初余额进行调整。
（　　）

8.2.4 业务题

1. 甲公司向乙公司的母公司支付 5 300 万元收购乙公司 60% 的股份，从而取得乙公司的控股权。收购日乙公司各项可辨认的资产、负债价值信息为：各项资产的账面价值为 18 000 万元、公允价值为 18 500 万元；各项负债的账面价值为 10 000 万元，经评估，负债的公允价值与账面价值相等。假设子公司整体的公允价值按合并日子公司可辨认净资产的公允价值计量。

要求：根据上述资料，进行如下会计处理（金额单位：万元，为简化起见，

暂不考虑被合并方资产评估增值涉及的递延所得税的问题）：

（1）分别按照母公司观、实体观、所有权观、现行会计准则，计算确定甲公司合并日合并资产负债表中的以下指标：

1）合并商誉；

2）少数股东权益；

3）乙公司资产在甲公司编制的合并日合并财务报表中的报告价值；

4）乙公司负债在甲公司编制的合并日合并财务报表中的报告价值。

（2）编制甲公司取得乙公司控股权的会计分录。

（3）编制合并日甲公司合并财务报表工作底稿中的有关调整与抵销分录。

2. 2×22年，甲公司向乙公司出售成本为8 000万元、价格为9 000万元的库存商品一批，相关税费略。乙公司将该购入资产作为存货核算，至报告期末仍将该批商品留置于企业之内。

要求：根据上述资料，回答以下问题（金额单位：万元）：

（1）假定甲公司是乙公司的控股股东，持有乙公司的控股比例为80%。分别根据母公司观、实体观两种情况，说明甲公司2×22年合并利润表中"营业收入"项目中此项交易的影响金额为多少。

（2）假定乙公司是甲公司的控股股东，持有甲公司的控股比例为80%。分别根据母公司观、实体观两种情况，说明乙公司2×22年合并利润表中"营业收入"项目中此项交易的影响金额为多少。

（3）分别根据以下几种情况，计算按现行会计准则，甲公司编制的2×20年合并财务报表中，此项交易对"营业收入"项目的影响额，并说明计算依据。

情况1：甲公司是持有乙公司100%控股权的母公司。

情况2：甲公司持有乙公司60%的控股权。

情况3：甲公司持有乙公司30%的股权，能够施加重大影响，对乙公司的长期股权投资采用权益法核算。

（4）假定此项存货交易的销售方是乙公司，购买方是甲公司，其他资料不变。分别根据以下几种情况，计算按现行会计准则，甲公司编制的2×22年合并财务报表中，此项交易对"营业收入"项目的影响额，并说明计算依据。

情况1：甲公司是持有乙公司100%控股权的母公司。

情况2：甲公司持有乙公司60%的控股权。

情况3：甲公司持有乙公司30%的股权，能够施加重大影响，对乙公司的长期股权投资采用权益法核算。

8.2.5 实务分析

基于中航机载2023年年度报告披露的合并范围变化
看企业合并方式与合并范围的关系

（1）中航机载换股合并中航机电的相关公告（见第7章实务分析）。

(2) 中航机载 2023 年年度报告中披露的合并范围变化资料（见中航机载 2023 年年度报告的第 204 页）。

(3) 中航机电 2022 年半年度报告中披露的子公司范围（见中航机电 2022 年半年度报告的第 146－147 页）。

[要求]

仔细阅读上述资料，并结合上述资料分析中航机载换股合并中航机电的企业合并业务对中航机载 2023 年合并报表的合并范围有何影响。

8.3 练习题参考答案

8.3.1 单项选择题

1. D   2. A   3. B
4. C   5. D

8.3.2 多项选择题

1. ABCD   2. ABC   3. CD
4. AB   5. CD   6. ABCD
7. BCD

8.3.3 判断题

1. √   2. ×   3. ×
4. √   5. ×

8.3.4 业务题

1.

(1) 分别按照母公司观、实体观、所有权观、现行会计准则，计算确定甲公司合并日合并资产负债表中的以下指标，见表 8－8。

表 8－8   单位：万元

有关项目	计算过程			
	母公司观	实体观	所有权观	现行会计准则
合并商誉	5 300－(18 500－10 000)×60% ＝5 300－5 100 ＝200	5 300÷60%－(18 500－10 000) ＝8 833－8 500 ＝333	5 300－(18 500－10 000)×60% ＝5 300－5 100 ＝200	5 300－(18 500－10 000)×60% ＝5 300－5 100 ＝200

续表

有关项目	计算过程			
	母公司观	实体观	所有权观	现行会计准则
少数股东权益	(18 000－10 000)×40％＝3 200	(18 500－10 000＋333)×40％＝3 533	0	(18 500－10 000)×40％＝3 400
在甲公司编制的合并日合并财务报表中对乙公司可辨认资产的报告价值	18 500×60％＋18 000×40％＝11 100＋7 200＝18 300	18 500	18 500×60％＝11 100	18 500
在甲公司编制的合并日合并财务报表中对乙公司负债的报告价值	10 000	10 000	10 000×40％＝4 000	10 000

(2) 甲公司取得乙公司控股权的会计分录如下：

借：长期股权投资　　　　　　　　　　　　　　5 300
　　贷：银行存款　　　　　　　　　　　　　　　5 300

(3) 合并日甲公司合并财务报表工作底稿中的有关调整与抵销分录如下：

将子公司可辨认资产的报告价值按合并日公允价值进行调整的调整分录：

借：有关资产　　　　　　　　　　　　　　　　500
　　贷：资本公积　　　　　　　　　　　　　　　500

将甲公司对乙公司的股权投资与乙公司的股东权益相抵销，并确认少数股东权益：

借：乙公司的股东权益（18 000－10 000＋500）　　8 500
　　商誉　　　　　　　　　　　　　　　　　　　200
　　贷：长期股权投资　　　　　　　　　　　　　5 300
　　　　少数股东权益　　　　　　　　　　　　　3 400

2.

(1) 有关计算见表8－9。

表8－9　甲公司是持有乙公司80％股权的控股股东　　　　单位：万元

合并理念	此项交易对甲公司编制的2×22年合并财务报表中的"营业收入"项目的影响额
母公司观	9 000－9 000＝0
实体观	9 000－9 000＝0

(2) 有关计算见表 8-10。

表 8-10 乙公司是持有甲公司 80% 股权的控股股东　　　　单位：万元

合并理念	此项交易对甲公司编制的 2×22 年合并财务报表中的"营业收入"项目的影响额
母公司观	9 000－9 000×80%＝1 800
实体观	9 000－9 000＝0

(3) 有关计算见表 8-11。

表 8-11 存货交易的影响额　　　　单位：万元

情况	此项交易对甲公司编制的 2×22 年合并利润表中的"营业收入"项目的影响额
甲公司是持有乙公司 100% 控股权的母公司	9 000－9 000＝0
甲公司持有乙公司 60% 的控股权	9 000－9 000＝0
甲公司持有乙公司 30% 的股权，能够施加重大影响，对乙公司的长期股权投资采用权益法核算	9 000－9 000×30%＝6 300

(4) 有关计算见表 8-12。

表 8-12 存货交易的影响额　　　　单位：万元

情况	按现行会计准则，此项交易对甲公司编制的 2×22 年合并利润表中的"营业收入"项目的影响额
甲公司是持有乙公司 100% 控股权的母公司	9 000－9 000＝0
甲公司持有乙公司 60% 的控股权	9 000－9 000＝0
甲公司持有乙公司 30% 的股权，能够施加重大影响，对乙公司的长期股权投资采用权益法核算	9 000

8.3.5 实务分析

纳入公司合并报表合并范围的是指符合纳入合并范围的子公司，吸收合并取得的被合并方并不构成合并方的子公司。从这个意义上讲，单纯的吸收合并只会改变合并方个别资产负债表中相关资产、负债的报告价值，并不会改变合并方合并报表的合并范围。所以，中航电子吸收合并中航机电后，中航机电的资产、负债等会计要素并入了中航电子的个别资产负债表，从而并不会对中航电子合并报表的合并范围产生影响。

但是，中航电子吸收合并中航机电的案例中，由于根据协议被合并方的子公司全部变更为合并方的子公司，所以，此番吸收合并业务导致合并当年

(2023年)中航电子合并报表的合并范围中增加了被合并方中航机电的原有子公司。

8.4 教材习题参考答案

8.4.1 练习题

(1) 编制甲公司控股合并乙公司的有关会计分录如下(金额单位：万元)：

借：长期股权投资　　　　　　　　　　　　　　　7 600
　　贷：银行存款　　　　　　　　　　　　　　　　　　　7 600

(2) 开设合并财务报表工作底稿，将确认了企业合并交易之后两个公司的个别财务报表资料抄入工作底稿，见表8-13。

表8-13　合并财务报表工作底稿

编制单位：甲公司　　　　2×22年1月10日　　　　　　　　单位：万元

项目	个别财务报表 母公司	个别财务报表 子公司	调整与抵销分录 借	调整与抵销分录 贷	合并数
资产负债表有关项目：					
货币资金	7 400	3 000			
存货等流动资产	8 000	2 000			
长期股权投资	7 600	0			
商誉	0	0			
固定资产等	15 000	8 000			
应付账款等负债	10 000	6 000			
股本	20 000	7 000			
资本公积	3 800	0			
盈余公积	2 000	0			
未分配利润	2 200	0			
归属于母公司股东权益合计	—	—			
少数股东权益	—	—			
股东权益合计	28 000	7 000			

(3) 在工作底稿中编制相应的调整与抵销分录如下：

1) 将乙公司有关资产的账面价值调整到公允价值：

借：固定资产　　　　　　　　　　　　　　　　　600
　　贷：资本公积　　　　　　　　　　　　　　　　　　　600

(注：为简化起见，递延所得税的调整略。)

2) 将甲公司对乙公司的股权投资与乙公司归属于甲公司的股东权益相

抵销：

  借：股本   7 000

    资本公积   600

    贷：长期股权投资   7 600

将上述两项调整与抵销分录过入工作底稿，见表 8-14。

表 8-14 合并财务报表工作底稿

编制单位：甲公司　　　　　2×22 年 1 月 10 日　　　　　　　　　　单位：万元

项目	个别财务报表 母公司	个别财务报表 子公司	调整与抵销分录 借	调整与抵销分录 贷	合并数
资产负债表有关项目：					
货币资金	7 400	3 000			
存货等流动资产	8 000	2 000			
长期股权投资	7 600	0		2) 7 600	
商誉	0	0			
固定资产等	15 000	8 000	1) 600		
应付账款等负债	10 000	6 000			
股本	20 000	7 000	2) 7 000		
资本公积	3 800	0	2) 600	1) 600	
盈余公积	2 000	0			
未分配利润	2 200	0			
归属于母公司股东权益合计	—	—			
少数股东权益	—	—			
股东权益合计	28 000	7 000			

（4）在工作底稿中计算各项目的"合并数"，计算结果见表 8-15。

表 8-15 合并财务报表工作底稿

编制单位：甲公司　　　　　2×22 年 1 月 10 日　　　　　　　　　　单位：万元

项目	个别财务报表 母公司	个别财务报表 子公司	调整与抵销分录 借	调整与抵销分录 贷	合并数
资产负债表有关项目：					
货币资金	7 400	3 000			10 400
存货等流动资产	8 000	2 000			10 000
长期股权投资	7 600	0		2) 7 600	0
商誉	0	0			0
固定资产等	15 000	8 000	1) 600		23 600
应付账款等负债	10 000	6 000			16 000

续表

项目	个别财务报表 母公司	个别财务报表 子公司	调整与抵销分录 借	调整与抵销分录 贷	合并数
股本	20 000	7 000	2) 7 000		20 000
资本公积	3 800	0	2) 600	1) 600	3 800
盈余公积	2 000	0			2 000
未分配利润	2 200	0			2 200
归属于母公司股东权益合计	—	—			28 000
少数股东权益					0
股东权益合计	28 000	7 000			28 000

(5) 根据工作底稿中的"合并数"整理出合并日的合并资产负债表，见表 8-16。

表 8-16 合并日合并资产负债表

编制单位：甲公司　　　　　2×22 年 1 月 10 日　　　　　单位：万元

资产	年初数	合并日数	负债和股东权益	年初数	合并日数
资产：			负债：		
货币资金		10 400	应付账款等负债		16 000
存货		10 000	负债合计		16 000
流动资产合计		20 400	股东权益：		
商誉		0	股本		20 000
固定资产		23 600	资本公积		3 800
非流动资产合计		23 600	盈余公积		2 000
			未分配利润		2 200
			归属于母公司股东权益合计		28 000
			少数股东权益		0
			股东权益合计		28 000
资产总计		44 000	负债和股东权益总计		44 000

8.4.2 年报分析

合并范围是指纳入合并报表的子公司的范围，报告期内纳入合并范围的子公司如果发生增减变动，必将给合并财务报表各要素的金额及其内容带来影响。这是理解合并范围及其与合并报表关系的主要切入点。

为了增加对于这个问题的感性认识，更加深刻地理解合并报表信息的含义和意义，应通过公司年报等途径，更多地关注其所披露的上市公司合并范围变动及其背景信息。

第 9 章

合并财务报表的编制：一般流程

9.1 学习指导

9.1.1 本章内容框架

本章主要内容是一般情况下的合并资产负债表、合并利润表、合并所有者权益变动表以及合并现金流量表的编制原理与方法，见图 9-1。

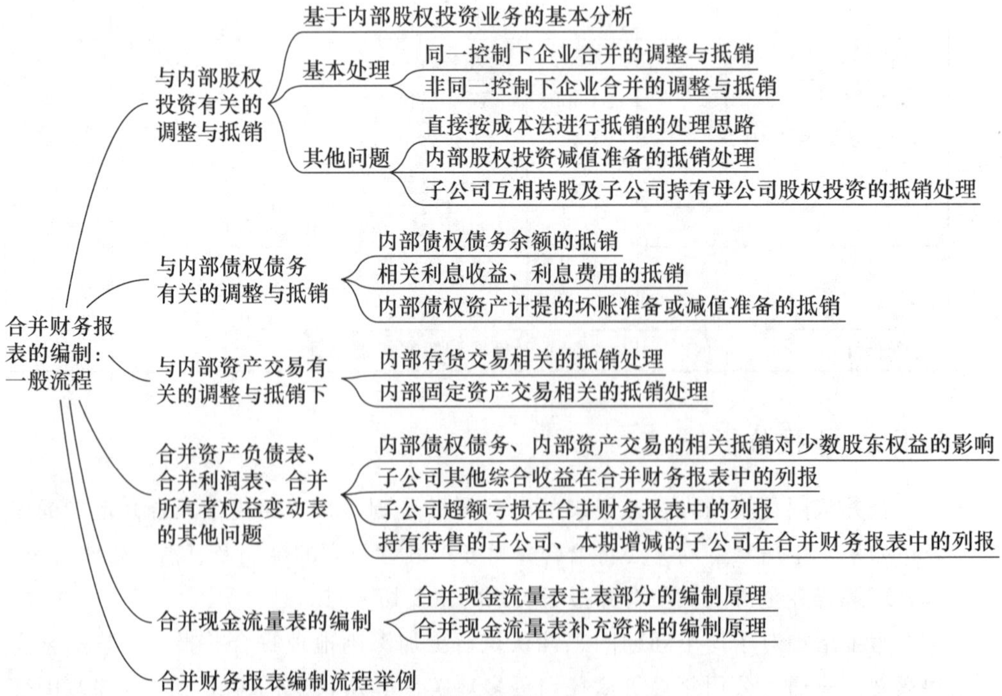

```
合并财务报        与内部股权        基本处理    ┌ 基于内部股权投资业务的基本分析
表的编制：       投资有关的                  ├ 同一控制下企业合并的调整与抵销
一般流程         调整与抵销                  └ 非同一控制下企业合并的调整与抵销
                                 其他问题    ┌ 直接按成本法进行抵销的处理思路
                                            ├ 内部股权投资减值准备的抵销处理
                                            └ 子公司互相持股及子公司持有母公司股权投资的抵销处理

                 与内部债权债务              ┌ 内部债权债务余额的抵销
                 有关的调整与抵销            ├ 相关利息收益、利息费用的抵销
                                            └ 内部债权资产计提的坏账准备或减值准备的抵销

                 与内部资产交易有            ┌ 内部存货交易相关的抵销处理
                 关的调整与抵销下            └ 内部固定资产交易相关的抵销处理

                 合并资产负债表、            ┌ 内部债权债务、内部资产交易的相关抵销对少数股东权益的影响
                 合并利润表、合并            ├ 子公司其他综合收益在合并财务报表中的列报
                 所有者权益变动表            ├ 子公司超额亏损在合并财务报表中的列报
                 的其他问题                  └ 持有待售的子公司、本期增减的子公司在合并财务报表中的列报

                 合并现金流量表的编制        ┌ 合并现金流量表主表部分的编制原理
                                            └ 合并现金流量表补充资料的编制原理

                 合并财务报表编制流程举例
```

图 9-1 本章内容框架

9.1.2 本章重点与难点

1. 合并资产负债表、合并利润表、合并所有者权益变动表的基本编制思路是什么?

为了正确顺利地编制合并资产负债表、合并利润表以及合并所有者权益变动表,掌握图9-2所示的三个学习要点至关重要。

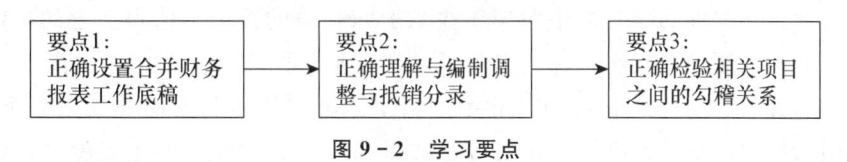

```
要点1:              要点2:              要点3:
正确设置合并财务  →  正确理解与编制调整  →  正确检验相关项目
报表工作底稿         与抵销分录            之间的勾稽关系
```

图9-2 学习要点

首先,关于合并财务报表工作底稿的设置。由于资产负债表、利润表和所有者权益变动表有关项目的确认、计量与报告基础都是权责发生制,在合并财务报表工作底稿中编制有关调整与抵销分录时同一个分录涉及的有关项目可能同时与资产负债表、利润表以及所有者权益变动表项目有关,所以,这三张合并财务报表工作底稿要合并设置。

其次,关于调整与抵销分录。调整分录有哪三种?为什么要编制调整分录?如何编制调整分录?这三个问题我们已经在第8章进行了系统梳理。这里重点强调一下编制抵销分录的思路。

编制抵销分录从何处入手?抵销分录的种类有两种划分角度:一是按抵销分录涉及的内容分类;二是按抵销分录涉及的合并报表的种类分类。由于各类抵销分录几乎都同时涉及三张合并报表的有关项目,因此,从抵销分录的类别入手,逐类编制抵销分录,既能同时实现对资产负债表、利润表、所有者权益变动表三张报表的有关项目的抵销,又能够避免可能的疏漏。

最后,关于相关项目之间的勾稽关系。这里要提醒大家注意两个问题:

第一,正确计算"调整与抵销分录"栏中"未分配利润"项目的金额。我们知道,个别财务报表中利润表与净利润有关的所有项目和所有者权益变动表中的利润分配及期初未分配利润项目的任何变动,都会影响期末未分配利润项目的金额。那么,与此相同,合并财务报表工作底稿里有关"调整与抵销分录"栏中相关项目之间,也存在这种内在联系。这是计算确定"未分配利润"项目在各栏目中的金额的依据。

第二,重点关注三个项目以及与之相关项目之间的关系。一是"未分配利润"项目;二是"少数股东权益"项目;三是"少数股东损益"项目。这三个项目既是检验合并财务报表工作底稿中有关调整与抵销处理正确与否的关键,也是解读合并资产负债表、合并利润表、合并所有者权益变动表三表内在联系的关键。

2. 如何正确理解合并报表中的"未分配利润""少数股东权益""少数股东损益"三个项目及其内在联系?

合并资产负债表中的"未分配利润"项目,反映的是报告期末企业集团所有者权益中归属于母公司股东的未分配利润,其金额相当于母公司的未分配利润加上子公司合并日未分配利润与合并日后实现的净利润累计数之和中归属于母公司股东的部分,也就是说,该项目的金额不包括子公司合并日未分配利润与合并日后实现的净利润中归属于少数股东权益的部分。值得注意的是,上述的未分配利润、净利润,都是剔除了未实现损益的影响;另外,之所以归属于母公司股东的未分配利润的计算中用到了子公司的净利润而非其未分配利润,是因为按现行会计准则子公司对少数股东的股利分配在合并报表编制过程中被抵销了,从而合并报表中的股利分配体现为母公司对其股东的利润分配。

合并资产负债表中"少数股东权益"项目,反映的是报告期末企业集团所有者权益中归属于子公司非控制性权益持有者即企业集团的少数股东的权益,其金额相当于子公司股东权益与非控制性权益比例之乘积。

合并资产负债表的股东权益部分,除"少数股东权益"项目之外的其他项目(包括股本、资本公积、其他综合收益、盈余公积、未分配利润等)之和,构成"归属于母公司股东权益";"归属于母公司股东权益"与"少数股东权益"一道,构成企业集团的"股东权益"。

合并利润表中的"少数股东损益"项目,反映的是报告期内子公司实现的净利润中(剔除内部交易损益的影响)归属于子公司非控制性权益持有者即企业集团少数股东的部分。该项目金额一方面直接增加(或减少)"少数股东权益"的期末报告价值,另一方面减少(或增加)了"未分配利润"项目的期末报告价值。

以上三个项目之间的关系如表 9-1 所示。

表 9-1　合并报表中"未分配利润""少数股东权益""少数股东损益"三者关系简示

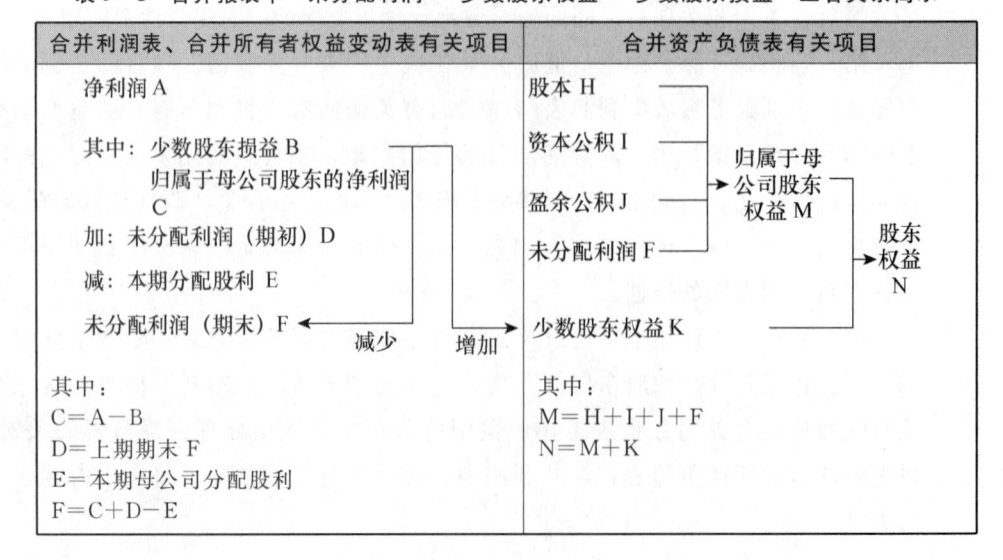

合并利润表、合并所有者权益变动表有关项目	合并资产负债表有关项目
净利润 A 　其中:少数股东损益 B 　　　　归属于母公司股东的净利润 C 加:未分配利润(期初) D 减:本期分配股利 E 未分配利润(期末) F 其中: C=A−B D=上期期末 F E=本期母公司分配股利 F=C+D−E	股本 H 资本公积 I 盈余公积 J 未分配利润 F 少数股东权益 K 其中: M=H+I+J+F N=M+K 归属于母公司股东权益 M 股东权益 N

3. 同一控制下的企业合并与非同一控制下的企业合并形成的控股合并，在抵销处理上有何主要不同？

首先，分析在哪一类抵销处理上可能有所不同。在编制合并报表时，无论是同一控制下的企业合并形成的控股合并还是非同一控制下的企业合并形成的控股合并，母公司对有关内部债务的抵销、内部资产交易的抵销、外币财务报表折算差额的调整与抵销以及内部现金流动的抵销这四类的抵销处理，基本原理都是相同的，即相关抵销分录的编制不会因合并类型的不同而有区别。但是，在同一控制下的企业合并和非同一控制下的企业合并形成的两种控股关系中，与母公司对子公司的股权投资有关的抵销处理是有所不同的。

其次，来看抵销处理中的具体不同之处。非同一控制下的控股合并中，一方面，子公司各项可辨认资产、负债在合并资产负债表中要以合并日相关资产、负债的公允价值为基础进行报告；另一方面，母公司要按合并成本在其个别资产负债表中确认其对子公司的长期股权投资。由于这两个原因，非同一控制下的控股合并之后母公司编制合并报表过程中进行与长期股权投资有关的抵销处理时，主要在以下几个方面与同一控制下企业控股合并的情形有所区别：

第一，编制合并报表时抵销的子公司所有者权益金额，不是现时的账面价值，而是按子公司在合并日可辨认净资产公允价值为基础确定的现时价值。

第二，抵销的对子公司长期股权投资余额，与同一控制下的企业合并该项投资的余额不同。

第三，确定的少数股东权益金额，也与同一控制下的企业合并该项目的金额不同，其中包含了合并日子公司可辨认净资产公允价值对现时少数股东权益价值的影响。

第四，有可能涉及合并商誉的确认（或将负商誉计入当期损益、计入期初未分配利润）。

4. 学习内部长期股权投资抵销处理时有哪些注意事项和理解要点？

编制合并财务报表时，在合并财务报表工作底稿中要编制与内部长期股权投资有关的抵销分录，这是所有抵销处理中最为复杂的。

在学习相关内容时要注意以下几个问题：

第一，内部长期股权投资的有关抵销，一般是以母公司对子公司的长期股权投资为主来阐述的，其基本原理同样适用于子公司互相之间的长期股权投资。

第二，内部长期股权投资的有关抵销处理一般是在权益法基础上进行的，即在合并财务报表工作底稿中先将母公司对子公司长期股权投资的成本法结果（如母公司个别报表所报告的）调整到权益法，然后才编制相应的抵销分录。如果未经此项调整，直接在成本法的结果上进行抵销处理，则有关抵销分录的具体内容当然将有所不同，因为抵销之后的合并数据只能有一种。

第三，抵销分录基本上是对原账务处理中会计分录的反向重编。所以，正确理解这一类抵销分录具体内容的前提是，要熟知有关个别报表项目的有关数据是怎么来的。

第四，内部长期股权投资的抵销处理中，要注意区分同一控制下的企业合并与非同一控制下的企业合并，因为这两种类型企业合并的会计处理中的关键不同就是长期股权投资初始成本的计量和子公司净资产在合并报表中报告价值的计量。

与内部股权投资有关的抵销处理的基本内容如表9-2所示。

表9-2 与内部股权投资有关的抵销处理基本内容及方法一览表

基本内容			
1. 将母公司对子公司的长期股权投资余额与子公司的股东权益中归属于母公司的股东权益予以抵销	2. 将报告期内母公司来自子公司的股权投资收益与子公司的股利分配中归属于母公司享有的部分进行抵销	3. 将子公司股东权益中属于少数股东享有的份额确认为少数股东权益；将子公司报告期内实现的净利润中属于少数股东享有的部分，确认为少数股东损益；子公司报告期内股利分配额中归属于少数股东的部分，增加少数股东权益	4. 在连续编制合并报表的情况下，要对以前期间的上述抵销处理对本期期初未分配利润的影响进行调整，以便实现本期合并报表中未分配利润期初余额与上期合并报表中未分配利润期末余额相符

5. 与内部债权债务有关的抵销处理的要点有哪些？

首先，内部债权债务的抵销涉及三张合并财务报表。第一，对有关债权债务的余额进行抵销，涉及合并资产负债表相关项目。第二，对内部债权债务本期利息收益、利息费用发生额的抵销，以及对与抵销内部债权上已计提减值准备相关的资产减值损失的抵销，则涉及合并利润表项目（当然，对于已经资本化的利息费用的抵销，则将涉及相关资产项目）；而对相关利息收益、利息费用、资产减值损失本期发生额的抵销以及对期初未分配利润中包含的以前期间的内部债权债务的相关利息收益、利息费用和资产减值损失的抵销，都会影响合并资产负债表和合并所有者权益变动表中的"未分配利润（期末）"项目。

其次，与内部债权债务有关的抵销处理中，既要重视对有关项目的本期余额、本期发生额的抵销，又要注意连续编制合并财务报表的情况下需要就前期抵销分录对本期"未分配利润（期初）"项目的影响进行必要的抵销。

具体抵销分录归纳见表9-3。

表 9-3 与内部债权债务有关的抵销处理一览表

基本处理
抵销的内容	抵销分录
1. 内部债权债务余额的抵销	借：应付账款等债务项目［内部债务期末余额］ 　　贷：应收账款等债权项目［内部债权期末余额］
2. 相关利息收益、利息费用的抵销	借：投资收益等［内部债权本期利息收益］ 　　贷：财务费用等［内部债务本期利息费用］
3. 内部应收款项计提的坏账准备或减值准备的抵销	借：应收账款等债权项目［内部应收债权上计提的资产减值准备期末余额］ 借或贷：信用减值损失［内部应收债权上当年计提或冲销的资产减值准备］ 　　贷：未分配利润（期初）［内部应收债权上计提的资产减值准备期初余额］
\<colspan=2\>难点关注
1. 内部债权债务余额不相等时	借：应付债券等债务项目［内部债务期末余额］ 　　贷：债权投资等债权项目［内部债权期末余额］ 　　贷：投资收益 或借：财务费用　　　　［差额］
2. 利息收益与利息费用不相等时	借：投资收益等 　　贷：财务费用等　　　［按内部债权本期利息收益与债务本期利息费用两者孰低］

6. 与内部存货交易有关的抵销处理的要点有哪些？

第一，从抵销处理的内容来看。与内部存货交易有关的抵销处理的内容，既包括对当期内部交易存货的相关抵销，也包括对以前期间内部交易存货未实现损益对本期期初未分配利润的影响的抵销；既包括对内部交易存货的未实现损益的抵销，也包括与内部交易存货相关的存货跌价准备的抵销，甚至还涉及对内部交易存货相关的递延所得税的调整。

第二，从抵销处理涉及的合并报表种类来看。与内部存货交易有关的抵销涉及三张合并报表。对有关存货价值中包含的未实现内部交易损益的抵销，既涉及合并资产负债表中的"存货"项目，也涉及合并利润表中的"营业收入""营业成本"等项目，而伴随着对有关利润表项目的抵销，必然涉及对所有者权益变动表中"未分配利润"项目的抵销。

具体抵销分录归纳见表 9-4。

表 9-4 与内部存货交易有关的抵销处理一览表

\<colspan=2\>基本处理
抵销的内容	抵销分录
1. 抵销以前年度内部存货交易未实现利润对期初未分配利润的影响	借：未分配利润（期初）［以前年度内部交易未实现利润］ 　　贷：营业成本

续表

基本处理	
抵销的内容	抵销分录
2. 抵销当年发生的内部存货交易	借：营业收入［内部交易卖方的收入］ 　贷：营业成本
3. 抵销期末存货价值中包含的未实现内部交易利润	借：营业成本 　贷：存货［期末存货价值中包含的未实现利润］
难点关注	
1. 按抵销内部交易存货的未实现损益导致的存货暂时性差异，确认其对未来的纳税影响，即调整相关的递延所得税	借：递延所得税资产*［抵销的内部存货交易未实现利润×所得税税率］ 借或贷：所得税费用［本期应调整递延所得税］ 　贷：未分配利润（期初）［前期已调整递延所得税］
2. 内部交易存货计提的跌价准备的抵销	借：存货［多计提的存货跌价准备］ 　贷：资产减值损失［本期多确认的存货跌价损失］ 　　　未分配利润（期初）［前期多确认的存货跌价损失］

* 如果抵销的是内部交易损失，则确认相关递延所得税负债。

7. 如何把握与内部交易资产有关的递延所得税的调整问题？

首先，为什么会涉及对递延所得税的调整？理解这个问题的关键是：为什么合并资产负债表中有关资产的账面价值与计税基础不同。

一方面，根据个别纳税（而非合并纳税）的现行税收规范，就某项资产而言，从合并资产负债表角度观察的计税基础与从个别资产负债表角度观察的计税基础，两者是一致的。另一方面，随着合并财务报表工作底稿中对内部交易资产未实现利润的抵销，调低了该资产在合并资产负债表中的报告价值即账面价值。所以，从合并报表的角度来看，该资产的账面价值就小于该资产的计税基础，由此产生了可抵扣暂时性差异（如果内部交易资产存在未实现损失，则会出现应纳税暂时性差异）。该可抵扣暂时性差异对未来的纳税影响应在合并报表中予以确认，这就要求在合并财务报表工作底稿中确认递延所得税。

其次，如何进行相关调整处理？这里要注意从四个层面来分析：

（1）对当期内部交易资产的未实现损益的抵销，使该相关资产在合并资产负债表中的报告价值即账面价值发生了变动，而其计税基础未变，抵销的当期未实现资产交易损益就构成相关资产账面价值与计税基础之间的暂时性差异。确认该暂时性差异对未来的纳税影响，是与内部交易资产相关的递延所得税处理的基本内容。与之相关的调整处理分录为：

借：递延所得税资产［抵销的本期内部存货交易未实现利润×所得税税率］
　贷：所得税费用［应调整本期递延所得税］

（2）在连续编制合并报表的情况下，伴随着对以前期间内部交易资产的未实现损益的抵销，需要对相关项目的期初数进行调整。与之相关的调整处理分录为：

　　借：递延所得税资产［抵销的前期内部存货交易未实现利润×所得税税率］
　　　　贷：未分配利润（期初）［前期已调整递延所得税］

（3）内部交易的固定资产与内部交易的存货相比，在编制有关递延所得税的调整分录时，存在两个特别之处：一是内部交易的固定资产不仅在交易当年而且在以后各使用期间，都可能会涉及递延所得税的相关调整；二是固定资产的折旧因素也会对递延所得税的调整产生影响。

（4）如果内部交易资产存在未实现利润，随着内部交易未实现利润的抵销，会因相关资产的账面价值小于计税基础而出现可抵扣暂时性差异，从而在合并报表中需要确认递延所得税资产；而如果内部交易资产存在未实现损失，则随着内部交易未实现损失的抵销，会因相关资产的账面价值大于计税基础而出现应纳税暂时性差异，从而在合并报表中需要确认递延所得税负债。

8. 与内部固定资产交易有关的抵销处理的要点有哪些？

第一，从抵销处理的内容来看。与内部固定资产交易有关的抵销处理的内容，既包括对该资产交易当期的相关抵销，也包括对该资产的使用期间内期末固定资产价值中包含的未实现损益对本期期初未分配利润的影响的抵销；既包括对内部交易固定资产的未实现损益的抵销，也包括与内部交易固定资产相关的折旧费用的抵销，与该内部交易资产相关的资产减值准备的抵销，以及对内部交易固定资产相关的递延所得税的调整。

第二，从抵销处理涉及的合并报表种类来看。与内部固定资产交易有关的抵销涉及三张合并报表。对有关固定资产价值中包含的未实现内部交易损益的抵销，既涉及合并资产负债表中的"固定资产"项目，也涉及合并利润表中的"营业收入""营业成本"项目或者"营业外收入""营业外支出"等项目；随着对内部交易固定资产因未实现损益而多计提或少计提折旧费用的抵销，可能涉及对利润表中的"管理费用"等项目的金额调整。而伴随着对有关利润表项目的抵销，必然涉及对所有者权益变动表中"未分配利润"项目的抵销。

具体抵销分录归纳见表 9-5。

表 9-5　与内部固定交易有关的抵销处理一览表

基本处理	
抵销的内容	抵销分录
交易当年 1. 抵销固定资产价值中包含的未实现内部交易利润	借：资产处置收益*［内部交易卖方的利润］ 　　贷：固定资产
交易当年 2. 抵销当年按内部交易利润多计提的折旧费用	借：固定资产［内部交易买方当年多计提的折旧］ 　　贷：管理费用等

续表

基本处理		
抵销的内容		抵销分录
以后各年	1. 抵销固定资产价值中包含的未实现内部交易利润及其对期初未分配利润的影响	借：未分配利润（期初）［以前年度内部交易固定资产的未实现利润］ 贷：固定资产［期末固定资产价值中包含的未实现利润］
	2. 抵销本期及以前期间按内部交易未实现利润多计提的折旧费用	借：固定资产［内部交易买方累计多计提的折旧］ 贷：管理费用等［内部交易买方当年计提折旧］ 　　未分配利润（期初）［内部交易卖方以前年度累计多计提折旧］
难点关注		
1. 确认内部交易固定资产因抵销内部交易损益而导致的递延所得税		借：递延所得税资产［抵销的内部交易固定资产的未实现利润** ×所得税税率］ 借或贷：所得税费用［本期应调整递延所得税］ 贷：未分配利润（期初）［前期已调整递延所得税］
2. 内部交易固定资产计提的减值准备的抵销		借：固定资产［多计提的固定资产减值准备金额］ 贷：资产减值损失［本期多确认的固定资产减值损失］ 　　未分配利润（期初）［前期多确认的固定资产减值损失］

* 内部交易卖方如果出售的是存货，则涉及"营业收入""营业成本"项目。
** 如果抵销的是内部交易损失，则确认相关递延所得税负债。

9. 如何理解合并财务报表编制过程中对少数股东损益、少数股东权益的调整处理？

在编制合并财务报表过程中，需要根据内部债权债务的抵销处理和内部资产交易的抵销处理情况，对少数股东损益和少数股东权益进行调整处理。如何理解这个问题？主要从以下三个方面来分析：

第一，要理解少数股东损益、少数股东权益的含义。在合并利润表中，少数股东损益是报告期内子公司净利润中归属于少数股东（非控制性权益持有者，以下同）的部分；合并资产负债表中的"少数股东权益"是子公司股东权益中归属于少数股东的部分。

第二，要理解少数股东损益、少数股东权益的影响因素。通常情况下，导致子公司净利润发生增减变动的因素都会影响到少数股东损益的计量，导致子公司股东权益发生变动的因素也都影响少数股东权益的计量。

第三，要理解少数股东损益与少数股东权益之间的关系。就像利润（或亏损）能增加（或减少）股东权益一样，少数股东损益的增减变动势必导致少数股东权益的增减变动。

因此，在编制合并财务报表过程中，不仅要在与内部股权投资有关的抵销处理中确认子公司期末股东权益当中归属于少数股东的部分（少数股东权益），确认子公司报告期内净利润中归属于少数股东的部分（少数股东损益），还要在与内部债权债务有关的、与内部资产交易有关的各类抵销处理中，根据相关抵销处理中涉及子公司利润增减变动从而应相应增减少数股东损益的金额，调整少数股东损益的报告价值，并相应调整少数股东权益报告价值。

10. 外币财务报表折算差额及其在合并财务报表中的列报理解要点有哪些？

首先，关于外币财务报表折算差额的确定。根据第 4 章的介绍，当母公司存在境外经营时，或者母公司有以不同于母公司记账本位币的货币作为记账本位币的子公司的情况，在编制合并财务报表时，首先要对该子公司的外币财务报表按规定折算方法进行折算，使其报告货币与母公司报告货币相一致。在这一折算过程中，由于资产负债表中的资产、负债项目均按资产负债表日的即期汇率进行折算，所有者权益中除"未分配利润"项目以外的各项目却分别采用业务发生时的即期汇率，而"未分配利润"项目更是根据折算后的利润表项目以及所有者权益变动表有关项目互相之间的内在联系计算确定，因此，折算后的资产负债表中就可能会出现折算差额。这个差额需要列示在折算后的资产负债表中"其他综合收益"项目内。

其次，关于外币财务报表折算差额在合并财务报表中的列报。这里要注意两个方面的问题：

一是外币财务报表折算差额在合并资产负债表中的所有者权益部分"其他综合收益"项目中列示，从而也相应地列示在合并所有者权益变动表中本年增减变动部分的相关项目中。

二是在企业集团存在非控制性权益即少数股东权益的情况下，对境外经营的外币财务报表进行折算所产生的外币财务报表折算差额，需要在合并所有者权益中的母公司股东拥有的权益和少数股东拥有的权益两者之间进行分配。合并财务报表工作底稿中有关这一分配的处理方法为（以外币财务报表折算差额为正数的情况为例）：

借：其他综合收益［外币财务报表折算差额］
　　贷：少数股东权益［外币财务报表折算差额×少数股东持股比例］

对于上述处理，可以视为一项调整：将合并所有者权益中的外币财务报表折算差额在归属于母公司股东的权益与少数股东权益之间进行调整；也可以这样来理解：借记"其他综合收益（外币财务报表折算差额）"相当于抵销了归属于母公司股东权益的一部分外币财务报表折算差额，贷记"少数股东权益"则相当于确认了少数股东权益中应包含的一部分外币财务报表折算差额。

11. 合并现金流量表的编制要点有哪些？

合并现金流量表尤其是其中的主表部分，其编制原理和方法比较容易掌握。我们只需在母公司及纳入合并范围的子公司的个别现金流量表基础上，采用合并财务报表的一般编制程序，对成员企业互相之间的现金流入和现金流出进行抵销处理，就可以整理出合并现金流量表数据。

合并现金流量表编制流程顺利与否的关键，是收集和整理报告期内成员企业之间的现金流动记录资料。

合并现金流量表工作底稿中内部现金流动的抵销处理，有如下几个特点：第一，抵销分录借、贷方项目均是现金流量表项目，不涉及其他报表项目；第二，同一个抵销分录的借、贷方中涉及的项目，可能属于同一个现金流量类别，也可能分属不同的现金流量类别。

9.2 练习题

9.2.1 单项选择题

在下列各题的备选答案中，只有一个是符合题意的正确答案。请将选定答案的字母填入题后的括号中。

1. 在编制合并财务报表时，首要的抵销处理与纳入合并范围的成员企业之间的内部股权投资有关。甲公司是乙公司的母公司，同时又是丙公司的合并方之一、丁公司的联营方之一、戊公司的5％股权持有者（对其不能施加重大影响）。下列与甲公司编制的合并财务报表有关的说法中，正确的是（　　）。

A. 合并资产负债表中"长期股权投资"项目的金额中，不包括甲公司对乙公司的股权投资价值

B. 合并资产负债表中"长期股权投资"项目的金额中，不包括甲公司对丙公司的股权投资价值

C. 合并资产负债表中"长期股权投资"项目的金额中，不包括甲公司对丁公司的股权投资价值

D. 合并资产负债表中"长期股权投资"项目的金额中，包括甲公司对戊公司的股权投资价值

2. 甲公司是乙公司的母公司，同时又是丙公司的合并方之一、丁公司的联营方之一、戊公司的5％股权持有者（对其不能施加重大影响）。下列与甲公司编制的合并财务报表有关的说法中，不正确的是（　　）。

A. 甲公司对乙公司的股权投资价值按成本法报告

B. 甲公司对丙公司的股权投资价值按权益法报告

C. 甲公司对丁公司的股权投资价值按权益法报告

D. 甲公司对戊公司的股权投资价值不可能按成本法报告

3. 下列有关少数股东和少数股东权益的说法中，正确的是（　　）。

A. 少数股东是持有母公司非控制性权益的股东

B. 少数股东权益在合并资产负债表中作为负债的组成部分报告

C. 少数股东权益的金额在各类企业合并中的确定方法是一样的

D. 少数股东权益的详细信息在合并所有者权益变动表中有所列示

4. 在编制合并财务报表的过程中，随着对与内部股权投资有关的调整与抵销分录的编制，合并资产负债表中的股东权益合并数反映的是（　　）。

A. 母公司的股东对母公司净资产所拥有的权益

B. 子公司的股东对子公司净资产所拥有的权益

C. 母公司的股东对双方净资产所拥有的权益之和

D. 母公司的股东和子公司来自除母公司以外的股东对母、子公司净资产所拥有的权益之和

5. 甲公司和乙公司是某企业集团内的两个公司。2×22 年年末乙公司将本公司生产的一台账面价值为 90 万元的设备以 100 万元的市场价格出售给甲公司，甲公司将其作为生产用固定资产使用，预计使用年限为 10 年，按直线法计提折旧。其他因素的影响略。下列有关此项交易的说法中，正确的是（　　）。

A. 2×23 年甲公司应对该项设备计提折旧 9 万元

B. 2×22 年乙公司为此应确认资产处置损益 10 万元

C. 2×23 年合并资产负债表的"固定资产"项目中，该设备的报告价值为 90 万元

D. 2×23 年合并财务报表工作底稿的抵销分录中，应贷记"未分配利润（期初）"项目 10 万元

9.2.2　多项选择题

在下列各题的备选答案中，有两个或两个以上是符合题意的正确答案。请将选定答案的字母按顺序填入题后的括号中。

1. 下列各项中，与抵销内部债权债务有关的抵销分录可能涉及的有（　　）。

A. 投资收益

B. 预收账款

C. 信用减值损失

D. 债权投资

2. 下列各项中，与抵销内部资产交易有关的抵销分录可能涉及的有（　　）。

A. 存货

B. 管理费用

C. 营业外收入

D. 递延所得税负债

3. 甲公司是乙公司的母公司。2×22 年 10 月末乙公司将本公司生产的一套账面价值为 10.8 万元的办公设备以 12 万元的市场价格出售给甲公司，甲公司将其作为管理用固定资产使用，预计使用年限为 20 年，按直线法计提折旧。在不考虑其他因素的情况下，下列关于此项交易影响的说法中，不正确的有（　　）。

A. 2×22 年合并资产负债表中的"固定资产"项目增加 12 万元

B. 2×23 年合并利润表中的"管理费用"项目应抵销 0.06 万元

C. 2×22 年合并利润表中的"利润总额"项目增加 1.2 万元

D. 2×23 年合并所有者权益变动表中的"未分配利润（期初）"项目应为 −0.54 万元

4. 甲公司与乙公司是隶属于同一个母公司的两个子公司。2×23 年年末两公司的应收账款余额分别为 9 000 万元、7 000 万元。两者的应付账款余额分别为 6 000 万元、2 000 万元。两者之间的债权债务余额为：甲公司尚欠乙公司货款 100 万元，乙公司尚欠甲公司货款 300 万元。双方均按期末应收账款余额的 5% 计提坏账准备。如果不考虑其他因素的影响，则下列说法中正确的有（　　）。

A. 2×23 年合并资产负债表中的"应收账款"项目应为 15 600 万元

B. 2×23 年合并资产负债表中的"应付账款"项目应为 7 600 万元

C. 2×23 年合并利润表中的"信用减值损失"项目应为 20 万元

D. 2×23 年两公司利润表中的"信用减值损失"项目分别为 450 万元、350 万元

5. 在编制合并现金流量表时，按内部交易收到的现金金额抵销"销售商品、提供劳务收到的现金"项目时，借记的项目（　　）。

A. 只能是"购买商品、接受劳务支付的现金"

B. 可能是"购买商品、接受劳务支付的现金"

C. 不能是"支付给职工以及为职工支付的现金"

D. 可能是"购建固定资产、无形资产及其他长期资产支付的现金"

9.2.3 判断题

对下列各题的正误进行判断，并将判断结果填入题后的括号中。正确的填"√"，错误的填"×"。

1. 在编制合并财务报表的过程中，随着对与内部股权投资有关的调整与抵销分录的编制，合并资产负债表中的"股本"项目仅反映企业集团母公司的股

本金额。( )

2. 合并利润表中"投资收益"项目的金额中，不包括纳入合并范围的成员企业之间的内部股权投资的收益。( )

3. 合并所有者权益变动表中的"利润分配"项目反映母、子公司对母公司股东进行的股利分配情况。( )

4. 母公司对子公司的长期股权投资在合并财务报表工作底稿中是否由成本法调整到权益法，对与内部股权投资有关的抵销处理中编制的抵销分录没有影响。( )

5. 合并报表中"长期股权投资""投资收益"等项目的报告价值是多少，取决于合并财务报表工作底稿中是否将母公司对子公司的长期股权投资由成本法调整到权益法。( )

6. 合并资产负债表中"递延所得税资产"项目的金额，应该小于纳入合并范围成员企业个别资产负债表中的"递延所得税资产"项目金额之和，其原因在于：编制合并报表时对内部交易形成的资产在个别报表中曾经确认的递延所得税资产做过抵销处理。( )

7. 企业集团成员企业之间发生内部存货交易的当期，合并报表编制过程中，要对该内部交易的损益进行抵销，因为该损益属于未实现的损益。( )

8. 合并现金流量表中的"收回投资收到的现金"项目的金额，不仅反映报告期内母公司收回其对子公司的股权投资而收到的现金，还包括报告期内母公司收回其对子公司的债券投资而收到的现金。( )

9. 由于一方的债务一定是另一方的债权，因此，编制合并报表时，有关内部债权债务的抵销分录中，借记的有关债务项目与贷记的有关债权项目，两者金额一定相等。( )

10. 根据现行企业会计准则，与企业集团内部固定资产交易有关的抵销分录中，由于有可能涉及对累计折旧费用金额的抵销，因此就有可能涉及对"累计折旧"项目的借记。( )

11. 就企业集团而言，无论是母公司对子公司的股权投资还是子公司互相之间持有股份，在编制合并报表时，抵销处理的思路是一致的。( )

9.2.4　业务题

1. 甲公司拥有乙公司表决权资本的80%。两个公司报告期初的股东权益资料如下：股本分别为1 000万元、200万元；两个公司报告期内实现的净利润分别为400万元、100万元；两个公司当年均未分配股利。

要求：根据上述资料，进行如下会计处理（金额单位为万元）：

(1) 填列表9-6各项目数据。

表9-6 有关数据比较表

资产负债表有关项目					利润表、所有者权益变动表有关项目				
项目	个别报表		合计数	合并报表	项目	个别报表		合计数	合并报表
	母	子				母	子		
股本					净利润				
资本公积					其中：少数股东损益				
盈余公积					归属于母公司股东的净利润				
未分配利润					未分配利润（期初）				
少数股东权益					减：对所有者（或股东）的分配				
股东权益合计					未分配利润（期末）				

（2）解释"合并报表"栏各项目数据的计算过程。

（3）简要说明合并资产负债表、合并利润表、合并所有者权益变动表相关项目之间的数据关系。

2. 甲公司是乙公司的唯一子公司。甲公司为乙公司提供生产产品用的原材料。其他相关资料如下：

（1）甲公司2×23年的商品销售收入6 000万元中，30%是向乙公司销售货物而确认的收入；甲公司销售给乙公司商品的毛利率为10%。

（2）乙公司2×23年资产负债表中"存货"项目的报告价值为98 000万元，其中有1 500万元是当年购自甲公司的原材料。

（3）2×22年年末甲、乙两公司的应收账款余额分别为900万元、700万元，2×23年年末甲、乙两公司的应收账款余额分别为800万元、850万元；甲公司这两年年末的应收账款余额中，应向乙公司收取的销货款分别为350万元、200万元。双方均未计提坏账准备。

（4）甲、乙两公司2×23年各自的现金流量表中，"销售商品、提供劳务收到的现金"项目的金额分别为7 000万元、2 800万元。

（5）所得税税率为25%。

（6）其他相关税费因素以及其他因素略。

要求：根据上述资料，进行如下会计处理（不考虑其他影响因素）：

（1）计算确定2×23年乙公司编制的合并报表中如下项目的金额（以万元为金额单位）：

1）合并资产负债表中的"应收账款"项目；

2）合并现金流量表中的"销售商品、提供劳务收到的现金"项目。

（2）编制乙公司2×23年合并财务报表工作底稿中的有关抵销分录。

9.2.5 实务分析

基于上市公司披露的利润分配信息
解读合并报表中"未分配利润"项目

中信证券（证券代码：600030）董事会 2023 年 3 月 30 日发布了《中信证券股份有限公司利润分配方案公告》（公告编号：临 2023-019），2023 年 3 月 31 日发布了 2022 年年度报告，2024 年 3 月 27 日发布了 2023 年年度报告。

为了基于上市公司披露的信息观察合并报表的编制流程以及解读思路，下面对该公司披露的与 2022 年股利分配有关的信息予以摘编。

一、2022 年利润分配方案的主要内容

以下是对中信证券 2022 年利润分配方案公告的内容摘编：

经普华永道中天会计师事务所（特殊普通合伙）、罗兵咸永道会计师事务所审计，截至 2022 年 12 月 31 日，本公司期末可供分配利润为人民币 56 258 872 052.57 元。经董事会决议，公司 2022 年度拟以实施权益分派股权登记日的总股本为基数分配利润。本次利润分配方案如下：

1. 公司 2022 年度利润分配采用现金分红的方式（即 100% 为现金分红），向 2022 年度现金红利派发股权登记日（具体日期将进一步公告）登记在册的 A 股股东和 H 股股东派发红利，每 10 股派发人民币 4.90 元（含税）。以 2022 年末公司 A 股及 H 股总股本 14 820 546 829 股为基数，合计派发现金红利人民币 7 262 067 946.21 元（含税），占 2022 年合并报表归属于上市公司普通股股东净利润的 34.88%。自上述董事会召开日后至实施权益分派的股权登记日前公司已发行总股数发生变动的，维持分配总额不变，相应调整每股分配比例。2022 年度剩余可供投资者分配的利润将转入下一年度。

2. 现金红利以人民币计值和宣布，以人民币向 A 股股东支付，以港币向 H 股股东支付。港币实际派发金额按照公司 2022 年度股东大会召开日前五个工作日中国人民银行公布的人民币兑换港币平均基准汇率计算。

本次利润分配预案尚需经提交股东大会审议。

二、2022 年年度报告的相关内容

中信证券 2022 年年度报告中合并股东权益变动表本报告期相关内容的摘编（上期比较信息略）如表 9-7 所示。

三、2023 年年度报告的相关内容

（1）2023 年合并股东权益变动表中披露的本报告期利润分配的相关信息（上期比较信息略）如表 9-8 所示。

（2）2023 年母公司股东权益变动表中披露的报告期利润分配的相关信息如表 9-9 所示。

表9-7 合并股东权益变动表

2022年度

金额单位：元

项目	归属于母公司股东权益					少数股东权益	股东权益合计
	股本	其他权益工具——永续债	资本公积	…	未分配利润		
一、2022年1月1日余额	12 926 776 029.00	—	…	…	77 660 564 435.80	4 636 452 826.11	213 807 786 181.58
二、本年增减变动金额	1 893 770 800.00	—	…	…	7 568 728 232.71	617 498 588.35	44 564 252 280.98
（一）净利润	—	—	—	—	21 317 422 282.16	851 364 796.52	221 687 897 078.68
（二）其他综合收益	—	—	—	—	—	91 796 420.31	1 037 149 447.51
综合收益总额	—	—	—	—	21 317 422 282.16	943 161 216.83	23 205 936 526.19
（三）股东投入和减少资本	1 893 770 800.00	—	—	—	(13 805 526.10)	123 673 280.17	30 307 956 266.20
（四）利润分配	—	—	—	—	(13 734 888 523.35)	(449 335 908.65)	(8 949 640 511.41)
1.提取盈余公积	—	—	—	—	(1 308 815 999.90)	—	—
2.提取一般风险准备	—	—	…	…	(3 925 767 920.69)	—	—
3.对股东的分配	—	—	—	—	(8 003 095 287.66)	(449 335 908.65)	(8 452 431 196.31)
4.对其他权益工具持有者的分配	—	—	—	—	(497 209 315.10)	—	(497 209 315.10)
三、2022年12月31日余额	14 820 546 829.00	—	…	…	85 229 292 668.51	5 253 951 414.46	258 372 038 462.56

表 9-8　合并股东权益变动表

2023 年度

金额单位：元

项目	股本	归属于母公司股东权益 其他权益工具——永续债	资本公积	…	未分配利润	少数股东权益	股东权益合计
一、2023 年 1 月 1 日余额	14 820 546 829.00	—	—	…	85 229 292 668.51	5 253 951 414.46	258 372 038 462.56
二、本年增减变动金额	—	—	—	…	8 220 494 391.10	105 648 178.32	15 827 169 601.05
（一）净利润	—	—	—	—	19 720 547 412.84	818 797 816.17	20 539 345 229.01
（二）其他综合收益	—	—	—	…	—	16 593 527.94	916 785 510.98
综合收益总额	—	—	—	…	19 720 547 412.84	835 391 344.11	21 456 130 739.99
（三）股东投入和减少资本	—	—	—	…	—	(242 564 500.66)	2 645 848 121.11
（四）利润分配	—	—	—	…	(11 499 653 021.74)	(487 178 665.11)	(8 247 409 351.05)
1. 提取盈余公积	—	—	—	—	(346 115 080.04)	—	—
2. 提取一般风险准备	—	—	—	…	(3 366 307 255.76)	—	—
3. 对股东的分配	—	—	—	…	(7 262 067 946.21)	(487 178 665.11)	(7 749 246 611.32)
4. 对其他权益工具持有者的分配	—	—	—	—	(525 162 739.73)	—	(525 162 739.73)
（五）其他	—	—	—	—	(400 000.00)	—	(400 000.00)
三、2023 年 12 月 31 日余额	14 820 546 829.00	—	—	…	934 497 987 059.61	5 359 599 592.78	274 199 208 063.61

表 9-9 母公司股东权益变动表
2023 年度

金额单位：元

项目	股本	其他权益工具——永续债	资本公积	...	未分配利润	股东权益合计
一、2023 年 1 月 1 日余额	14 820 546 829.00	...	...	...	51 579 381 142.84	211 824 954 348.29
二、本年增减变动金额	—	...	...	...	2 895 753 488.59	8 942 919 225.32
（一）净利润	—	—	—	—	13 364 353 450.72	13 364 353 450.72
（二）其他综合收益	—	—	—	—	—	703 911 836.30
综合收益总额	—	—	—	—	13 364 353 450.72	14 068 265 287.02
（三）股东投入和减少资本	—	...	...	...	(10 468 599 962.13)	2 993 521 839.61
（四）利润分配	—	—	—	—	—	(77 897 230 665.94)
1. 提取盈余公积	—	—	—	—	(2 681 369 276.19)	—
2. 提取一般风险准备	—	—	—	—	(7 262 067 946.21)	(7 262 067 946.21)
3. 对股东的分配	—	—	—	—	(525 162 739.73)	(525 162 739.73)
4. 对其他权益工具持有者的分配	—	...	...	...	—	—
（五）其他	—	—	—	—	—	(331 637 215.37)
三、2023 年 12 月 31 日余额	14 820 546 829.00	...	...	...	54 475 134 631.43	220 767 873 573.61

资料来源：①《中信证券股份有限公司利润分配方案公告》。
②中信证券 2022 年年度报告。
③中信证券 2023 年年度报告。

第 9 章 合并财务报表的编制：一般流程　　153

[要求]

仔细阅读上述资料，并结合上述资料思考下列问题：

（1）依据2022年度的利润分配方案，观察2022年度合并股东权益变动表和2023年度合并股东权益变动表中"归属于母公司股东权益"部分的利润分配大栏目中"对股东的分配"项目，解释相关数据之间的关系。

（2）观察2023年度合并股东权益变动表和2023年度母公司股东权益变动表中"对股东的分配"项目金额，如何解释相关数据之间的关系？如何理解合并报表中"对股东的分配"项目的内容？

（3）如何解读合并报表中"未分配利润"项目的内容？

9.3　练习题参考答案

9.3.1　单项选择题

1. A　　2. A　　3. D
4. D　　5. D

9.3.2　多项选择题

1. ABCD　2. ABCD　3. ACD
4. ABD　　5. BCD

9.3.3　判断题

1. √　　2. √　　3. ×
4. ×　　5. ×　　6. ×
7. ×　　8. ×　　9. ×
10. ×　11. ×

9.3.4　业务题

1.

（1）有关数据计算见表 9-10。

表 9-10　有关数据比较表　　　　　　　　　　　　　单位：万元

资产负债表有关项目					利润表、所有者权益变动表有关项目				
项目	个别报表			合并报表	项目	个别报表			合并报表
	母	子	合计数			母	子	合计数	
股本	1 000	200	1 200	1 000	净利润	400	100	500	500

续表

项目	资产负债表有关项目				利润表、所有者权益变动表有关项目			
	个别报表		合计数	合并报表	项目	个别报表		合计数	合并报表
	母	子				母	子		
资本公积	0	0	0	0	其中：少数股东损益	—	—		20
盈余公积	0	0	0	0	归属于母公司股东的净利润	—	—		480
未分配利润	400	100	500	480	未分配利润（期初）	0	0	0	0
少数股东权益	—	—		60	减：对所有者（或股东）的分配	0	0	0	0
股东权益合计	1 400	300	1 700	1 540	未分配利润（期末）	400	100	500	480

(2) 有关数据计算过程。

合并资产负债表有关项目：

股本＝1 200－200＝1 000（万元）

未分配利润＝500－100×20％＝480（万元）

少数股东权益＝300×20％＝60（万元）

合并利润表、合并所有者权益变动表有关项目：

净利润＝400＋100＝500（万元）

少数股东损益＝100×20％＝20（万元）

归属于母公司股东的净利润＝400＋100×80％＝480（万元）

未分配利润（期末）＝500－20＝480（万元）

(3) 有关项目之间的关系。

合并资产负债表中的"未分配利润"项目，其数字来源是合并所有者权益变动表中的"未分配利润（期末）"项目的金额。

合并资产负债表中的"少数股东权益"项目余额60万元中，包括子公司股本200万元中少数股东拥有的部分即40万元，加上报告期内子公司实现净利润100万元中少数股东应享有的部分即20万元。

合并所有者权益变动表中的"未分配利润（期末）"项目，其金额等于合并利润表中的"归属于母公司股东的净利润"480万元与合并所有者权益变动表中"未分配利润（期初）"项目的金额之和。

2.

(1) 有关计算如下：

1) 合并资产负债表中的"应收账款"项目

＝(800＋850)－200

＝1 450（万元）

2) 合并现金流量表中的"销售商品、提供劳务收到的现金"项目

＝(7 000＋2 800)－(350＋6 000×30％－200)

＝9 800－1 950

＝7 850(万元)

(2) 有关抵销分录如下(金额单位：万元)：

1) 抵销内部债权债务：

借：应付账款　　　　　　　　　　　　　　　　200

　　贷：应收账款　　　　　　　　　　　　　　　　　200

2) 抵销期末存货价值中包含的未实现内部交易利润：

借：营业收入　　　　　　　　　　　　　　　1 500

　　贷：营业成本(1 500－150)　　　　　　　　　1 350

　　　　存货(1 500×10％)　　　　　　　　　　　150

3) 调整与内部交易未实现损益有关的递延所得税：

借：递延所得税资产(150×25％)　　　　　　37.50

　　贷：所得税费用　　　　　　　　　　　　　　　37.50

4) 抵销内部现金流动：

借：经营活动现金流量——购买商品、接受劳务支付的现金

　　　　　　　　　　　　　　　　　　　　　1 950

　　贷：经营活动现金流量——销售商品、提供劳务收到的现金

　　　　　　　　　　　　　　　　　　　　　1 950

9.3.5 实务分析

(1) 提供一个参考思路：2022 年度的利润分配方案，虽然在 2022 年年度报告中进行了披露，但需经股东大会审议通过后方可实施，也就是说 2022 年度的利润分配方案不可能在当年实施，而是在 2023 年度内实施，从而相关会计处理应在 2023 年进行，其对报表信息的影响也是在 2023 年年度报告中披露。(这里应重点观察的相关数据是：2022 年度利润分配方案中的 7 262 067 946.21 元、2022 年度合并股东权益变动表中的 8 003 095 287.66 元、2023 年度合并股东权益变动表中的 7 262 067 946.21 元。)

(2) 提出这个问题的目的在于：思考并理解合并报表与母公司个别报表的关系以及合并报表与个别报表所披露信息的内在联系。

(3) 这里应注意两个线索：与合并股东权益变动表中"未分配利润"项目的归属一样，在合并资产负债表中"未分配利润"项目是在"归属于母公司股东权益合计"项目之前列报的(这是理解合并报表中"未分配利润"项目所含内容的关键)。另一条线索是合并报表编制流程中的相关抵销处理(将内部交易未实现损益对利润及期初未分配利润的影响进行抵销，将子公司的利润分配进

行抵销,诸如此类的抵销处理之后,合并报表中的未分配利润意味着什么?)

9.4 教材习题参考答案

9.4.1 练习题

说明:以下各题会计分录中的金额单位为万元。

习题一

(1) 如果此项企业合并使甲公司取得乙公司100%控股权,甲公司为编制合并日合并资产负债表,在合并财务报表工作底稿中应编制的调整与抵销分录如下:

按合并日公允价值调整子公司有关资产的报告价值:

借:固定资产　　　　　　　　　　　　　　　　600
　　贷:资本公积　　　　　　　　　　　　　　　　　　600

将母公司对子公司的长期股权投资与子公司的股东权益相抵销:

借:股本　　　　　　　　　　　　　　　　　7 000
　　商誉　　　　　　　　　　　　　　　　　　600
　　贷:长期股权投资　　　　　　　　　　　　　　　7 600

(2) 如果此项企业合并使甲公司取得乙公司70%控股权,甲公司为编制合并日合并资产负债表,在合并财务报表工作底稿中应编制的调整与抵销分录如下:

按合并日公允价值调整子公司有关资产的报告价值:

借:固定资产　　　　　　　　　　　　　　　　600
　　贷:资本公积　　　　　　　　　　　　　　　　　　600

将母公司对子公司的长期股权投资与子公司的股东权益相抵销,并确认少数股东权益:

借:股本　　　　　　　　　　　　　　　　　7 000
　　资本公积　　　　　　　　　　　　　　　　600
　　商誉　　　　　　　　　　　　　　　　　2 280
　　贷:长期股权投资　　　　　　　　　　　　　　　7 600
　　　　少数股东权益　　　　　　　　　　　　　　　2 280

(注:为简化起见,上述处理中关于被合并方资产评估增值涉及的递延所得税问题略。)

习题二

(1) 甲公司2×23年与个别报表有关的会计分录如下:

投资时：
  借：其他权益工具投资等——A   1 000
    长期股权投资——B   5 050
        ——C   7 000
    贷：银行存款等   13 000
      营业外收入   50

确认对B公司的股权投资收益：
  借：长期股权投资——B（(800－200)×50%） 300
    贷：投资收益   300

(2) 甲公司2×23年合并财务报表工作底稿中的有关调整与抵销分录。

调整与B公司的内部资产交易未实现利润对股权投资收益的影响：
  借：营业收入（8 800/8）   1 100
    贷：营业成本（8 000/8）   1 000
      投资收益   100

抵销存货价值中包含的与C公司的内部存货交易未实现利润：
  借：营业收入（8 800/8×5×40%）   2 200
    贷：营业成本（8 000/8×5×40%）   2 000
      存货   200

调整与C公司内部交易存货相关的递延所得税：
  借：递延所得税资产（200×25%）   50
    贷：所得税费用   50

将甲公司对C公司的股权投资调整到权益法：
  借：长期股权投资（1 500×70%）   1 050
    贷：投资收益   1 050

将甲公司对C公司股权投资有关的影响予以抵销：
  借：股本（C公司股本）   7 000
    投资收益   1 050
    少数股东损益   450
    未分配利润（期初）（C公司期初未分配利润） 3 000
    贷：长期股权投资（对C公司股权投资调整后余额） 8 050
      少数股东权益（(7 000＋3 000＋1 500)×30%） 3 450

如果不进行权益法调整，可直接编制抵销分录：
  借：股本（C公司股本）   7 000
    少数股东损益（1 500×30%）   450
    未分配利润（期初）（C公司期初未分配利润） 3 000
    贷：长期股权投资（对C公司股权投资余额）   7 000

少数股东权益((7 000+3 000+1 500)×30%)   3 450

(3) 2×23年度合并利润表有关项目的报告价值分别为：

"净利润"项目=(2 000+1 500)+(1 000+2 000+100+50)
     −(1 100+2 200)
    =3 350(万元)

"少数股东损益"项目=1 500×30%=450(万元)

"归属于母公司股东的净利润"项目=3 350−450=2 900(万元)

(4) 2×23年12月31日合并资产负债表有关项目的期末报告价值分别为：

"长期股权投资"项目=(1 000+5 050+7 000+300)−7 000
    =6 350(万元)

"未分配利润"项目=(5 000+2 000+3 000+1 500)+(1 000
    +100+2 000+50)−(1 100+2 200+450+3 000)
    =7 900(万元)

"归属于母公司所有者权益"项目=10 000+7 900=17 900(万元)

或   =期初15 000+本期增加2 900−本期减少0
    =17 900(万元)

"少数股东权益"项目=(7 000+3 000+1 500)×30%=3 450(万元)

"所有者权益合计"项目=17 885+3 450=21 335(万元)

说明：会计实务中，上述有关项目的计算是通过合并财务报表工作底稿来进行的。

根据本期资料和上述会计处理(1)、(2)整理的合并财务报表工作底稿部分资料见表9-11。

表9-11 合并财务报表工作底稿（部分）

2×23年   单位：万元

项目	个别报表		调整与抵销分录		合并数
	甲公司	C公司	借	贷	
资产负债表相关项目：					
存货	略	略		200	略
长期股权投资	13 350	0		7 000	6 350
递延所得税资产	略	略	50		略
股本	10 000	7 000	7 000		10 000
未分配利润	7 000	4 500	6 750	3 150	7 900
归属于母公司股东权益	—	—			17 900
少数股东权益	—	—		3 450	3 450

续表

项目	个别报表 甲公司	个别报表 C公司	调整与抵销分录 借	调整与抵销分录 贷	合并数
股东权益合计	17 000	11 500			21 350
利润表及所有者权益变动表相关项目：		200			
营业收入	略	略	1 100 2 200		略
减：营业成本	略	略		1 000 2 000	略
加：投资收益	300	0	100		400
减：所得税费用	略	略		50	略
净利润	2 000	1 500	3 300	3 150	3 350
其中：少数股东损益	—	—	450		450
归属于母公司股东的净利润	—	—			2 900
未分配利润（期初）	5 000	3 000	3 000		5 000
未分配利润（期末）	7 000	4 500	6 750	3 150	7 900

（5）如果甲公司投资前与C公司属于同一控制下的公司，2×23年甲公司有关的合并处理与上述处理结果没有区别。因为同一控制下的企业合并与非同一控制下的企业合并在合并财务报表编制过程中的区别主要体现在两个方面：一是合并商誉的确认与否；二是被投资方可辨认净资产是按合并日公允价值为基础进行计量还是按账面价值计量。就本题资料而言，即使是非同一控制下的企业合并，一方面，甲公司对C公司的合并成本等于取得的C公司股权按合并日公允价值的70%计量的结果，没有产生合并商誉；另一方面，C公司合并日可辨认净资产公允价值等于账面价值。导致同一控制下的企业合并与非同一控制下的企业合并在合并处理上有所不同的原因在本题中不存在，所以，两种情况下进行的合并处理没有区别。

习题三

（1）2×23年度甲企业合并财务报表工作底稿中的有关抵销分录。

　　　借：投资收益　　　　　　　　　　　　　　　　　30
　　　　　贷：对所有者（或股东）的分配　　　　　　　　　30
　　　借：营业收入　　　　　　　　　　　　　　　　　200
　　　　　贷：营业成本　　　　　　　　　　　　　　　194
　　　　　　　存货　　　　　　　　　　　　　　　　　6
　　　借：递延所得税资产　　　　　　　　　　　　　1.50
　　　　　贷：所得税费用　　　　　　　　　　　　　　　1.50

(2) 甲企业 2×23 年度合并报表中有关项目的本年金额：

利润总额＝(1 000＋600)－30－200＋194＝1 564(万元)

所得税费用＝(250＋150)－1.5＝398.5(万元)

净利润＝(750＋450)－30－200＋194＋1.5＝1 165.5(万元)

或　　　　＝1 564－398.5＝1 165.5(万元)

未分配利润(年末)＝(700＋420)－30＋30－200＋194＋1.5
　　　　　　　　＝1 115.5(万元)

或　　　　＝1 165.5－50＝1 115.5(万元)

习题四

(1) 合并利润表有关项目的报告价值：

净利润＝900＋500＝1 400(万元)

归属于母公司股东的净利润＝900＋500×80％＝1 300(万元)

少数股东损益＝500×20％＝100(万元)

(2) 合并资产负债表有关项目的报告价值：

所有者权益＝(1 000＋250＋750＋300＋900)＋(500＋100)×80％
　　　　　＋(600＋150＋450＋500＋100)×20％
　　　　　＝4 040(万元)

归属于母公司所有者权益＝(1 000＋250＋750＋300＋900)
　　　　　　　　　　　＋(500＋100)×80％
　　　　　　　　　　　＝3 680(万元)

少数股东权益＝(600＋150＋450＋500＋100)×20％＝360(万元)

(3) 归属于母公司所有者权益的具体项目及其金额：

股本：1 000 万元。

资本公积：250 万元。

其他综合收益：300＋100×8％＝380 万元。

盈余公积：750 万元。

未分配利润：900＋500×80％＝1 300 万元。

(4) 2×23 年年末合并财务报表工作底稿（简表）见表 9-12。

表 9-12　2×23 年年末合并财务报表工作底稿　　　　单位：万元

报表项目	个别报表 母公司	个别报表 子公司	合计	调整与抵销分录 借	调整与抵销分录 贷	合并数
资产负债表有关项目：						
长期股权投资	980	0	980	480	1 460	0

续表

报表项目	个别报表 母公司	个别报表 子公司	合计	调整与抵销分录 借	调整与抵销分录 贷	合并数
商誉	0	0	0	20		20
股本	1 000	600	1 600	600		1 000
资本公积	250	100	350	100		250
其他综合收益	300	150	450	150	80	380
盈余公积	750	450	1 200	450		750
未分配利润	900	500	1 400	1 000	900	1 300
归属于母公司所有者权益						3 680
少数股东权益					360	360
所有者权益合计	3 200	1 800	5 000	2 300	1 340	4 040
利润表有关项目：	—	—	—			—
营业收入等	900	500	1 400			1 400
投资收益	0	0	0	400	400	
净利润	900	500	1 400	400	400	1 400
其中：归属于母公司股东的净利润	—	—	—			1 300
少数股东损益				100		100
所有者权益变动表有关项目：	—	—				—
净利润	900	500	1 400	400	400	1 400
未分配利润（期初）	0	0	0			0
未分配利润（期末）	900	500		500 1 000	500 900	1 300

9.4.2　年报分析

（1）少数股东权益与归属于母公司所有者权益两个项目的金额应如何确定？

思考这个问题的切入点是：合并资产负债表中的"少数股东权益""归属于母公司所有者权益"这两个项目各自意味着什么？

（2）合并资产负债表中的少数股东权益与合并利润表中的少数股东损益有什么内在联系？影响"少数股东权益"项目金额的因素有哪些？

如何回答以上两个问题，一个关键线索不能忽略，那就是：净利润与股东权益两者之间的关系这个基本的会计知识点。

（3）合并净利润是否包括少数股东损益？影响合并利润表中"少数股东损益"项目金额的因素有哪些？

少数股东损益（确切地说是"归属于少数股东的净利润"）是否包含在合并

利润表的"净利润"项目中，不同的合并理念有不同的规定。所以，思考这个问题，最好能先梳理一下合并报表合并理念的基本知识，在此基础上再重点分析现行合并财务报表准则中体现的合并理念。

关于影响合并利润表中"少数股东损益"项目金额的因素有哪些这个问题。"少数股东损益"代表了子公司净利润中归属于少数股东的部分，那么，净利润、少数股权比例这两个因素是思考这个问题的重要线索。

第 10 章

合并财务报表的编制：特殊交易

10.1 学习指导

10.1.1 本章内容框架

本章的主要内容是一些特殊情况下的合并财务报表的编制问题，见图 10-1。

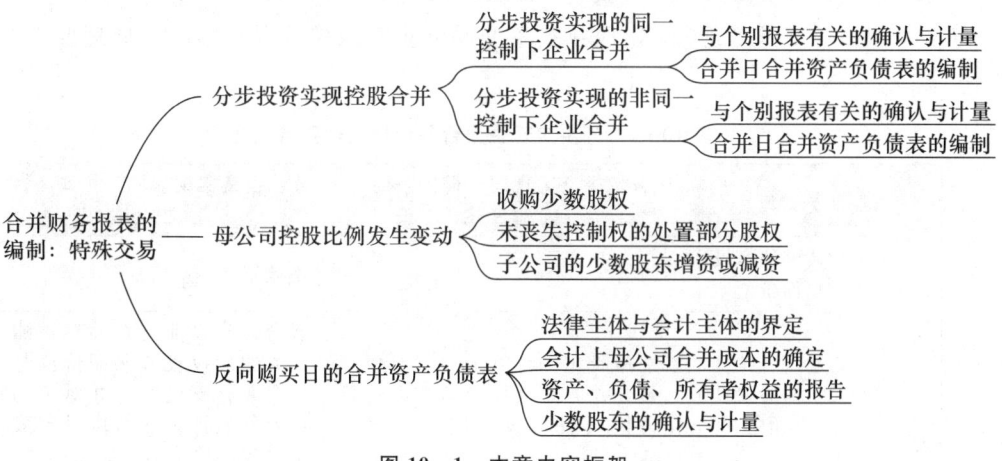

图 10-1 本章内容框架

10.1.2 本章重点与难点

1. 分步实现企业合并的主要会计问题是什么？

分步投资实现企业合并指的是通过多次股权投资达到合并被投资方的情况。学习分步投资实现企业合并的相关会计问题时，要注意以下几个方面的比较：

(1) 分步投资实现企业合并与一次实现企业合并的时间点比较。这里的关键是取得股权的"交易日"和取得控制权的"合并日"是否为同一日。

在一次投资实现企业合并的场合，通过取得被投资方股权的一次交易就取得了对被投资方的控制权,即一次股权投资的交易日就是企业合并的合并日;在分步实现企业合并的情况下,通过多次股权投资最终取得对被投资方的控制权,最后一次的交易日才是合并日。

(2) 同一控制下的企业合并与非同一控制下的企业合并的关注点比较。通过多次股权投资交易分步实现的企业合并,无论形成的企业合并是属于同一控制下的企业合并还是非同一控制下的企业合并,所面临的相同问题是:合并前原持有投资如果是按权益法核算的,是否需要对其账面价值按成本法的要求进行调整?

与一次实现企业合并一样,对于分步交易形成的非同一控制下的企业合并,还要关注:如何确定合并成本进而如何计量合并商誉?

(3) 个别报表与合并报表的关注点比较。通过多次股权投资交易分步实现的企业合并,无论形成的企业合并是属于同一控制下的企业合并还是非同一控制下的企业合并,都涉及取得控制权时与个别报表有关的会计处理以及与合并日合并报表有关的会计处理两方面的工作。

(4) 控股合并与吸收合并的关注点比较。通过多次股权投资交易分步实现的企业合并,无论形成的企业合并是属于同一控制下的企业合并还是非同一控制下的企业合并,往往是指控股合并。实际上,相关的会计处理原理可以推广至通过多次投资最后取得被投资方净资产的吸收合并。

表10-1是对通过多次股权投资交易分步实现控股合并的会计处理要点的梳理。

表 10-1 分步实现企业合并会计处理要点梳理

	原则与问题	分步投资实现同一控制下的企业合并	分步投资实现非同一控制下的企业合并
与个别报表有关的确认与计量	是否调整原有投资的账面价值	不调整	不调整
	如何确定合并日相关长期股权投资的初始投资成本	以按持股比例计算的合并日应享有被合并方账面所有者权益份额作为该项股权投资的初始投资成本	以合并日之前持有的对被购买方的股权投资账面价值与按合并日支付的合并对价的公允价值计量的新增投资成本之和,作为合并日的初始投资成本
	是否涉及股东权益的调整	有可能;初始投资成本与其原长期股权投资账面价值加上合并日进一步取得股份而新支付对价的公允价值之和的差额,调整资本公积(股本溢价或资本溢价),资本公积不足冲减的冲减留存收益	不涉及
	是否处理原有投资涉及的其他综合收益	不予处理;待该股权出售时,再将该其他综合收益转入出售当期损益	

续表

原则与问题		分步投资实现同一控制下的企业合并	分步投资实现非同一控制下的企业合并
合并日合并资产负债表的编制	基本原则	与一次投资实现企业合并的合并日编制合并报表时的抵销处理相同	（1）与一次投资实现企业合并的合并日编制合并报表时的抵销处理基本相同；（2）在进行相关抵销处理之前，需要对原有投资进行重新计量；（3）需要将原有投资所涉及的其他综合收益转为当期投资收益
	是否对合并前原有投资进行重新计量（几个具体问题）	否	是；对于合并日之前已经持有的对被合并方的股权投资，按照其在合并日的公允价值进行重新计量，公允价值与账面价值之差，计入当期投资收益
	是否需要确定合并成本	否	是；将合并日之前持有的被合并方股权公允价值与合并日新购入股权所支付对价的公允价值之和，作为合并日合并报表中的合并成本
	是否需要确定合并商誉（或负商誉）	否	有可能；将合并成本与合并日被合并方可辨认净资产公允价值中合并方应享有的份额两者之差，确定为合并商誉或应计入当期损益的金额（负商誉）
	是否处理原有投资涉及的其他综合收益	否	是；合并方对于合并日之前持有的被合并方股权涉及的其他综合收益中合并方应享有的部分，转为合并日所属当期投资收益

2. 分步投资实现非同一控制下企业合并的合并日，合并商誉的初始计量与追加投资是否有关？

多次交易分步实现的企业合并中，在合并日合并资产负债表的编制过程中，首先需要对合并日之前原持有的对被合并方的股权投资按其在合并日的公允价值进行重新计量，其结果是：合并日合并成本中，与原有股权投资相关的合并成本金额与其公允价值相等。在这种情况下，合并商誉的初始计量实际上已与原有投资无关，而仅与导致企业合并的追加投资有关。

3. 收购少数股权与处置部分股权（未丧失控制权）有何异同？

（1）从交易类型比较的角度。母公司在已经取得子公司控制权之后，也许会发生不改变控制权但改变控股比例的股权结构变动交易，这样的业务包括两类：一类是收购少数股东拥有的子公司部分或全部股权；另一类是处置子公司部分股权但还保留控制权。如图 10-2 所示。

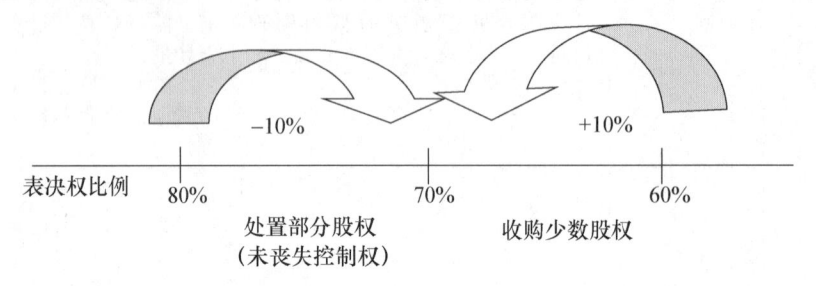

图 10-2　收购少数股权与处置部分股权（未丧失控制权）

从两类交易的经济后果来看，这两类交易有一个共同点：交易的结果是保留对子公司的控制权。

（2）从与个别财务报表有关的会计处理的角度比较。收购少数股权时收购方的主要会计问题是如何确认新增投资的入账价值，保留控制权处置部分股权时处置方的主要会计问题是如何确认处置损益。这两个方面的问题只要按照长期股权投资会计准则的规定进行处理即可。

（3）从编制合并财务报表的角度比较。收购少数股权和保留控制权的处置部分股权这两类股权交易有一个共同的特征，那就是没有改变母公司对子公司的控制关系，子公司的部分股权是在其所有者之间进行转移。现行企业会计准则将这种"以所有者身份"进行的股权交易界定为"权益性交易"，这实际上是合并财务报表的实体观理念所要求的。

根据现行国际财务报告准则，合并财务报表采用实体观合并理念。在实体观下，当母公司处置部分的子公司权益但仍保留对子公司的控制权时，不产生利得或损失，而是作为股东权益的增加或减少；收购部分或全部非控制性权益时，视为库存股交易，在权益中进行会计处理。那么，发生权益性交易后如何提供合并信息呢？一方面，要对控制性权益和非控制性权益的账面金额进行调整，以反映它们在子公司中相对权益的变化；另一方面，要将非控制性权益的调整额（收购少数股权导致的增加、处置部分股权导致的减少）与所支付或收到的对价的公允价值之间的差额，直接在权益中确认并归属于母公司的所有者。

可见，从编制合并财务报表的角度来看，这两类交易有一个共同点：它们都归属于权益性交易。而在合并财务报表中，权益性交易的交易性质决定了交易差额作为股本溢价计入资本公积（并归属于母公司的股东所有），这就意味着，收购非控制性权益时不会确认任何新的合并商誉，处置部分非控制性权益时也不会确认利得或损失。

(4) 会计处理原则归纳。

综上所述,以上两类交易会计处理原则的比较见表 10-2。

表 10-2 收购少数股权与处置部分股权(未丧失控制权)的会计处理原则比较

项目		收购少数股权	处置部分股权(未丧失控制权)
关于个别财务报表		母公司应将自子公司少数股东处新取得的长期股权投资按照《企业会计准则第 2 号——长期股权投资》的规定确定其入账价值	母公司应将处置的长期股权投资按照《企业会计准则第 2 号——长期股权投资》的规定,将处置价款与处置投资对应的账面价值的差额确认为当期投资收益
关于合并财务报表	基本原则	按"权益性交易"处理	
	具体做法	母公司新取得的长期股权投资与按照新增持股比例计算应享有子公司自合并日开始持续计算的可辨认净资产份额之间的差额,应当调整合并财务报表中的资本公积(资本溢价或股本溢价),资本公积(资本溢价或股本溢价)余额不足冲减的,调整留存收益	母公司应将处置价款与处置投资相对应的享有该子公司净资产份额的差额,计入资本公积(资本溢价),资本溢价不足冲减的,调整留存收益
		收购的少数股权交易,不确认合并商誉	处置的部分股权,不冲减合并商誉

4. 少数股东增资稀释母公司股比与收购少数股权或处置部分股权(未丧失控制权)的交易及其会计处理有何异同?

从交易类型上来看,这些导致母公司对子公司持股比例发生变动的交易中,少数股东增资稀释母公司股比的交易是母公司"被动"减持,而收购少数股权或处置部分股权是母公司"主动"增持或减持。

从交易性质来看,这些交易都符合国际会计准则对权益性交易的界定,即"不会导致丧失对子公司控制权的母公司所有权份额的变动"。

因此,在会计处理上,一方面,都需要通过"资本公积"项目反映母公司在增减子公司股比中出现的权益份额"差额";另一方面,在股比变动日合并财务报表中都会出现采用不同股比计算少数股东权益与少数股东损益的情况。

5. 反向购买的焦点会计问题有哪些?

(1) 反向购买的含义。在企业合并会计中,合并方是取得参与合并的另一方(或多方)控制权的一方。合并方为了取得被合并方的控制权而向被合并方的股东支付的合并对价,通常以现金或非现金资产支付,也可能以债券等债务性证券或股票等权益性证券支付。在以发行权益性证券作为合并对价实施的非同一控制下的企业合并中,通常发行权益性证券的一方即为购买方。但是,如果一项企业合并中发行权益性证券的一方因其生产经营决策在合并后被参与合并的另一方所控制，发行权益性证券的一方（法律上的购买方）在会计上被认定为被购买方时，该类企业合并就称为反向购买。

可见，反向购买中在法律意义上实施购买的一方，在会计意义上则成为被购买方，而在法律意义上的被购买方则成为会计意义上的购买方。

（2）反向购买的会计问题聚焦。反向购买交易出现的法律主体与会计主体的"错位"直接导致了相关合并信息列报与披露中出现三个"错配"：

第一，发布主体与内容主体"错配"；

第二，股东权益的结构报告与金额报告"错配"；

第三，少数股东权益与会计上的母公司"错配"。

反向购买中的"主体错位"不仅是理解以上三个"错配"的逻辑依据，也是正确编制反向购买日合并资产负债表的具体指南。

（3）反向购买的会计问题的处理要点。反向购买之后，合并资产负债表应如何编制？为了正确理解这一问题，需要重点关注表 10-3 所示的会计处理要点。

表 10-3　反向购买会计问题的处理要点梳理

项目			权益性证券的发行方	参与合并的另一方
法律主体与会计主体的定位			● 法律上：购买方、母公司 ● 会计上：被购买方、子公司	● 法律上：被购买方、子公司 ● 会计上：购买方、母公司
合并报表发布主体与内容主体			名义上的发布主体 （合并报表以法律上母公司的名义发布）	实质上的报告主体 （合并报表是法律上子公司财务报表的延续）
合并报表中的报告	可辨认的资产、负债		以购买日的公允价值报告	以合并前的账面价值报告
	合并商誉（或负商誉）			● "合并成本"大于合并中取得的法律上母公司可辨认净资产公允价值份额的差额，确认为商誉 ● "合并成本"小于合并中取得的法律上母公司可辨认净资产公允价值份额的差额，确认为合并当期损益 （备注：注意理解这里的"合并成本"）
	股东权益	结构	反映法律上母公司的权益结构，即法律上母公司发行在外的权益性证券： ● 数量 ● 种类	

续表

<table>
<tr><th colspan="2">项目</th><th>权益性证券的发行方</th><th>参与合并的另一方</th></tr>
<tr><td rowspan="2">合并报表中的报告</td><td>股东权益　金额</td><td></td><td>● 权益性工具金额：反映法律上子公司合并前发行在外的股份面值以及假定在确定该项企业合并成本过程中新发行的权益工具的金额
● 留存收益和其他权益余额：反映法律上子公司在合并前的留存收益和其他权益余额</td></tr>
<tr><td>少数股东权益</td><td></td><td>● 少数股东：持有会计上母公司非控制性权益的股东
● 少数股东权益：持有会计上母公司非控制性权益的股东所享有的该公司的权益份额（按会计上母公司股东权益的账面价值而不是公允价值计算）</td></tr>
</table>

6. 如何理解反向购买中会计上母公司的"合并成本"？其确定方法是什么？

（1）理解要计算"合并成本"的原因。

一般的非同一控制下的企业合并交易中，作为取得子公司控制权的合并方，母公司按支付的合并对价的公允价值确定合并成本。合并成本的确定，一方面是确定对子公司初始投资成本的需要，另一方面也是计算确定合并商誉的需要。所以，合并成本的确定至关重要。

在反向购买交易中，法律上的购买方作为权益性证券的发行方，在其与个别报表有关的会计处理中，应按发行证券的公允价值等资料确认相关的长期股权投资的初始投资成本。但从合并报表的立场来看，由于法律上的母公司是会计意义上的子公司，会计意义上的母公司作为法律意义上的被购买方，其并未实际支付合并对价，从而并未发生实际的合并成本。但是，由于反向购买之后的合并报表实质上是会计意义上母公司财务报表的延续，会计意义上的母公司成为合并报表信息内容实质上的报告主体（尽管不是名义上的发布主体）。这种情况下，就需要将会计意义上母公司置于"虚拟的"发行权益性证券的立场，确定该公司的"假定的"合并成本，以便对合并商誉进行确认与计量。

（2）确定会计上母公司的"假定合并成本"。

由于会计上的母公司并未真正发行权益性工具从而没有真正的合并成本，因此，这里的"假定合并成本"只能是"假定的增发权益性证券数量"与其公允价值的乘积。显然，理解问题的突破口在于"假定的增发数量"，而相关权益性证券的公允价值如何获取也需要关注。

关于"假定的增发数量"的计算：反向收购后会计上的母公司原股东持有

的合并后主体的股权比例 A 已经确定,现在假定是会计上的母公司增发权益性证券给法律上母公司的股东从而成为购买方,这就势必降低原股东所持股份占增发股份后总股份中的比重。那么,要使得其原股东对本公司原持有股份 B 在合并后主体所占的股权比例由原来的股比降为 A,会计上的母公司向法律上的母公司的股东发行权益性证券的数量 X 就应该占合并后主体股权比例的 $1-A$。由此得出 X 的计算公式为:$X=B/A-B$。

关于这里的"公允价值"的获得方法:会计上母公司的权益性证券在购买日存在公开报价的,应参照会计上母公司的公允价值和法律上购买方权益性证券的公允价值两者之中有更为明显证据支持的一个作为基础,确定会计上的母公司假定发行权益性证券的公允价值。

10.2 练习题

10.2.1 单项选择题

在下列各题的备选答案中,只有一个是符合题意的正确答案。请将选定答案的字母填入题后的括号中。

1. 甲公司是某企业集团的母公司。在 2×19 年的 1 月初和 8 月初,分别取得 A、B 两个公司的控股权,使之成为甲公司的子公司。甲公司在编制 2×19 年度合并财务报表时(   )。

  A. 应将 A 公司当年实现的净利润纳入合并利润表

  B. 应将 B 公司当年实现的净利润纳入合并利润表

  C. 合并现金流量表中不需要反映 A、B 公司的现金流量信息

  D. 应根据 A、B 公司的资产、负债信息对合并资产负债表有关项目的年初数进行调整

2. 甲公司是某企业集团的母公司。在 2×19 年的 1 月初和 8 月初,分别出售了其所享有的 A、B 两个子公司的控股权。甲公司在编制 2×19 年度合并财务报表时(   )。

  A. 应将 A 公司当年实现的净利润纳入合并利润表

  B. 应将 B 公司当年实现的净利润纳入合并利润表

  C. 合并现金流量表中不需要反映 A、B 公司的现金流量信息

  D. A、B 公司的资产、负债信息仍包括在合并资产负债表有关项目的年初数中

3. 通过多次股权投资交易分步实现的企业控股合并,无论形成的企业合并是属于同一控制下的企业合并还是属于非同一控制下的企业合并,在合并日的

会计处理中，都需要（　　）。

A. 对原长期股权投资账面价值进行调整

B. 编制合并资产负债表

C. 确认合并商誉

D. 调整资本公积

4. 通过多次股权投资交易分步实现的非同一控制下的企业合并时，与合并日个别报表相关的会计处理中，不需要对合并日之前持有的对被购买方的长期股权投资账面价值进行调整。这种处理思路适用于（　　）。

A. 该投资是作为按公允价值计量的金融资产核算的情况

B. 该投资是采用成本法核算的情况

C. 该投资是采用权益法核算的情况

D. 以上各种情况

5. 下列有关反向购买日合并报表的说法中，正确的是（　　）。

A. 法律上购买方的可辨认资产在合并报表中以账面价值报告

B. 法律上购买方的非控制性权益持有者所持权益报告为少数股东权益

C. 法律上购买方发行在外股票的数量和金额要在合并资产负债表中报告

D. 法律上购买方的合并前未分配利润金额不包括在合并报表的"未分配利润"项目中

10.2.2　多项选择题

在下列各题的备选答案中，有两个或两个以上是符合题意的正确答案。请将选定答案的字母按顺序填入题后的括号中。

1. 下列有关通过多次股权投资交易分步实现的同一控制下企业合并的说法中，不正确的有（　　）。

A. 合并日也称购买日、股权交易日

B. 在合并日之前持有的对被购买方的投资账面价值保持不变

C. 按合并日追加的投资的公允价值作为合并日的初始投资成本

D. 对合并日之前持有的对被购买方的投资所涉及的其他综合收益，不予处理

2. 通过多次股权投资交易分步实现非同一控制下的企业合并时，下列有关合并日合并报表相关会计处理的阐述中，不正确的有（　　）。

A. 按合并日之前持有的被合并方股权于合并日的公允价值与合并日新购入股权所支付对价的公允价值之和作为合并成本

B. 按合并日被合并方可辨认净资产公允价值中合并方应享有的份额作为合并成本

C. 按合并日之前持有的被合并方股权于合并日的公允价值作为合并成本

D. 按合并日追加的对被合并方投资的公允价值作为合并成本

3. 通过多次股权投资交易分步实现非同一控制下的企业合并时，下列有关合并日相关会计处理的阐述中，不正确的有（   ）。

A. 合并商誉需要单项列报

B. 合并商誉的初始计量仅与导致企业合并的追加投资有关

C. 合并商誉的初始计量不仅与导致企业合并的追加投资有关，还与合并前原有投资相关

D. 合并商誉按合并成本与合并日被合并方可辨认净资产公允价值中合并方应享有的份额两者之差进行初始计量

4. 通过多次股权投资交易分步实现非同一控制下的企业合并时，与合并日合并报表相关的会计处理中有可能涉及对当期投资收益进行调整，其中的原因有（   ）。

A. 合并成本小于合并日被合并方可辨认净资产公允价值中合并方应享有的份额

B. 合并成本大于合并日被合并方可辨认净资产公允价值中合并方应享有的份额

C. 对于合并日之前已经持有的对被合并方的股权投资，按照其在合并日的公允价值进行重新计量

D. 合并方将合并日之前持有的被合并方股权涉及的其他综合收益中合并方应享有的部分进行转账

5. 下列有关反向购买交易的阐述中，正确的有（   ）。

A. 合并报表是法律上的子公司除资本结构外财务报表的延续

B. 反向购买日合并股东权益各项目，体现的是会计上母公司反向购买前原有股东权益与反向购买中"假定增发"导致的股东权益的增加之和

C. 合并报表中的少数股东权益是指会计上母公司的非控制性权益

D. 法律上被购买方的持非控制性权益的股东，并没有参与反向购买交易

10.2.3 判断题

对下列各题的正误进行判断，并将判断结果填入题后的括号中。正确的填"√"，错误的填"×"。

1. 母公司处置其对子公司的股权，势必导致控制权的丧失。（   ）

2. 母公司收购少数股权时需要将相关的利得或损失在其个别报表中予以确认。（   ）

3. 母公司处置子公司的部分股权，需要在合并利润表中确认相关利得或损失。（   ）

4. 母公司收购少数股权和保留控制权的处置子公司部分股权交易，都属于

权益性交易,所以,无论是与个别报表有关的会计分录里还是与合并报表有关的调整与抵销分录里,都会通过"资本公积"科目或项目确认相关利得或损失。（　　）

5. 反向购买交易中的购买方就是法律意义上的合并方,也是会计意义上的母公司。（　　）

6. 反向购买交易发生后,应由通过发行权益性证券实施购买的一方作为合并资产负债表的发布主体来提供合并资产负债表。（　　）

7. A公司通过发行权益性证券作为合并对价对B公司实施反向购买,则合并资产负债表中的少数股东权益是指B公司的非控制性权益持有者拥有的B公司的权益份额。（　　）

8. 反向购买中会计上母公司的合并成本是其实际支付的合并对价的公允价值。（　　）

10.2.4　实务分析

从中航机载 2023 年年度报告披露的信息
看购买少数股权在企业合并报表中的列报

(1) 基本信息见第 7 章的实务分析。

(2) 补充资料。

合并方中航机载（2022 年公司简称为"中航电子"）合并报表中"股本"的数据如表 10-4 和表 10-5 所示。

表 10-4　中航电子 2022 年年度报告中的股本

单位：元　币种：人民币

	期初余额	增减变动（+、-）					期末余额
		发行新股	送股	公积金转股	其他	小计	
股份总数	1 928 214 265.00						1 928 214 265.00

表 10-5　中航机载 2023 年年度报告中的股本

单位：元　币种：人民币

	期初余额	增减变动（+、-）					期末余额
		发行新股	送股	公积金转股	其他	小计	
股份总数	3 270 278 974.00	1 579 033 086.00			10 415 430.00*	1 568 617 656.00	4 838 896 630.00

* 本公司本期注销回购股份 10 415 430 股。

[要求]

仔细阅读上述资料,并观察中航机载 2022 年、2023 年两份年报中股本项目的余额及其变动，并思考如何解释2022年年度报告中的年末余额与2023年年度报告中的年初余额两者不相符。

10.3 练习题参考答案

10.3.1 单项选择题

1. A   2. C   3. B
4. D   5. D

10.3.2 多项选择题

1. AC   2. BCD   3. AC
4. CD   5. ABCD

10.3.3 判断题

1. ×   2. ×   3. ×
4. ×   5. ×   6. √
7. √   8. ×

10.3.4 实务分析

首先，如果上年度期末余额与本年度期初余额不符，有可能是对本年度期初余额进行了调整，这是我们思考这个问题的切入点。

其次，如果对比较报表的期初余额进行了调整，则相关企业合并应该是同一控制下的企业合并，这是我们接下来的思路。

如何检验上述思路是否正确？我们可以再去阅读年报。在中航机载2023年合并资产负债表中，关于"股本"余额变动有如下的注释："根据证监会2020年11月13日发布的《监管规则适用指引——会计类第1号》中'1-6 同一控制下企业合并的会计处理''在同时向控股股东和第三方购买股权形成的同一控制下企业合并交易中，合并方自控股股东购买股权，应当作为同一控制下的企业合并处理；合并方自第三方购买股权，应当作为购买子公司少数股东权益处理。合并方在编制合并财务报表的比较信息时，在比较期间应只合并自控股股东购买的股权份额，被合并方的其余股权应作为少数股东权益列报；合并日收购被合并方的其余股权时，作为购买子公司少数股东权益处理。'本公司本期换股合并新增发行2 567 240 755股。换股发行的2 567 240 755股中，其中换股给最终控制方的1 342 064 709股，调整期初股本，换股给第三方的1 225 176 046

股在本期的发行新股中列报。"

可见，2023年合并财务报表中股本的期初余额 3 270 278 974.00 元中，有原期初余额（即 2022 年年末余额）1 928 214 265.00 元以及因换股而调增的 1 342 064 709.00 元。

最后，不要忘记这里的另一个重要关注点：收购少数股权在合并报表中如何列报？回答这个问题的逻辑基础是收购少数股权如何进行账务处理这个知识点，而要理解好这个知识点，就要从权益性交易及其本质是什么说起。在这些问题梳理清晰之后，就理解了 2023 年的这次换股合并中换股给第三方的 1 225 176 046 股是按每股面值 1 元的价值列报在合并资产负债表 "股本" 本年增减变动栏中 "发行新股" 1 579 033 086.00 元中的。此外，该类业务有可能会对资本公积（股本溢价）产生影响。

10.4 教材习题参考答案

10.4.1 练习题

说明：以下会计分录中金额单位为万元。

1.

（1）甲公司购买乙公司 40% 股权的交易性质，属于母公司购买子公司少数股权的处理。

（2）甲公司购买乙公司 40% 股权的成本 = 2 000×12 = 24 000（万元）

（3）甲公司购买乙公司 40% 股权后对乙公司的长期股权投资余额
　　= 40 000 + 24 000 = 64 000（万元）

（4）2×23 年 6 月 30 日合并财务报表工作底稿中的有关调整与抵销分录如下：

调整评估增值资产价值及相关摊销费（为简化起见，与资产评估增值有关的所得税调整略）：

借：管理费用	50
无形资产	750
未分配利润（期初）	200
贷：资本公积	1 000

抵销母公司对子公司的股权投资与子公司的股东权益：

借：股本等	60 000
商誉	3 400
少数股东权益（(11 000 − 250)×40%）	4 300

贷：长期股权投资　　　　　　　　　　　　　　　　　　64 000
　　　　　资本公积（4 700*－1 000）　　　　　　　　　　　 3 700
　　*4 700＝按照新增持股比例计算应享有子公司自合并日开始持续计算的可辨认净资产份额（少数股权的调减金额）28 700（（61 000＋11 000－250）×40％）－新取得的长期股权投资 24 000。

2.
　　(1)甲公司处置丙公司 40％股权的交易性质属于处置部分股权未丧失控制权。
　　(2)甲公司处置丙公司 40％股权的损益
　　　＝13 000－31 000×40％＝600(万元)
　　(3)甲公司处置丙公司 40％股权后对丙公司的长期股权投资余额
　　　＝31 000×60％＝18 600(万元)
　　(4)2×23 年 6 月 30 日合并财务报表工作底稿中的有关调整与抵销分录如下：
　　　借：股本等　　　　　　　　　　　　　　　　　　　 30 000
　　　　　商誉（31 000－30 000）　　　　　　　　　　　　　1 000
　　　　　投资收益　　　　　　　　　　　　　　　　　　　　600
　　　贷：长期股权投资　　　　　　　　　　　　　　　　18 600
　　　　　少数股东权益（30 900×40％）　　　　　　　　 12 360
　　　　　资本公积（13 000－30 900×40％）　　　　　　　　640

3.
　　(1)甲公司取得丁公司 40％股权的交易性质属于分步实现的企业合并。
　　(2)甲公司取得丁公司 40％股权后对丁公司的长期股权投资账面余额
　　　＝3 000＋60＋1 000×30％＋5 600
　　　＝8 960(万元)
　　(3)甲公司取得丁公司 40％股权后的合并成本
　　　＝13 000×30％＋5 600
　　　＝9 500(万元)
　　(4)甲公司取得丁公司 40％股权时对投资收益的调整金额
　　　＝13 000×30％－(10 200×30％＋1 000×30％)
　　　＝540(万元)
　　或　＝9 500－8 960＝540(万元)
　　(5)2×23 年 6 月 30 日合并财务报表工作底稿中的有关调整与抵销分录如下：
　　将原投资调整至合并日公允价值水平：
　　　借：长期股权投资　　　　　　　　　　　　　　　　　540

  贷：投资收益   540

将子公司可辨认净资产按合并日公允价值进行调整：

  借：存货   2 000

    贷：资本公积   2 000

将母公司对子公司的股权投资与子公司的股东权益相抵销：

  借：股本等股东权益   13 000

    商誉（5 600－13 000×40%）   400

    贷：长期股权投资   9 500

      少数股东权益（13 000×少数股东持股比例30%） 3 900

4. 甲公司2×23年12月31日合并资产负债表应当列示的商誉金额
=（40 000－61 000×60%）+（31 000－30 000）+（5 600－13 000×40%）
=4 800（万元）

10.4.2 年报分析

（1）思考上市公司中国动力收购少数股权的动机及影响。

  根据中国动力2019年半年度报告，此次通过发行普通股股份和公司债券作为对价收购少数股权，不仅能降低资产负债率，还能更加有效地解决公司军转民过程中的约束问题。

  建议：通过思考案例公司收购少数股权的动机及其影响，引起对上市公司收购少数股权交易及其他股权交易动机的广泛关注，进一步了解资本市场。

（2）尝试说明中国动力对此番收购少数股权的交易在个别报表中有关账务处理和合并报表编制过程中相关处理的基本思路，比较资本溢价7 288 942 642.66元中发行股票增加资本公积8 852 516 072.83和购买子公司股权减少资本公积1 563 573 430.17元在会计处理上的区别。

  首先需要说明的是，此处之所以建议进行此番尝试，就是希望同学们能借机梳理一下收购少数股权的账务处理思路和编制合并报表时的相关抵销处理思路，前者影响个别报表，并与后者一道共同对合并报表数据产生影响。

  由于给定的资料里并不完全具备可以进行上述账务处理和抵销处理的全部素材，所以，下面的处理只是提供一个参考线索。

1）关于此番收购少数股权的交易在个别报表中的有关账务处理。

借：长期股权投资（购买少数股权的成本）

                10 063 320 841.11 A

 贷：股本（发行普通股增加的股本） 465 685 657.00 B

   资本公积——股本溢价（发行普通股产生的溢价）

                8 852 516 072.83 C

   应付债券（发行可转债的成本） 744 119 111.28 D*

* D=A－(B+C)

2) 关于合并报表编制过程中相关处理的基本思路。

（这里因素材有限，缺少公司对子公司长期股权投资的其他数据、子公司股东权益具体金额、商誉、少数股东权益等数据，所以，只能列示与收购少数股权有关的抵销处理的参考线索）：

借：股本等（子公司股东权益账面价值）
　　资本公积
　贷：长期股权投资（对子公司长期股权投资余额）

3) 在对资本溢价 7 288 942 642.66 元中发行股票增加资本公积 8 852 516 072.83 元和购买子公司股权减少资本公积 1 563 573 430.17 元的会计处理进行比较时，尤其要关注的是：相关的账务处理或抵销处理中，哪个或哪些影响到公司的个别资产负债表，哪个或哪些影响到公司的合并资产负债表。

第 11 章

衍生金融工具会计

11.1 学习指导

11.1.1 本章内容框架

本章的主要内容是衍生金融工具的会计处理原则与基本方法，见图 11-1。

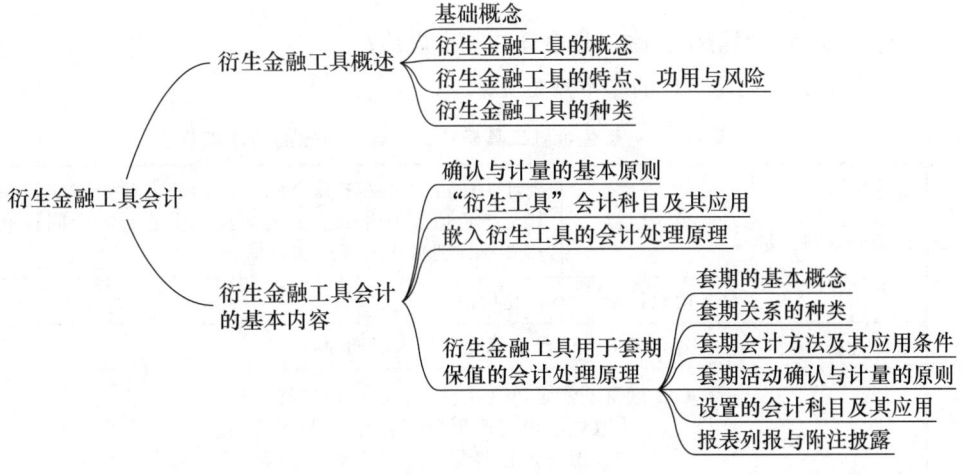

```
                           ┌─ 基础概念
               衍生金融工具概述 ─┼─ 衍生金融工具的概念
                           ├─ 衍生金融工具的特点、功用与风险
                           └─ 衍生金融工具的种类
衍生金融工具会计 ─┤
                           ┌─ 确认与计量的基本原则
                           ├─ "衍生工具"会计科目及其应用
               衍生金融工具会计 ─┤─ 嵌入衍生工具的会计处理原理
               的基本内容      │                     ┌─ 套期的基本概念
                           │                     ├─ 套期关系的种类
                           └─ 衍生金融工具用于套期 ─┼─ 套期会计方法及其应用条件
                              保值的会计处理原理    ├─ 套期活动确认与计量的原则
                                                ├─ 设置的会计科目及其应用
                                                └─ 报表列报与附注披露
```

图 11-1 本章内容框架

11.1.2 本章重点与难点

1. 如何理解衍生金融工具的含义？

了解衍生金融工具的含义，可以从以下几个方面进行把握：

首先，要明确什么是金融工具。金融工具是形成一个企业的金融资产，并形成另一个单位的金融负债或权益工具的合同。把握金融工具定义的关键，是从"合同"的角度正确理解金融资产、金融负债、权益工具的含义。非合同的资产或负债不属于金融工具。

其次，要明确衍生金融工具是相对于原生金融工具而言的。原生金融工具就是基本金融工具，即传统的金融工具，基本上已构成传统财务报表项目。基本金融工具有以下两个主要特点：（1）基本金融工具的取得或发生通常伴随着资产的流入或流出；（2）基本金融工具的价值取决于标的物本身的价值。这两个特点使基本金融工具有别于衍生金融工具。衍生金融工具是在原生金融工具基础上派生出来的，是指具有下列特征的金融工具或其他合同：（1）其价值随特定利率、金融工具价格、商品价格、汇率、价格指数、费率指数、信用等级、信用指数或其他类似变量的变动而变动；（2）不要求初始净投资，或与对市场变化有类似反应的其他类型合同相比，要求很少的初始净投资；（3）在未来某一日期结算。

再次，要了解衍生金融工具可能面临的风险。

最后，还要注意衍生金融工具的常见种类。

2. 常见的衍生金融工具有哪些？

衍生金融工具包括的内容很多，从不同的角度可以进行不同的分类，最常见的分类方法是将衍生金融工具分为金融远期、金融期货、金融期权和金融互换四类。

3. 如何把握衍生金融工具会计的基本规范？

衍生金融工具会计的基本规范见表11-1。

表11-1　衍生金融工具确认、计量与列报的基本规范

初始确认与计量	确认时点	会计主体成为金融工具合同条款的一方时，就应当在其资产负债表中将衍生金融工具产生的所有合同权利和义务分别确认为资产和负债
	初始计量	公允价值
后续计量		公允价值（公允价值变动计入当期损益）
终止确认		• 金融资产满足下列条件之一的，应当终止确认： 1）收取该金融资产现金流量的合同权利终止； 2）该金融资产已经转移，且符合《企业会计准则第23号——金融资产转移》规定的金融资产终止确认条件 • 终止确认金融负债的条件是：金融负债（或金融负债的一部分）消除时，即合同中规定的义务解除、取消或到期时
设置的会计科目		"衍生工具"科目：属于共同类科目，用来核算企业衍生金融工具的公允价值及其变动形成的衍生金融资产或衍生金融负债
报表列报		• "衍生工具"科目的期末余额，如果在借方，单项列示在资产负债表的资产部分；如果在贷方，单项列示在资产负债表的负债部分 • 衍生金融工具后续计量中确认的公允价值变动损益，列示于利润表的"公允价值变动收益"项目中

4. 什么是套期保值？套期会计的核心问题是什么？

套期保值（简称套期）是指企业为规避外汇风险、利率风险、价格风险、信用风险等特定风险引起的风险敞口，指定金融工具为套期工具，使套期工具的公允价值或现金流量变动，预期抵销被套期项目的全部或部分公允价值或现金流量变动。

套期会计的核心是用套期工具的预期公允价值或现金流量变动利得抵销被套期项目的预期公允价值或现金流量变动损失。

5. 套期工具如何指定？

套期工具的基本条件是其公允价值能够可靠地计量。所以，套期工具通常是衍生工具，因为衍生工具按公允价值进行计量。但值得注意的是：第一，并不是所有的衍生工具都可以被指定为套期工具，比如，无法有效地对冲被套期项目风险的衍生工具不能作为套期工具，如企业的签出期权通常就不能作为套期工具。第二，某些以公允价值计量且其变动计入当期损益的非衍生金融资产或非衍生金融负债可以作为套期工具，但指定为以公允价值计量且其变动计入当期损益且其自身信用风险变动引起的公允价值变动计入其他综合收益的金融负债除外。第三，作为套期工具的不能是企业自身的权益工具，因其不属于企业的金融资产或金融负债，也不能确认公允价值变动。第四，对于外汇风险套期，企业可以将非衍生金融资产（选择以公允价值计量且其变动计入其他综合收益的非交易性权益工具投资除外）或非衍生金融负债的外汇风险成分指定为套期工具。

6. 套期关系有哪几种？会计处理上的主要区别是什么？

套期关系分为以下三类：公允价值套期、现金流量套期、境外经营净投资套期。

三类套期关系会计处理上的主要区别在于：套期工具公允价值或现金流量的变动损益计入当期损益还是计入其他综合收益。

7. 如何把握套期会计确认与计量的基本规范？

套期会计确认与计量的基本规范见表 11 - 2。

表 11 - 2　套期会计的基本规范

设置或涉及的会计科目	"套期工具"科目
	"被套期项目"科目
	"套期损益"科目
	"净敞口套期损益"科目
	"其他综合收益——套期损益"科目
	"其他综合收益——套期储备"科目

续表

确认与计量	公允价值套期	• 套期工具产生的利得或损失应当计入当期损益。如果套期工具是对选择以公允价值计量且其变动计入其他综合收益的非交易性权益工具投资（或其组成部分）进行套期的，套期工具产生的利得或损失应当计入其他综合收益 • 被套期项目因被套期风险敞口形成的利得或损失应当计入当期损益，同时调整未以公允价值计量的已确认被套期项目的账面价值
	现金流量套期	• 套期工具产生的利得或损失中属于套期有效的部分，作为现金流量套期储备的金额，计入其他综合收益。套期工具产生的利得或损失中属于套期无效的部分（即扣除计入其他综合收益后的其他利得或损失），应当计入当期损益 • 计入其他综合收益的现金流量套期储备的金额的后续处理：视具体情况调整被套期项目形成的资产或负债的初始确认金额，或者计入当期损益
	境外经营净投资套期	类似于现金流量套期的会计处理
报表列报		• "套期工具""被套期项目"科目的期末余额，如果在借方，分别单项列示在资产负债表的资产部分；如果在贷方，则分别单项列示在资产负债表的负债部分 • 相关的公允价值变动损益，根据具体情况，分别列示于利润表中"公允价值变动收益"项目以及资产负债表的"其他综合收益"项目中

11.2 练习题

11.2.1 单项选择题

在下列各题的备选答案中，只有一个是符合题意的正确答案。请将选定答案的字母填入题后的括号中。

1．以下各项目中，属于衍生金融资产的是（　　）。

A．库存商品

B．应收账款

C．应收票据

D．应收期汇合约款

2．以下会计科目中，不属于共同类科目的是（　　）。

A．"套期工具"

B．"衍生工具"

C．"被套期项目"

D．"长期股权投资"

3. 下列各项目中，有可能被指定为套期工具的是（　　）。

A. 固定资产

B. 库存商品

C. 债权投资

D. 资本公积

4. 取得金融资产时支付的交易费用不能计入相关金融资产的初始入账价值，这样的金融资产所使用的会计科目是（　　）。

A. "债权投资"

B. "其他债权投资"

C. "交易性金融资产"

D. "其他权益工具投资"

5. 现金流量套期会计中，套期工具产生的利得中属于套期有效的部分，借记"套期工具"科目时贷记（　　）科目。

A. "套期损益"

B. "净敞口套期损益"

C. "其他综合收益——套期储备"

D. "其他综合收益——套期损益"

11.2.2　多项选择题

在下列各题的备选答案中，有两个或两个以上是符合题意的正确答案。请将选定答案的字母按顺序填入题后的括号中。

1. 企业发生的以下经济活动中，需要确认衍生金融资产或衍生金融负债的有（　　）。

A. 购买普通股

B. 发行公司债

C. 签订期汇合同

D. 签订利率互换合同

2. 下列各项目中，不属于金融负债的有（　　）。

A. 应付账款

B. 预收账款

C. 长期借款

D. 应交所得税

3. 下列各项风险中，符合现行会计准则所界定的被套期风险的有（　　）。

A. 外汇风险

B. 利率风险

C. 价格风险

D. 信用风险

4. 以下各项目中，符合现行会计准则所界定的被套期项目的有（ ）。

A. 已确认的资产或负债

B. 尚未确认的确定承诺

C. 极可能发生的预期交易

D. 境外经营净投资

5. 下列有关公允价值套期会计的说法中，正确的有（ ）。

A. 公允价值套期适用于对预期交易的套期

B. "其他综合收益——套期储备"科目核算的内容与公允价值套期无关

C. 未确认的确定承诺可以作为公允价值套期的被套期项目

D. 套期工具产生的利得或损失应当计入当期损益

11.2.3 判断题

对下列各题的正误进行判断，并将判断结果填入题后的括号中。正确的填"√"，错误的填"×"。

1. 衍生金融工具是在基本金融工具基础上派生出来的。 （ ）
2. 企业发行的优先股在"其他权益工具"科目核算。 （ ）
3. 某些衍生金融资产，可以采用摊余成本进行后续计量。 （ ）
4. 企业发行的永续债有可能确认为金融负债，也有可能确认为权益工具。
 （ ）
5. 套期保值中作为套期工具的一定是衍生金融资产或衍生金融负债。
 （ ）

11.2.4 实务分析

基于会计准则应用案例
看金融负债与权益工具的区分

财政部会计准则委员会2022年9月发布了《金融负债与权益工具的区分应用案例——对减资程序的考虑》。以下是该应用案例的内容摘编。

一、业务内容

甲公司为中国境内注册的股份制企业，其控股股东为乙公司。2×21年1月1日，丙公司作为战略投资人向甲公司增资3亿元人民币，甲公司按照相关规定完成了注册资本变更等手续。增资后，丙公司持有甲公司20%的股权，乙公司仍然控制甲公司。除普通股外，甲公司无其他权益工具。

甲、乙、丙公司签署的增资协议约定：如果甲公司3年内营业收入年均增长率未达到10%，丙公司有权要求甲公司以现金回购其持有的甲公司股权，回购价格为丙公司增资3亿元和按8%年化收益率及实际投资期限计算的收益之和。增资协议赋予丙公司的前述回售权属于持有人特征，即仅由丙公司享有，不能随股权转让。按照相关法律规定，甲公司回购股份需要履行必要的减资程序。除上述外，不考虑其他情况。

二、对本案例的相关分析

甲公司"存在回购义务"。根据增资协议的相关规定，丙公司具有回售权（即丙公司有权要求甲公司以现金回购其持有的甲公司股权），该回售权取决于发行人（甲公司）和持有人（丙公司）均不能控制的未来不确定事项（即甲公司3年内营业收入年均增长率未达到10%）的发生或不发生，属于或有结算条款，且不属于"几乎不具有可能性"的情形，甲公司不能无条件地避免以现金回购自身权益工具的合同义务。

甲公司"履行回购义务"的程序。按照相关法律规定，甲公司回购股份需要履行必要的减资程序，但这只是甲公司履行合同义务的必要法律程序。

由此可见，"存在回购义务"与"履行回购义务"是两个不同的概念，对甲公司履行合同义务能力的限制，并不能解除甲公司就该金融工具所承担的合同义务，也不表明甲公司无须承担该金融工具的合同义务。

三、甲公司的相关会计处理

根据上述分析，甲公司应在2×21年1月1日根据收到的增资款确认股本和资本公积（股本溢价）；同时，按照回购所需支付金额的现值，将回购丙公司所持本公司股权的义务从权益重分类为一项金融负债。

[要求]

仔细阅读上述资料，并结合上述资料思考：如何理解金融负债与权益工具的划分原则？案例公司将回购丙公司所持本公司股权的义务从权益重分类为一项金融负债的处理是否正确？

11.3 练习题参考答案

11.3.1 单项选择题

1. D   2. D   3. C
4. C   5. C

11.3.2 多项选择题

1. CD   2. BD   3. ABCD
4. ABCD   5. BCD

11.3.3 判断题

1. √   2. ×   3. ×
4. √   5. ×

11.3.4 实务分析

设计这个问题的初衷并不是期待同学们把金融负债与权益工具的划分原则背下来，而是有正确的理解。理解这个划分原则的一个参考线索是：

第一，首先回顾一下很简单但却很重要的知识点：什么是负债？什么是所有者权益？两者各自的本质特征是什么？

第二，什么是金融负债？什么是权益工具？能否举例说明两者的区别？

第三，在此基础上，根据金融工具相关会计准则，梳理并理解区分金融负债与权益工具的基本原则。

11.4 教材习题参考答案

（1）甲公司将该套期活动划分为公允价值套期，则有关账务处理为：

1）2×22年10月31日，签订期汇合约，将其指定为套期工具时，因套期工具和被套期项目的公允价值为0，不作账务处理；将套期保值进行表外登记。

2）2×22年12月31日确认1 097元的公允价值变动：

借：套期工具——期汇合约（(6.87－6.86)×110 000÷(1＋3‰×1/12)）
                     1 097
  贷：套期损益   1 097
借：套期损益   1 097
  贷：被套期项目——确定承诺   1 097

3）2×23年1月31日确认公允价值变动：

借：套期工具——期汇合约（(6.89－6.86)×110 000－1 097）
                     2 203
  贷：套期损益   2 203
借：套期损益   2 203
  贷：被套期项目——确定承诺   2 203

4）2×23年1月31日结算期汇合约：

借：银行存款   3 300
  贷：套期工具——期汇合约   3 300

5）2×23年1月31日履行确定承诺，购货：

借：原材料——原油	751 300	
贷：银行存款		751 300

6) 2×23 年 1 月 31 日结转被套期项目公允价值变动损益：

借：被套期项目——确定承诺	3 300	
贷：原材料——原油		3 300

（2）甲公司将该套期活动划分为现金流量套期，则有关账务处理为：

1) 2×22 年 10 月 31 日，签订期汇合约，将其指定为套期工具时，因套期工具和被套期项目的公允价值为 0，不作账务处理；将套期保值进行表外登记。

2) 2×23 年 12 月 31 日确认 1 097 元的公允价值变动：

借：套期工具——期汇合约（(6.87−6.86)×110 000÷(1+3‰×1/12)）		
	1 097	
贷：其他综合收益——套期储备		1 097

3) 2×23 年 1 月 31 日确认公允价值变动：

借：套期工具——期汇合约（(6.89−6.86)×110 000−1 097）		
	2 203	
贷：其他综合收益——套期储备		2 203

4) 2×23 年 1 月 31 日结算期汇合约：

借：银行存款	3 300	
贷：套期工具——期汇合约		3 300

5) 2×23 年 1 月 31 日履行确定承诺，购货：

借：原材料——原油	751 300	
贷：银行存款		751 300

6) 在该存货销售等影响企业损益的期间，结转套期工具累计的公允价值变动损益：

借：其他综合收益——套期储备	3 300	
贷：主营业务成本等		3 300

第 12 章

清算会计

12.1 学习指导

12.1.1 本章内容框架

本章的主要内容是破产清算会计的确认、计量与报告，见图12-1。

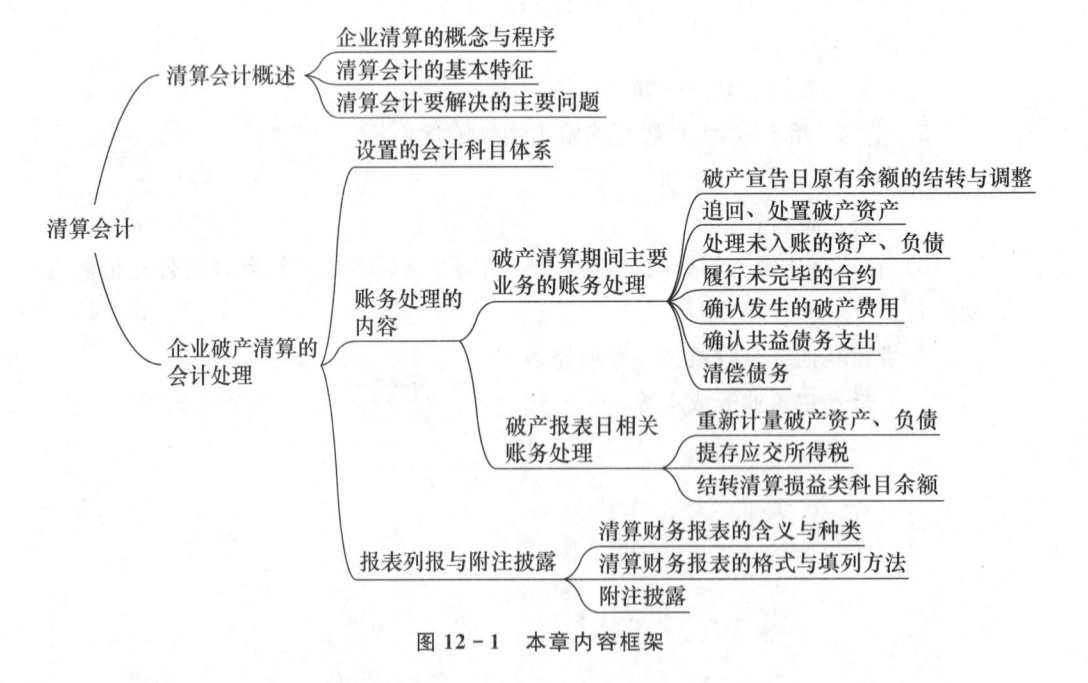

图 12-1 本章内容框架

12.1.2 本章重点与难点

1. 企业解散清算和破产清算的会计处理内容主要有哪些？

企业解散清算和破产清算的会计处理内容，有许多类似之处，两者的比较见表 12-1。

表 12-1 清算会计处理内容概要

序号	解散清算	破产清算
1	编制清算日的资产负债表	将破产企业会计科目余额结转至清算机构新设的会计科目体系中
2	核算清算费用	处置破产财产
3	核算变卖财产物资的损益	清偿破产费用
4	核算收回的债权和偿还的债务	清偿破产债务
5	结转剩余所有者权益	核算其他相关收益、费用与支出
6	向所有者归还剩余财产	核算并结转清算净损益
7	编制清算费用表、清算利润表和清算结束日的资产负债表	在破产报表日编制清算财务报表

2. 企业破产清算会计与常规财务会计相比有哪些主要特点？

与持续经营前提下的常规财务会计相比，清算会计的特征如表 12-2 所示。

表 12-2 破产清算会计的主要特点

会计前提	非持续经营		
计量属性	分别采用清算净值、清偿价值对被清算企业的资产、负债进行计量		
会计科目体系	原有科目	资产、负债类的会计科目有适当的简并	
	新设科目	不再使用所有者权益类会计科目以及持续经营前提下的损益类会计科目，而是代之以"清算净值""清算费用""清算净损益"及其与清算损益有关的会计科目，另外，还要增设必要的负债科目	
财务报表	编制时点	破产报表日	破产宣告日
			债权人会议确定的编报日
			破产终结申请日
	列报内容	清算财务报表	清算资产负债表及相关附注
			清算损益表及相关附注
			清算现金流量表及相关附注
			债务清偿表及相关附注

3. 破产清算会计要增设哪些会计科目？

破产清算企业在处理破产业务过程中，除了比照原有会计科目根据实际情况设置相关资产、负债类会计科目，并将有关资产、负债入账之外，还要结合具体业务，增设部分会计科目，这些与常规财务会计核算体系中的会计科目不同的科目主要涉及部分负债、清算净值、清算损益等内容的确认与计量，具体的归纳见表 12-3。

表 12-3 破产清算会计增设的会计科目

科目类别	科目名称	核算内容
负债类	应付破产费用	核算破产企业在破产清算期间发生的破产法规定的各类破产费用
	应付共益债务	核算破产企业在破产清算期间发生的破产法规定的各类共益债务
清算净值类	清算净值	核算破产企业在破产报表日结转的清算净损益科目余额以及破产企业资产与负债的差额
清算损益类	资产处置净损益	核算破产企业在破产清算期间处置破产资产产生的、扣除相关处置费用后的净损益
	债务清偿净损益	核算破产企业在破产清算期间清偿债务产生的净损益
	破产资产和负债净值变动净损益	核算破产企业在破产清算期间按照破产资产清算净值调整资产账面价值以及按照破产债务清偿价值调整负债账面价值产生的净损益
	其他收益	核算除资产处置、债务清偿之外，在破产清算期间发生的其他收益
	破产费用	核算破产企业在企业破产清算期间发生的破产法规定的各项破产费用，主要包括破产案件的诉讼费用，管理、变卖和分配债务人资产的费用，管理人执行职务的费用、报销和聘用工作人员的费用
	共益债务支出	核算破产企业清算期间发生的破产法规定的共益债务相关的各项支出
	其他费用	核算破产企业破产清算期间发生的除破产费用、所得税费用以及共益债务支出之外的各项其他费用
	清算净损益	核算破产企业破产期间结转的上述各类清算损益科目余额

4. 如何理解破产清算会计中的共益债务？如何对共益债务进行会计核算？

共益债务，是指在人民法院受理破产申请后，为全体债权人的共同利益而管理、变卖和分配破产财产而负担的债务，主要包括因管理人或者债务人（即破产企业）请求对方当事人履行双方均未履行完毕的合同所产生的债务，为债务人继续经营而应当支付的劳动报酬和社会保险费用以及由此产生的其他债务，管理人或者相关人员执行职务致人损害所产生的债务以及债务人财产致人损害所产生的债务。

为了对共益债务进行会计核算，破产清算会计中要分别设置"共益债务支出"和"应付共益债务"两个会计科目，前者属于清算损益类科目，核算破产企业清算期间发生的破产法规定的共益债务相关的各项支出；后者属于负债类科目，核算破产企业在破产清算期间发生的破产法规定的各类共益债务。

　　破产企业发生各项共益债务支出时，借记"共益债务支出"科目，贷记"现金"、"银行存款"或"应付共益债务"科目。清偿已确认的共益债务时，按已确认负债的账面价值，借记"应付共益债务"科目，按实际支付金额，贷记"现金""银行存款"等科目，按两者之差额，借记或贷记"共益债务支出"科目。

12.2　练习题

12.2.1　单项选择题

　　在下列各题的备选答案中，只有一个是符合题意的正确答案。请将选定答案的字母填入题后的括号中。

　　1. 企业清算的下列说法中，正确的是（　　）。
　　A. 清算的会计处理由清算企业的财务部门负责
　　B. 清算的结果是消灭了企业的法人资格
　　C. 清算过程中要定期编制财务报表
　　D. 清算的原因是企业资不抵债

　　2. 下列各项与破产企业破产清算有关的项目中，需要通过"其他费用"科目核算的是（　　）。
　　A. 清算过程中发生的破产费用
　　B. 清算过程中发生的共益债务支出
　　C. 继续履行未完毕销售合约收到的款项小于转让资产账面价值的差额
　　D. 清偿应缴税款实际支付的金额小于已确认负债的账面价值的差额

　　3. 破产清算过程中发生的下列支出中，属于共益债务的是（　　）。
　　A. 应支付的处置破产财产的评估费用
　　B. 应支付的管理人执行职务的费用
　　C. 应支付的破产案件的诉讼费用
　　D. 债务人财产致人损害所产生的债务

　　4. 破产清算开始后，破产企业不再设置（　　）。
　　A. 资产类科目
　　B. 负债类科目
　　C. 损益类科目
　　D. 所有者权益类科目

12.2.2 多项选择题

在下列各题的备选答案中,有两个或两个以上是符合题意的正确答案。请将选定答案的字母按顺序填入题后的括号中。

1. 以下各项有关清算会计确认与计量的表述中,正确的有（　　）。
   A. 以非持续经营为前提
   B. 不再使用所有者权益类科目
   C. 不再采用历史成本计量相关资产
   D. 不再于每个报告期末编制资产负债表

2. 破产清算过程中,依法追回破产财产的,按该财产的清算净值借记有关资产账户的同时,贷记的会计科目不能是（　　）。
   A. "清算净值"
   B. "清算净损益"
   C. "资产处置净损益"
   D. "破产资产和负债净值变动净损益"

3. 破产清算中的破产报表日包括（　　）。
   A. 债权人会议确定的报表编报日
   B. 清算期间的每个期末
   C. 破产终结申请日
   D. 破产宣告日

4. 下列各项目中,构成清算财务报表组成内容的有（　　）。
   A. 清算资产负债表
   B. 清算现金流量表
   C. 清算损益表
   D. 债务清偿表

12.2.3 判断题

对下列各题的正误进行判断,并将判断结果填入题后的括号中。正确的填"√",错误的填"×"。

1. 企业解散清算都属于自行清算。（　　）
2. 无论是解散清算还是破产清算,都要成立清算机构。（　　）
3. 企业破产清算中,未能清偿的应付职工薪酬等破产债务以及清算终结日不再偿还的剩余债务,应通过"债务清偿净损益"科目反映。（　　）
4. 企业解散清算的原因是资不抵债。（　　）
5. 破产清算的,在无破产财产可供分配时,管理人可自行终结破产程序。
（　　）

12.2.4 实务分析

基于"破产审判"典型案例

比较破产重组与破产清算

贵州省高级人民法院 2023 年 10 月 20 日在其官网"案件直击"栏目发布的 2022—2023 年度优化营商环境"破产审判"的九个典型案例中，第一个典型案例就是"贵州渝能矿业有限责任公司等六公司实质合并破产重整案"。现将贵州高院关于这个典型案例的资料摘录如下：

一、基本案情

矿贵州渝能矿业有限责任公司（以下简称"渝能矿业公司"）成立于 2010 年 11 月 22 日，是遵义市大型国有煤炭企业，主营业务为煤炭产品生产、加工和销售。渝能矿业公司全资控股五家子公司，在黔北拥有三个保留煤矿，两个关闭煤矿，现有煤炭资源储量 3.39 亿吨，核准产能 240 万吨/年，旗下吉源煤矿、官仓煤矿是桐梓县主要的煤电保供企业。受煤炭行业产能政策调整、煤炭市场价格波动等因素影响，渝能矿业公司及其子公司长期未能达到产能目标，依靠向股东借款维持运营，财务负担沉重，长期拖欠职工工资，自 2022 年底停止生产经营，严重资不抵债。经债权人申请，遵义市中级人民法院决定对渝能矿业公司及名下子公司进行预重整。预重整期间，一是通过府院联动工作机制，协调遵义市、桐梓县成立两级工作专班，前后召开六次府院联动协调会帮助渝能矿业公司解决拖欠电费、职工信访、招商引资等问题。二是积极协调托底战略投资人先行提供 1.96 亿元资金，10 天内完成 1 355 名在册职工的安置工作。三是探索创新关联企业协调审理、实质合并模式。对渝能矿业公司及其子公司的混同情况进行重点审查，要求审计机构就财务是否混同出具专项报告，预重整期间的清产核资、债权申报与审查在假设实质合并重整前提下开展，为快速盘活企业资产打下坚实基础。四是高度重视投资人招募工作，依托府院联动机制为投资人提供政策支撑，提升债权人整体清偿率。五是重视信用修复，确保案件高效审结的同时，企业能快速复工复产。2023 年 8 月 11 日，遵义市中级人民法院分别裁定受理渝能矿业公司等六公司重整申请，并同步召开听证会，于 2023 年 8 月 18 日裁定对渝能业公司及五家子公司进行实质合并破产重整。为实现债权人利益最大化，法院会同管理人积极招募战略投资人，同时通过对股东关联方债权的审慎认定以及对投资方案的筛选，制定出超债权人预期的重整方案。重整方案经债权人会议表决并由遵义市中级人民法院裁定批准，48 天高效审结。

二、典型意义

渝能矿业公司作为大型国有煤企，是地方煤电保供的重点单位，对地方能源安全保障有重要意义。法院在渝能矿业公司等六家公司实质合并重整案审理过程中，抓实"公正与效率"，在预重整期间对六家公司人格混同的情况进行识别,高效推动预重整、重整、实质合并重整之间程序衔接,协调托底战略投资人提供1.96亿元完成1 355名在册职工的安置;通过府院联动积极回应投资人需求,成功引入省外能源行业优质投资人,大幅提升整体债权清偿率,大力推动企业复工复产,着力打造良好营商环境,保障地区能源供应安全。本案的高效审结对于深化国有企业改革,确保能源安全生产供应、妥善安置职工、服务地区经济社会高质量发展具有重要意义。

资料来源:贵州省高级人民法院官网,https://www.guizhoucourt.gov.cn/ajbd/269924.jhtml.

[要求]

仔细阅读上述资料,并结合上述资料思考:企业破产清算与破产重整有何不同?破产重整意义何在?

12.3 练习题参考答案

12.3.1 单项选择题

1. B   2. C   3. D
4. D

12.3.2 多项选择题

1. ABCD   2. ABCD   3. ACD
4. ABCD

12.3.3 判断题

1. ×   2. √   3. ×
4. ×   5. ×

12.3.4 实务分析

思考这个问题,至少有两条线索可供参考:

一是从法规依据上看流程。根据《中华人民共和国企业破产法》第二条和第七条的规定,企业法人不能清偿到期债务,并且资产不足以清偿全部债务或者明显缺乏清偿能力的,可以向人民法院提出重整、和解或者破产清算申请。《企业破产法》分别在第八章、第九章以及第十章对重整、和解以及破产清算进行规范。从中可以看出,在人民法院受理破产申请后、宣告债务人破产前,债务人可以提出重整或和解;而在人民法院宣告企业破产后,债务人成为破产人,债务人财产成为破产财产,破产清算就开始了。

二是从企业实务看结果。破产清算后破产企业灭失了,破产重整后破产企业被挽救了。而在达成结果之前,破产清算与破产重整两者都分别采取哪些步骤与措施也是有所区别的。

12.4 教材习题参考答案

相关业务对 2×23 年 2 月清算净损益的影响金额
= 30 000 + 70 000 + (50 000 + 8 500 − 30 000) + 2 000
= 130 500(元)

附 录

模拟试题及解题指导

A.1 模拟试题1

一、单项选择题（下列每小题的备选答案中，只有一个符合题意的正确答案。请将你选定的答案字母填入题后的括号中。本类题共10小题，每小题1分，共10分。）

1. 下列有关非货币性资产交换的说法中，正确的是（　　）。
   A. 非货币性资产交换是企业经常发生的常规性交易之一
   B. 非货币性资产交换交易中交换双方需要确认交换损益
   C. 企业用库存商品交换固定资产属于非货币性资产交换
   D. 企业将存货用于进行股权投资适用于非货币性资产交换准则
2. 下列有关债务重组及其会计处理的说法中，正确的是（　　）。
   A. 债务重组的前提是债务人无法偿还债务
   B. 债务重组中债务人可能需要转让不动产来抵偿债务
   C. 债务重组必然导致债权人确认重组损失
   D. 债务重组协议必然涉及未来或有支付条款
3. 企业对于已确认的以权益结算的股份支付，在可行权日之前的各资产负债表日可能对有关成本费用进行调整，这一调整（　　）。
   A. 是可行权权益工具数量的最佳估计数发生变化导致的调整
   B. 是因权益工具公允价值发生变动导致的调整
   C. 在可行权日之后各期期末也需要进行
   D. 在结算日之前各期期末都有必要进行
4. 下列有关记账本位币的说法中，不正确的是（　　）。
   A. 记账本位币一经选定，不得随意变更

B. 变更记账本位币时需要确认变更带来的汇兑差额

C. 企业的主要经济环境发生变化时可变更记账本位币

D. 如果变更记账本位币，企业应在附注中披露变更理由

5. 根据我国现行会计准则，企业对于收到的投资者以外币投入的资本，将其折算为记账本位币金额时应当采用的折算汇率是（　　）。

A. 交易发生日的即期汇率

B. 即期汇率的近似汇率

C. 投资合同约定的汇率

D. 自行选择适用汇率

6. 与承租人有关的下列各项中，一定不会计入承租人的租赁付款额的是（　　）。

A. 初始直接费用

B. 各期固定的租金

C. 租赁激励相关金额

D. 购买选择权的行权价格

7. 融资租赁业务中，出租人分期分摊未确认融资收益时，应将每期确认的融资收益记入（　　）科目。

A. "管理费用"

B. "财务费用"

C. "租赁收入"

D. "投资收益"

8. 现行会计准则规定的所得税会计核算方法是（　　）。

A. 递延法

B. 应付税款法

C. 利润表债务法

D. 资产负债表债务法

9. 在编制合并财务报表的过程中，需要编制必要的抵销分录，这体现了（　　）。

A. 以个别财务报表为基础原则的要求

B. 实质重于形式原则的要求

C. 重要性原则的要求

D. 一体性原则的要求

10. 下列有关反向购买日合并财务报表的说法中，正确的是（　　）。

A. 法律上购买方的可辨认资产在合并财务报表中以账面价值报告

B. 法律上购买方的非控制性权益持有者所持权益报告为少数股东权益

C. 法律上购买方发行在外股票的数量和金额要在合并资产负债表中报告

D. 法律上购买方的合并前未分配利润金额不包括在合并财务报表的"未分

配利润"项目中

二、多项选择题（下列每小题的备选答案中，有两个或两个以上符合题意的正确答案。请将你选定的答案字母按顺序填入题后的括号中。本类题共10小题，每小题2分，共20分。）

1. 2×23年度甲公司将账面价值300万元、公允价值320万元的对乙公司的长期股权投资转让给丙公司，与丙公司交换一项原账面价值290万元、公允价值320万元的专利权。经分析判断该交易具有商业实质。不考虑其他因素。下列各项中，属于与此项交易有关的会计处理所涉及的科目的有（　　）。

    A. "投资收益"
    B. "无形资产"
    C. "营业外支出"
    D. "资产处置损益"

2. 下列各种情形中，适用于债务重组会计准则的有（　　）。

    A. 债权人以等值于原债权的其他资产形式回收债权
    B. 债权人根据法院裁定削减部分本金后回收债权
    C. 债权人或债务人任何改变偿债条款的事项
    D. 债权人根据双方协议将债务延期两年

3. 股份支付的会计计量中，可能需要采用的计量基础有（　　）。

    A. 相关负债的公允价值
    B. 相关服务的公允价值
    C. 相关权益工具的公允价值
    D. 相关权益工具的内在价值

4. 影响承租人使用权资产价值的因素很多，但不包括（　　）。

    A. 出租人发生的初始直接费用
    B. 在租赁期开始日之前已经支付的租赁付款额
    C. 承租人为拆卸资产预计将要发生的成本
    D. 未纳入租赁负债的可变租赁付款额

5. 企业发生的下列业务中，可以采用即期汇率的近似汇率对外币金额进行折算的有（　　）。

    A. 外币兑换
    B. 接受外币资本投资
    C. 外币计价的购入存货
    D. 外币计价的资金借贷

6. 直接影响企业一定期间的所得税费用金额的因素有（　　）。

    A. 当期应交所得税

B. 当期递延所得税资产报告价值

C. 当期应确认的递延所得税资产

D. 当期应确认的递延所得税负债

7. 下列有关暂时性差异的表述中，正确的有（   ）。

A. 应纳税暂时性差异是将增加未来应纳税所得额的暂时性差异

B. 可抵扣暂时性差异是将减少未来应纳税所得额的暂时性差异

C. 时间性差异是暂时性差异的一部分

D. 企业超过税法允许税前抵扣的标准开支的管理费用不属于暂时性差异

8. 下列情况中会导致合并财务报表编制方在合并财务报表工作底稿中编制有关调整分录的有（   ）。

A. 纳入合并范围的成员企业采用的会计政策不一致

B. 纳入合并范围的成员企业采用的会计期间不一致

C. 同一控制下企业合并的子公司合并日固定资产账面价值小于公允价值

D. 非同一控制下企业合并的子公司合并日固定资产账面价值大于公允价值

9. 编制合并财务报表时的下列各项抵销处理中，属于内部债权债务的抵销的有（   ）。

A. 母子公司之间的应收账款与应付账款的抵销

B. 母子公司之间的股权投资与股东权益的抵销

C. 子公司与子公司之间的债券投资与应付债券的抵销

D. 子公司与母公司之间的应付股利与应收股利的抵销

10. 通过多次股权投资交易分步实现非同一控制下的企业合并时，下列有关合并日相关会计处理的阐述中，不正确的有（   ）。

A. 合并商誉需要单项列报

B. 合并商誉的初始计量仅与导致企业合并的追加投资有关

C. 合并商誉的初始计量不仅与导致企业合并的追加投资有关，还与合并前原有投资相关

D. 合并商誉按合并成本与合并日被合并方可辨认净资产公允价值中合并方应享有的份额两者之差进行初始计量

三、判断题（本类题共10小题，每小题1分，共10分。）

1. 在确定非货币性资产交换交易中取得的换入资产的入账价值时，以换入资产的公允价值为计量基础或以换出资产的原账面价值为计量基础就意味着：换入资产的入账金额一定等于换入资产的公允价值或一定等于换出资产的原账面价值。（   ）

2. 如果债权人在转销重组债权的同时确认了长期股权投资，就意味着所采取的债务重组方式是债务人将债务转为资本（对于债权人而言就是债权转为股

权)。 (   )

3. 作为股份支付的权益工具，是指接受服务企业自身的权益工具。(   )

4. 企业期末确认的外币账户的汇兑差额必然是未实现汇兑损益。(   )

5. 企业对所有暂时性差异对未来的纳税影响都要予以确认。(   )

6. 应纳税暂时性差异对未来的纳税影响应确认为递延所得税负债或递延所得税资产。 (   )

7. 根据我国现行企业合并准则，非同一控制下的企业合并中，购买方应当按所确定的合并成本和支付的直接合并费用之和对取得的对被购买方的长期股权投资进行初始计量。 (   )

8. 企业在合并财务报表工作底稿中编制调整与抵销分录时，不会涉及对本期"未分配利润"的期初余额进行调整。 (   )

9. 合并现金流量表中"收回投资收到的现金"项目的金额，不仅反映报告期内母公司收回其对子公司的股权投资而收到的现金，还包括报告期内母公司收回其对子公司的债券投资而收到的现金。 (   )

10. 母公司收购少数股权时需要将相关的利得或损失在其个别财务报表中予以确认。 (   )

四、简答题（本类题共 4 小题，每小题 5 分，共 20 分。）

1. 简要说明融资租赁的承租人在确定最低租赁付款额现值时选择折现率的思路。

2. 简要说明资产负债表债务法的基本程序。

3. 简要说明合并财务报表的概念及其与个别财务报表相比有哪些特点。

4. 简要说明股份支付的概念与种类。

五、计算分析题（本类题共 3 小题，第 1 小题 10 分，第 2、3 小题各 15 分，共 40 分。）

1. 资料：

（1）A 企业执行现行企业会计准则。以人民币作为记账本位币，发生外币交易时按交易日即期汇率将外币金额折算为记账本位币金额，期末按期末即期汇率对外币账户及其他有关账户进行必要的调整。期末按公允价值报告交易性金融资产，按成本与可变现净值孰低法报告存货。

（2）该企业某报告期内发生的有关外币业务如下：

1）销售一批商品，价款为 100 000 美元，当日即期汇率为 1 美元＝6.20 元人民币；按协议货款将于一个月以后收到，经判断此项销售符合确认收入的条件；期末尚未收到货款。

2）按每股 10 美元的价格购入某公司股票 10 000 股，当日即期汇率为 1 美元＝6.22元人民币；确认为交易性金融资产；期末尚未出售该项投资；期末该股票市场价格涨至每股10.60美元。

3）购入并验收入库一批商品，价款为100 000美元，货款已支付，当日即期汇率为1美元＝6.23元人民币；期末该商品尚未出售，其国际市场价格跌至90 000美元。

（3）期末即期汇率为1美元＝6.25元人民币。

（4）相关税费及其他资料略。

要求：根据以上资料，编制期末的有关调整分录：

（1）与业务1）有关的调整分录；

（2）与业务2）有关的调整分录；

（3）与业务3）有关的调整分录。

2. 资料：ABC公司2×20年至2×22年三年免缴所得税。2×20年已知三年免税后的以后各年将按25%的税率缴纳所得税。2×20年至2×23年因会计准则和税收法规对固定资产折旧方法的规定不同导致的各年年末应纳税暂时性差异分别为100万元、800万元、900万元、600万元，因存货跌价准备的计提与转回导致的可抵扣暂时性差异分别为0、200万元、500万元、100万元，各年的利润总额分别为1 000万元、2 000万元、1 800万元、3 000万元。无其他差异。其他资料略。

要求：根据上述资料，分别编制2×20年至2×23年各年确认应交所得税、递延所得税和所得税费用的会计分录。

3. 资料：甲企业是乙企业的母公司，拥有其60%表决权。甲企业取得乙企业控制权时，乙企业可辨认净资产账面价值等于公允价值。

2×23年甲企业、乙企业的有关资料如下：

（1）甲、乙两个企业当年报告的净利润分别为1 500万元、1 000万元。

（2）当年甲企业将成本为300万元的商品按400万元的市场价格出售给乙企业；后者将购入商品作为存货使用，并包括在其年末存货余额中。两企业适用的所得税税率为25%。

（3）年末两个企业的个别资产负债表中报告的所有者权益资料分别为：甲企业3 500万元（其中，股本2 000万元，未分配利润1 500万元），乙企业2 200万元（其中，股本1 200万元，未分配利润1 000万元）。

（4）双方的资本公积、盈余公积、年初未分配利润均为0，本年尚未进行利润分配。

（5）不考虑其他相关税费以及其他业务。

要求：根据上述资料，计算确定2×23年度合并资产负债表、合并利润表中如下指标（金额单位：万元）：

（1）净利润；

(2) 少数股东损益；

(3) 股本；

(4) 未分配利润；

(5) 少数股东权益。

A.2 模拟试题1参考答案

一、单项选择题

1. C   2. B   3. A
4. B   5. A   6. A
7. C   8. D   9. D
10. D

二、多项选择题

1. ABD   2. BD   3. ABCD
4. AD   5. CD   6. ACD
7. ABCD   8. ABD   9. ACD
10. AC

三、判断题

1. ×   2. ×   3. ×
4. ×   5. ×   6. ×
7. ×   8. ×   9. ×
10. ×

四、简答题

1. 承租人在计算最低租赁付款额的现值时，应采取如下思路选择折现率：

(1) 如果承租人知悉出租人的租赁内含利率，应首选出租人的租赁内含利率作为折现率。(1分)

(2) 如果承租人不知悉出租人的租赁内含利率，应采用租赁合同规定的利率作为折现率。(1分)

(3) 如果出租人的租赁内含利率和租赁合同规定的利率均无法取得，那么承租人应当采用同期银行贷款利率作为折现率。(2分)

如果是从国外取得的融资租赁，此时应采用与租赁期相同期限的国外贷款利率作为折现率。(1分)

2. 资产负债表债务法的基本程序是：

第一步，根据当期应税利润和所得税税率确定当期应交所得税。(1分)

第二步，根据会计准则的规定确定资产负债表中除递延所得税资产和递延所得税负债以外的资产、负债的账面价值、计税基础。(1分)

第三步，比较有关资产、负债的账面价值与计税基础，确定暂时性差异。(1分)

第四步，分别应纳税暂时性差异和可抵扣暂时性差异确定暂时性差异对未来的纳税影响，即递延所得税负债和递延所得税资产的期末应有余额；将其与递延所得税负债和递延所得税资产的期初余额进行比较，进而确认当期递延所得税负债和递延所得税资产的发生额。(1分)

第五步，根据当期应交所得税和递延所得税，确认当期所得税费用。(1分)

3. 合并财务报表是指反映母公司和其全部子公司形成的企业集团整体的财务状况、经营成果和现金流量情况的财务报表。(1分)

与个别财务报表相比，合并财务报表有以下特点：

第一，反映的对象不同。(1分)

第二，编制主体不同。(1分)

第三，编制基础不同。(1分)

第四，编制方法不同。(1分)

4. 股份支付是以股份为基础的支付的简称，是指企业为获取职工和其他方提供服务而授予权益工具或者承担以权益工具为基础确定的负债的交易。(3分)

股份支付按照支付的方式不同，分为以权益结算的股份支付和以现金结算的股份支付两大类。(2分)

五、计算分析题

1.

(1) 与业务1) 有关的调整分录：

借：应收账款——美元户	5 000
贷：财务费用	5 000　(3分)

(2) 与业务2) 有关的调整分录：

借：交易性金融资产	40 500
贷：公允价值变动损益	40 500　(3分)

(3) 与业务3) 有关的调整分录：

借：资产减值损失	60 500
贷：存货跌价准备	60 500　(4分)

2. 以下会计分录中金额单位为万元。

2×20年：

借：所得税费用　　　　　　　　　　　　　　25

　　　　贷：递延所得税负债（100×25%）　　　　　　　　　　　　25　（3分）
2×21年：
　　借：所得税费用（175－50）　　　　　　　　　　　　125
　　　　递延所得税资产（200×25%）　　　　　　　　　　50
　　　　贷：递延所得税负债（(800－100)×25%）　　　　　　　175　（4分）
2×22年：
　　借：递延所得税资产（(500－200)×25%）　　　　　　75
　　　　贷：递延所得税负债（(900－800)×25%）　　　　　　　25
　　　　　　所得税费用（75－25）　　　　　　　　　　　　　　50　（4分）
2×23年：
　　借：所得税费用（725＋100－75）　　　　　　　　　750
　　　　递延所得税负债（(900－600)×25%）　　　　　　75
　　　　贷：递延所得税资产（(500－100)×25%）　　　　　　　100
　　　　　　应交税费（(3 000－400＋300)×25%）　　　　　　725　（4分）

3.
（1）净利润＝1 500＋1 000－100＋25＝2 425(万元)　　　　　　（3分）
（2）少数股东损益＝(1 000－100＋25)×40%＝370(万元)　　　（3分）
（3）股本＝2 000＋1 200－1 200＝2 000(万元)　　　　　　　　（3分）
（4）未分配利润＝1 500＋(1 000－100＋25)×60%＝2 055(万元)　（3分）
（5）少数股东权益＝(2 200－100＋25)×40%＝850(万元)　　　　（3分）

A.3　模拟试题2

一、单项选择题（下列每小题的备选答案中，只有一个符合题意的正确答案。请将你选定的答案字母填入题后的括号中。本类题共10小题，每小题1分，共10分。）

1. 2×23年度甲公司将账面价值300万元的对乙公司的长期股权投资转让给丙公司，与丙公司交换一项原账面价值290万元的专有技术。此交易中涉及的两项资产的公允价值都无法可靠计量。不考虑其他因素。下列有关此项交易的说法中，不正确的是（　　）。

A. 丙公司取得的对乙公司长期股权投资应按290万元入账
B. 甲、丙公司之间的此项交易是非货币性资产交换
C. 甲公司取得的专有技术应按300万元入账
D. 乙公司需就此项交易进行相关的账务处理

2. 债务人根据债务重组协议用本企业固定资产抵偿到期债务的情况下，相关的会计处理中不会涉及的会计科目是（　　）。

A. "营业外收入"

B. "长期借款"

C. "累计折旧"

D. "其他收益"

3. 下列有关股份支付的特征的描述中，不正确的是（   ）。

A. 股份支付是企业与职工或其他方之间发生的交易

B. 股份支付是以获取职工或其他方服务为目的的交易

C. 股份支付交易的对价形式是企业自身发行的权益工具

D. 股份支付交易的对价或其定价与企业自身权益工具的价值密切相关

4. 根据现行会计准则，企业采用的外币报表折算方法基本上是（   ）。

A. 时态法

B. 现行汇率法

C. 流动与非流动性项目法

D. 货币与非货币性项目法

5. 根据我国现行会计准则，企业对于收到的投资者以外币投入的资本，将其折算为记账本位币金额时应当采用的折算汇率是（   ）。

A. 交易发生日的即期汇率

B. 即期汇率的近似汇率

C. 投资合同约定的汇率

D. 自行选择适用汇率

6. 承租人发生的初始直接费用应借记（   ）科目。

A. "使用权资产"

B. "固定资产"

C. "管理费用"

D. "应收融资租赁款"

7. 融资租赁业务中，出租人发生初始直接费用的最终影响是（   ）。

A. 增加应收租金总额

B. 增加租出资产价值

C. 抵减租赁收入

D. 增加营销费用

8. 甲企业2×23年年末因吸收合并同一控制下的乙公司而取得一项原账面价值为850万元（原取得成本为1 200万元、累计折旧为350万元），合并日公允价值为900万元的固定资产。2×23年年末甲企业该固定资产的计税基础为（   ）万元。

A. 1 200

B. 900

C. 850

D. 350

9. A、B公司都是甲公司的子公司。A公司报告年度内曾将成本为100万元的商品按110万元的市场价格出售给B公司，后者将其作为存货核算，期末尚未售出企业集团，期末该存货的可变现净值为104万元。报告期末合并资产负债表中"存货"项目里该商品的报告价值应为（　　）万元。

A. 110
B. 104
C. 100
D. 10

10. 甲企业是某企业集团的母公司。在2×23年的1月初和8月初，甲企业分别将其所拥有的乙公司、丙公司两个子公司的控股权进行出售。甲公司在编制2×23年度合并财务报表时（　　）。

A. 应将乙公司当年实现的净利润纳入合并利润表
B. 应将丙公司当年实现的净利润纳入合并利润表
C. 合并现金流量表中不需要反映乙、丙公司的现金流量信息
D. 乙、丙公司的资产、负债信息仍包括在合并资产负债表有关项目中

二、多项选择题（下列每小题的备选答案中，有两个或两个以上是符合题意的正确答案。请将你选定的答案字母按顺序填入题后的括号中。本类题共10小题，每小题2分，共20分。）

1. 如果非货币性资产交换交易中同时换入多项非金融资产，企业需要首先计算确定换入资产的入账价值总额，然后将该总额采用一定分配率在各换入资产之间进行分配，以便确定各项换入资产的入账价值。这里的"分配率"可能是（　　）。

A. 各项换入资产原账面价值占换入资产原账面价值总额的比率
B. 各项换入资产公允价值占换入资产公允价值总额的比率
C. 各项换入资产公允价值占换入资产入账价值总额的比率
D. 出于简化考虑而由企业确定的平均分配率

2. 2×23年年末，甲企业所欠乙企业的300万元应付账款因资金周转困难无法按期偿付，根据双方的债务重组协议，甲企业用原始价值270万元、累计折旧40万元、公允价值250万元的固定资产予以抵偿。两个企业适用的所得税税率为25%。两个企业均按当期净利润的10%计提盈余公积。增值税略。此项债务重组业务使甲企业2×23年度（　　）。

A. 减少资产230万元
B. 减少负债300万元
C. 增加净利润52.5万元
D. 增加盈余公积7万元

3. 企业对权益结算的股份支付进行初始计量和后续计量时应以特定时点的公允价值为计量基础,这个特定时点可能是( )。

A. 授予日

B. 接受服务日

C. 行权前的各资产负债表日

D. 等待期内的各资产负债表日

4. 企业发生的下列业务中,必须采用当日即期汇率对有关外币金额进行折算的有( )。

A. 外币兑换

B. 接受外币资本投资

C. 外币计价的购入存货

D. 外币计价的资金借贷

5. 与转租赁业务的中间出租人及其会计处理有关的下列说法中,正确的有( )。

A. 中间出租人也是原租赁合同的承租人

B. 中间出租人不一定需要终止确认原租赁下已确认的使用权资产

C. 中间出租人应对转租赁确认应收融资租赁款

D. 中间出租人可能需要终止确认原租赁合同下的租赁负债

6. 企业在进行确认递延所得税的会计处理时,"递延所得税资产"或"递延所得税负债"科目的对方科目不可能是( )科目。

A. "所得税费用"

B. "资本公积"

C. "应交税费"

D. "利润分配"

7. 下列说法中表述不当的有( )。

A. 企业应将暂时性差异确认为递延所得税

B. 企业应将可抵扣暂时性差异确认为递延所得税资产

C. 企业应将应纳税暂时性差异确认为递延所得税负债

D. 企业应按规定将暂时性差异的纳税影响确认为递延所得税资产或递延所得税负债

8. 编制合并财务报表时对内部固定资产交易进行相关抵销处理所涉及的报表项目中,可能包括( )。

A. 固定资产

B. 营业外收入

C. 营业收入

D. 未分配利润(年末)

9. 编制合并财务报表时的下列各项抵销处理中，不属于与内部股权投资有关的抵销的有（   ）。

　　A. 母子公司之间的应收账款与应付账款的抵销

　　B. 母子公司之间的股权投资与股东权益的抵销

　　C. 子公司与子公司之间的债券投资与应付债券的抵销

　　D. 子公司与母公司之间的销货收现与购货付现的抵销

10. 下列有关反向购买交易的阐述中，正确的有（   ）。

　　A. 合并财务报表是法律上的子公司除资本结构外财务报表的延续

　　B. 反向购买日合并股东权益各项目，体现的是会计上的母公司反向购买前原有股东权益与反向购买中"假定增发"导致的股东权益的增加之和

　　C. 合并财务报表中的少数股东权益是指会计上的母公司的非控制性权益

　　D. 法律上被购买方的持非控制性权益的股东，并没有参与反向购买交易

三、判断题（本类题共 10 小题，每小题 1 分，共 10 分。）

1. 非货币性资产交换就是用一项非货币性资产交换另一项非货币性资产。（   ）

2. 债务重组中债权人确认的债权重组损失不一定等于债务人确认的债务重组利得。（   ）

3. 以现金结算的股份支付，各期负债的公允价值变动都记入当期的"公允价值变动损益"科目。（   ）

4. 股份支付是企业与职工或向企业提供服务的其他方之间发生的交易。（   ）

5. 企业在进行报表折算时，如果对期末按可变现净值作为报告价值的存货项目是用即期汇率进行折算的，则该企业采用的折算方法有可能是时态法。（   ）

6. 融资租赁出租人的"未实现融资收益"科目期末余额应在利润表中列报。（   ）

7. 只有资产、负债项目才有可能产生暂时性差异。（   ）

8. 合并所有者权益变动表里利润分配部分"对所有者（或股东）的分配"项目反映报告期内母公司、子公司分配股利合计数。（   ）

9. 子公司无论规模大小都应纳入母公司的合并范围。（   ）

10. 反向购买中会计上母公司的合并成本是其实际支付的合并对价的公允价值。（   ）

四、简答题（本类题共 4 小题，每小题 5 分，共 20 分。）

1. 简要说明债务重组的概念与方式。

2. 简要说明承租人对租赁负债进行重新计量的情形有哪些。
3. 简要说明非货币性资产交换中换入资产以公允价值为计量基础的条件。
4. 简要说明合并财务报表编制过程中按纳入合并范围的成员企业之间内部交易的类别进行分类的抵销处理种类。

五、计算分析题（本类题共 3 小题，第 1 小题 10 分，第 2、3 小题各 15 分，共 40 分。）

1. 甲公司 2×23 年 12 月 31 日将企业生产的一套通用设备（成本为 140 000 元）以公允价值 160 000 元出售给乙公司；同时签署租赁协议将该设备租回，租赁期开始日为 2×23 年 12 月 31 日，租期为 5 年；租约规定每年年末支付租金 30 000 元；租赁内含利率为 6%。租赁协议的其他资料略，相关税费略。

要求：根据上述资料，回答下列问题：

（1）假定甲公司判断此项售后租回交易中的资产转让符合收入确认条件，则

1）计算租赁付款额的现值、使用权资产的入账价值以及仅就转让至出租人的权利确认相关利得或损失；

2）编制租赁期开始日的有关会计分录。

（2）假定甲公司判断此项售后租回交易中的资产转让不符合收入确认条件，则

1）该项售后租回交易对甲公司 2×23 年资产负债表有关项目的列报有何影响？

2）该项售后租回交易对乙公司 2×23 年资产负债表有关资产项目的列报有何影响？

2. 某企业 2×22 年"递延所得税资产"年末余额为 5 万元，"递延所得税负债"年末余额为 0。2×23 年，有关资料如下：资产负债表中"预计负债"项目的期末报告价值为 8 万元（上年度确认的与产品保修费用有关的预计负债为 20 万元，本年实际发生保修费用支出 12 万元）；"存货"项目的期末报告价值为 70 万元，当年计提存货跌价准备 10 万元；税前会计利润为 90 万元。所得税税率为 25%。其他资料略。

要求：根据上述资料，计算或回答下列问题（金额单位：万元）：

（1）2×22 年年末可抵扣暂时性差异；
（2）2×23 年应交所得税；
（3）2×23 年年末可抵扣暂时性差异；
（4）2×23 年资产负债表中"递延所得税资产"项目的期末数；
（5）2×23 年度利润表中的"净利润"。

3. 甲公司是乙公司的唯一子公司，甲公司为乙公司提供生产产品用的原材

料。2×22年、2×23年甲公司按10%的毛利率分别向乙公司出售成交价为100 000元、200 000元的两批自产商品；2×22年乙公司购自甲公司的原材料中在当年年末尚有30%留在企业的存货里；2×23年年末，乙公司期末存货价值中还有50 000元购自甲公司的原材料。相关税费因素以及其他因素略。

要求：根据上述资料，进行如下会计处理（不考虑其他影响因素）：

（1）编制2×22年合并财务报表工作底稿中的有关抵销分录；

（2）编制2×23年合并财务报表工作底稿中的有关抵销分录。

A.4 模拟试题2参考答案

一、单项选择题

1. D　　2. A　　3. C
4. B　　5. A　　6. A
7. C　　8. C　　9. C
10. C

二、多项选择题

1. AB　　2. ABC　　3. AB
4. AB　　5. AB　　6. CD
7. ABC　　8. ABCD　　9. BCD
10. ABCD

三、判断题

1. ×　　2. √　　3. ×
4. √　　5. √　　6. ×
7. ×　　8. ×　　9. √
10. ×

四、简答题

1. 债务重组，是指在不改变交易对手方的情况下，经债权人和债务人协定或法院裁定，就清偿债务的时间、金额或方式等重新达成协议的交易。（3分）

债务重组的方式主要包括：债务人以资产清偿债务、债务人将债务转为权益工具、修改其他条款以及组合偿债等。（2分）

2. 租赁期开始日后，可变租赁付款额的发生或实质固定付款额的变动会导致租赁负债的重新计量。（1分）可变租赁付款额的发生通常与下列事项相关：一是续租选择权、终止选择权或购买选择权等对选择权的估计发生变化导致未来租赁付款额发生变动；(2分) 二是根据担保余值预计的应付金额发生变动或者因用于确定租赁付款额的指数或比率变动而导致未来租赁付款额发生变动。(2分)

3. 非货币性资产交换如果同时满足下列两个条件（1分），应当以公允价值作为换入资产初始计量的基础：

(1) 该项交易具有商业实质。(2分)

(2) 换入资产或换出资产的公允价值能够可靠地计量。(2分)

4. 按纳入合并范围的成员企业之间内部交易的类别进行分类，可以将合并财务报表工作底稿中的抵销处理分为以下五大类：

第一类：与内部股权投资有关的抵销处理。(1分)

第二类：与内部债权债务有关的抵销处理。(1分)

第三类：与内部存货交易、固定资产交易、无形资产交易等内部资产交易有关的抵销处理。(1分)

第四类：与外币财务报表折算差额有关的抵销处理。(1分)

第五类：与内部现金流动有关的抵销处理。(1分)

五、计算分析题

1.

(1) 假定甲公司判断此项售后租回交易中的资产转让符合收入确认条件，则

1) 租赁付款额的现值 $=30\,000\times(P/A, 5, 6\%)$
$=30\,000\times 4.212\,4=126\,372(元)$

使用权资产的入账价值 $=140\,000\times\dfrac{126\,372}{160\,000}=110\,576(元)$

仅就转让至出租人的权利确认相关利得或损失 $=(160\,000-140\,000)\times\dfrac{160\,000-126\,372}{160\,000}$
$=4\,204(元)$

2) 租赁期开始日有关会计分录为：

借：银行存款　　　　　　　　　　　　　　　　　160 000
　　使用权资产　　　　　　　　　　　　　　　　110 576
　　应付融资租赁款——未确认融资费用　　　　　 23 628
　　贷：应付融资租赁款——租赁付款额　　　　　150 000
　　　　库存商品　　　　　　　　　　　　　　　140 000
　　　　资产处置损益　　　　　　　　　　　　　　4 204

(2) 假定甲公司判断此项售后租回交易中的资产转让不符合收入确认条件，则

1) 该项售后租回交易对甲公司 2×19 年资产负债表有关项目的影响：

"货币资金"项目的列报金额增加 160 000 元；

"长期应付款"项目的列报金额增加160 000元。

2)该项售后租回交易对乙公司2×19年资产负债表有关资产项目的影响:

"货币资金"项目的列报金额减少160 000元;

"长期应收款"项目的列报金额增加160 000元。

2.

(1) 2×22年年末可抵扣暂时性差异

$= 5 \div 25\%$

$= 20$(万元) (3分)

(2) 2×23年应交所得税

$= (90 + 10 - 12) \times 25\%$

$= 22$(万元) (3分)

(3) 2×23年年末可抵扣暂时性差异

$= 8 + 10$

$= 18$(万元) (3分)

(4) 2×23年资产负债表中"递延所得税资产"项目的期末数

$= 18 \times 25\%$

$= 4.5$(万元) (3分)

(5) 2×23年度利润表中的"净利润"项目

$= 90 - (22 + 5 - 4.5)$

$= 67.5$(万元) (3分)

3.

(1) 2×22年合并财务报表工作底稿中的有关抵销分录如下:

借:营业收入	100 000	
贷:营业成本	100 000	(3分)
借:营业成本	3 000	
贷:存货	3 000	(3分)

(2) 2×23年合并财务报表工作底稿中的有关抵销分录如下:

借:未分配利润(期初)	3 000	
贷:营业成本	3 000	(3分)
借:营业收入	200 000	
贷:营业成本	200 000	(3分)
借:营业成本	5 000	
贷:存货	5 000	(3分)

图书在版编目（CIP）数据

《高级财务会计（第7版·立体化数字教材版）》学习指导书 / 傅荣编著. --北京：中国人民大学出版社，2024.8. --（高等学校经济管理类主干课程教材）.
ISBN 978-7-300-33056-3

Ⅰ.F234.4

中国国家版本馆CIP数据核字第2024LW5905号

高等学校经济管理类主干课程教材·会计与财务系列
《高级财务会计（第7版·立体化数字教材版）》学习指导书
傅荣 编著
《Gaoji Caiwu Kuaiji（Di 7 Ban·Litihua Shuzi Jiaocai Ban）》Xuexi Zhidaoshu

出版发行	中国人民大学出版社			
社　　址	北京中关村大街31号		邮政编码	100080
电　　话	010-62511242（总编室）		010-62511770（质管部）	
	010-82501766（邮购部）		010-62514148（门市部）	
	010-62515195（发行公司）		010-62515275（盗版举报）	
网　　址	http://www.crup.com.cn			
经　　销	新华书店			
印　　刷	北京宏伟双华印刷有限公司			
开　　本	787 mm×1092 mm　1/16		版　次	2024年8月第1版
印　　张	14 插页1		印　次	2024年8月第1次印刷
字　　数	284 000		定　价	39.00元

版权所有　侵权必究　印装差错　负责调换

中国人民大学出版社　管理分社

教师教学服务说明

  中国人民大学出版社管理分社以出版工商管理和公共管理类精品图书为宗旨。为更好地服务一线教师，我们着力建设了一批数字化、立体化的网络教学资源。教师可以通过以下方式获得免费下载教学资源的权限：

★ 在中国人民大学出版社网站 www.crup.com.cn 进行注册，注册后进入"会员中心"，在左侧点击"我的教师认证"，填写相关信息，提交后等待审核。我们将在一个工作日内为您开通相关资源的下载权限。

★ 如您急需教学资源或需要其他帮助，请加入教师 QQ 群或在工作时间与我们联络。

中国人民大学出版社　管理分社

🔔 **教师 QQ 群**：648333426（工商管理）　114970332（财会）　648117133（公共管理）
　　教师群仅限教师加入，入群请备注（学校＋姓名）

☎ **联系电话**：010-62515735，62515987，62515782，82501048，62514760

✉ **电子邮箱**：glcbfs@crup.com.cn

📍 **通讯地址**：北京市海淀区中关村大街甲 59 号文化大厦 1501 室（100872）

管理书社　　　　　　　人大社财会　　　　　　　公共管理与政治学悦读坊